Google
Los mejores trucos

O'REILLY

Título de la obra original:
Google Hacks

Responsable editorial:
Víctor Manuel Ruiz Calderón
Susana Krahe pérez-Rubín

Traducción:
Beatriz Tarancón Álvaro

Google

Los mejores trucos

Tara Calishain
Rael Dornfest

Todos los nombres propios de programas, sistemas operativos, equipos hardware, etc., que aparecen en este libro son marcas registradas de sus respectivas compañías u organizaciones.

© EDICIONES ANAYA MULTIMEDIA (GRUPO ANAYA, S.A.), 2004
Juan Ignacio Luca de Tena, 15. 28027 Madrid.
Depósito legal: M. 12.793 - 2004
ISBN: 84-415-1648-0
Printed in Spain.
Imprime: Artes Gráficas Guemo, S.L.
Febrero, 32. 28022 Madrid

A nuestras abuelas,
Olivia y Miriam.

AGRADECIMIENTOS

Nos gustaría dar las gracias a todos aquellos que han contribuido con sus ideas y códigos para los trucos de Google que se incluyen en este libro. Muchas gracias a Nelson Minar y al resto del equipo de ingenieros de Google, a Nate Tyler y a todas las demás personas de Google que han proporcionado ideas, sugerencias y respuestas, por no mencionar al propio API Web de Google. También queremos dar las gracias a Andy Lester, nuestro editor técnico, por su concienzuda revisión y localización de errores.

Tara

Todas las personas de la editorial han sido fantásticas y de gran ayuda para la confección de este libro, pero no habría llegado a participar en él si no hubiera sido por Tim Allwine, que fue el primero en ayudarme con los programas de Perl hace un par de años.

Mi familia, especialmente mi marido, ha tenido una enorme paciencia aguantando mi distracción cuando me sentaba mascullando historias de variables y subrutinas.

Incluso a medida que se escribía este libro, necesité ayuda para comprender lo que Perl podía y no podía hacer. Kevin Hemenway fue un profesor excelente, con una enorme paciencia a la hora de explicar, proporcionar ejemplos y, cuando todo lo demás fallaba, señalando y riéndose de mi código.

Por supuesto, la mayor parte de este libro no existiría sin la publicación del API de Google. Muchísimas gracias a Google por construir un patio de recreo para nosotros, esos miles de fanáticos de los motores de búsqueda. Igualmente gracias a la gran cantidad de colaboradores que tan generosamente han permitido que sus aplicaciones aparecieran en este libro.

Finalmente, muchas, muchas, muchas gracias a Rael Dornfest, que tiene su propio párrafo, quien ha sido un gran co-autor/editor; ha sido muy divertido trabajar con él.

Rael

En primer lugar y más importante, gracias a Asha y Sam, siempre son mi inspiración, mi alegría y mis mejores amigos.

A mi extensa familia y amigos, tanto locales como virtuales, que han comenzado a preguntarse si necesitarían enviar un equipo de rescate.

Me gustaría dar las gracias a Dale Dougherty, por empujarme a trabajar en los trucos: trabajar desde el otro lado de la página ha sido toda una experiencia de aprendizaje. Los editores, productores, directivos de producción y el personal de marketing de la editorial son consumados profesionales, "piratas" y buenas personas. Me han ayudado incalculablemente en mi primera incursión editorial. Quiero dar las gracias especialmente a mi compañero virtual, Nat Torkington, y a Laurie Petrycki, por enseñarme cómo funciona todo.

Tara, ha sido fabuloso andar este camino contigo, y pretendo asegurarme de que nuestros caminos sigan cruzándose en intersecciones interesantes.

El karma señala a Clay Shirky y Steven Johnson, por incitarme a hacer algo más con el API de Google que tontear por las noches. Y, por supuesto, no puedo olvidarme de la población de *blogosphere* y los colegas en mi comunidad de Google, por sus inspirados comentarios sobre API y el resto de las cosas valiosas para usuarios compulsivos.

ACERCA DE LOS AUTORES

Tara Calishain es la autora y co-autora de media docena de libros relacionados con Internet. Es editora de un boletín semanal de noticias sobre motores de búsqueda, ResearchBuzz (`http://www.researchbuzz.com`) y columnista habitual para LLRX.com y la revista SEARCHER.

Rael Dornfest es un experto de O'Reilly & Associates, Inc., empresa enfocada principalmente en el tema de la tecnología. Evalúa, experimenta, programa y escribe para la O'Reilly Network y para sus publicaciones. Rael ha editado, ha escrito como co-autor y ha contribuido en varios de los libros de O'Reilly. Es director de programación de la O'Reilly Emerging Technology Conference y la O'Reilly Mac OS X Conference, presidente del grupo de trabajo RSS-DEV, y desarrollador de Meerkat, un servicio de cable abierto (`http://www.meerkat.oreillynet.com`). En su abundante tiempo libre, Rael desarrolla software de libre distribución y mantiene su weblog Raelity Bytes (`http://www.raelity.org`).

COLABORADORES

Las personas que aparecen a continuación han contribuido en este libro con sus trucos, redacción e inspiración:

- Tim Allwine es ingeniero senior de software en O'Reilly & Associates. Desarrolla software para el grupo Market Research, diversas herramientas Web que recogen datos de diferentes sitios, y participa en el desarrollo de servicios Web en O'Reilly.

- AvaQuest (`http://www.avaquest.com/`) es una empresa de servicios informáticos con sede en Massachusetts especializada en la aplicación de recuperación avanzada de información, categorización, y tecnologías de extracción de texto para la resolución de problemas reales. GooglePeople y GoogleMovies, creados por los especialistas de AvaQuest Nathan Treloar, Sally Kleinfeldt y Peter Richard, surgieron de un proyecto Web de consulta de extracción en el que trabajaba el equipo de AvaQuest en el verano del año 2002, poco después de que se anunciara el API Web de Google.

- Paul Bausch (`http://www.onfocus.com/`) es un desarrollador y autor Web *freelance* que vive en Oregon. Fue co-creador del software de weblog, Bloogger, y recientemente co-escribió un libro sobre weblog denominado We Blog: Publishing Online with Weblogs. Cree (como Google) que el "amor" (75.700.000) conquistará al "odio" (7.900.000).

- Erik Benson (`http://www.erikbenson.com/`).

- CapeScience.com (`http://www.capescience.com/`) es la comunidad de desarrollo de Cape Clear Software, una empresa de servicios Web. Además de proporcionar apoyo a los productos de Cape Clear, CapeScience realiza todo tipo de.material divertido relacionado con servicios Web, entre los que se incluyen servicios en directo, clientes a otros servicios, utilidades, etc.

- Antoni Chan (`http://www.alltooflat.com/`) es uno de los fundadores de All Too Flat, un bastión del contenido extravagante, las bromas y el humor *freaky*. The Google Mirror es un script CGI de 2.500 líneas que se desarrolló durante un periodo de un año, a partir del mes de octubre de 2001. Cuando no se encuentra trabajando en su página Web, le gusta tocar música, jugar a los bolos y correr tras un *frisbee*.

- Tanya Harvey Ciampi (`http://www.multilingual.ch`) creó en Buckinghampshire, Inglaterra, y se marchó a estudiar a Zurich, donde se licenció en traducción. Ahora vive en Ticino, la región suiza en la que se habla italiano, donde trabaja como traductora técnica al inglés (partiendo del italiano, del alemán y del francés) y como revisora, y enseña traducción y técnicas de búsqueda en Internet, basándose en su interfaz de búsqueda WWW para traductores. En su tiempo libre le gusta ir a pescar con su padre en la costa oeste de Irlanda, escribir poemas y tocar música celta.

- Peter Drayton (`http://www.razorsoft.net/weblog/`) es director de programación en el equipo CLR de Microsoft. Antes de unirse a Microsoft, era asesor independiente, formador para DevelopMentor, y autor de C# Essentials y C# in a Nutshell (O'Reilly).

- Andrew Fledd (`http://www.bleg.org/`) trabaja para IBM en el Reino Unido; se graduó en la universidad de Warwick hace algunos años. Actualmente es webmaster de la intranet de Hursley Lab. La mayor parte de su trabajo (y diversión) en estos momentos está ocupado por Perl, Java, HTML y CSS. A Andrew le gusta particularmente el código limpio y reutilizable, que siempre termina ahorrándole tiempo a largo plazo. Ha escrito varios proyectos de código abierto, así como un par de aplicaciones comerciales para RISC OS (tal como se utiliza en el PC Iyonix: el primer ordenador de sobremesa que utiliza un Intel XScale). Cuando no trabaja con el ordenador, Andrew trata de organizar su boda, porque ¡se acaba de prometer!

- Andrew Goodman (`http://www.page-zero.com`) es co-fundador y editor de Traffick.com, una elogiada guía de portales y motores de búsqueda. Traffick previó tendencias tales como el aumento de los motores de búsqueda de pago por clic mucho antes de que fueran adoptados mayoritariamente. Goodman ha escrito artículos para publicaciones como Internet Markets, The Globe and Mail y el Yorkshire Post Magazine. A menudo aparece citado en publicaciones empresariales y tecnológicas, y suele participar en conferencias tales como Search Engine Strategies.

- Kevin Hemenway (`http://www.disobey.com/`), conocido como Morbus Iff, es el creador de disobey.com, que se anuncia como "contenido para descontentos". Editor, desarrollador y escritor de más "recetas caseras" de las que pueda llegar a imaginar (como el popular lector de código abierto AmphetaDesk, el secreto mejor guardado de los juegos Gamegrene.com, los populares Ghost Sites y Nonsense Network, los divertidos artículos en O'Reilly Network, algunas partes del sitio de desarrollo de Internet de Apple, etc.); es un ferviente fan de la clonación, puesto que le permite llevar a cabo una mayor cantidad de trabajo. Cocina sus recetas con inteligencia. Vive en Concord, NH.

- Mark Horrell (`http://www.markhorrell.com/`) ha trabajado en la optimización del motor de búsqueda desde 1996, cuando se unió a Net Resources International, una editorial de sitios Web de ingeniería industrial, donde concibió y desarrolló la estrategia de marketing en Internet de la compañía. Se marchó en el año 2002, y actualmente trabaja como desarrollador Web *freelance* en Londres, Reino Unido; se ha especializado en diseños de motores de búsqueda amigables.

- Judy Hourihan (`http://www.judy.hourihan.com/`).

- Steven Johnson (`http://www.stevenberlinjohnson.com/`) es autor de dos libros, Emergence e Interface Culture, Ha sido co-creador de los sitios FEED y Plastic.com, y ahora participa activamente de forma regular en `http://www.stevenberlinjohnson.com`. Escribe la columna mensual "Emergency Technology" para la revista Discover Magazine, y su trabajo ha aparecido en muchas publicaciones, entre las que se incluyen The New York Times, Harper's, Wired y The New Yorker.

- A Stuart Langridge (`http://www.kryogenix.org/`) le pagan por piratear en la Web durante el día, y lo hace gratis por la noche, cuando no está discutiendo sobre Buffy o Debian GNU/Linux. Le gustan los estándares Web, Python y las cosas extrañas que pueden hacerse con JavaScript; todo esto puede verse en su sitio Web y su weblog. También se encuentra ligeramente sorprendido de que el Google Art Creator, que fue un pequeño truco divertido que hizo en un día, sea lo más popular que haya escrito, y le mencionen por ello en un libro.

- Beau Lebens (`http://www.dentedreality.com.au`) es arquitecto de asesoramiento de información y desarrollador PHP; está verdaderamente interesado en movimientos tales como el aumento de la estrategia y la planificación online, la filosofía REST y el desarrollo de código abierto. Beau tiene antecedentes autodidactas en lo que se refiere a tecnologías Web, y actualmente trabaja en una compañía de venta online situada en Perth, al oeste de Australia, y, a la vez, dirige su propia consultora. Cree firmemente en la creación de sistemas complejos fáciles de utilizar y comprender, y hace que éste sea su objetivo principal en todos los proyectos que realiza. Puede encontrar más información sobre Beau y sobre lo que está haciendo en su sitio Web, la página de inicio de su compañía consultora, Dented Reality, así como varias reflexiones y observaciones respecto a la industria Web y la tecnología en general.

- Mark Pilgrim (`http://www.diveintomark.org/`) es autor de Dive Into Python, un libro gratuito de Python para programadores con experiencia, y Dive Into Accessibility, un libro gratuito sobre técnicas de accesibilidad Web. Trabaja para MassLight, una empresa de desarrollo Web y formación situada en Washington DC, donde, obviamente, lleva a cabo funciones de formación y desarrollo Web.

- Chris Sells (`http://www.sellsbrothers.com/`) es autor, conferenciante y asesor independiente especializado en aplicaciones distribuidas en .NET y COM. Ha escrito varios libros, y actualmente está trabajando en Windows Forms for C#, VB.NET Programmers y Mastering Visual Studio.NET. En su tiempo libre, Chris presenta varias conferencias, dirige el proyecto de código abierto Genghis, juega con Rotor y, en general, se quita importancia en las revisiones de diseño de Microsoft.

- Alex Shapiro (`http://www.touchgraph.com/`) es el fundador y director tecnológico de TouchGraph LLC. La experiencia de Alex con TouchGraph es paralela a la de los supervivientes punto com descritos en la portada "Welcome Back to Silicon Valley" de la revista Newsweek del 25 de marzo de 2002. Cuando se enfrentó a un mercado tecnológico en receso, decidió darse la oportunidad de innovar en lugar de pasar apuros para encontrar un empleo genérico. El 15 de enero de 2001, Alex dejó su primer trabajo en Sapient, NYC, adelantándose a la primera serie de despidos. Afortunadamente, fue capaz de encontrar trabajo como asesor independiente de diseño de software para una empresa de valoración de marcas registradas. Pasó su tiempo libre puliendo el código de visualización de gráficos en TouchGraph. En mayo de 2002, Alex pasó el cliente de valoración de marcas registradas a un amigo y comenzó a trabajar en TouchGraph a tiempo completo. Desde entonces, las cosas han sido muy emocionantes debido a la creciente popularidad y los elogios públicos al software. TouchGraph todavía tiene que conseguir financiación inicial.

- Kevin Shay (http://www.staggernation.com/) es escritor y programador Web; vive en Brooklyn, Nueva York. Sus *scripts* de API de Google, *plugings* Movable Type y otros de sus trabajos pueden encontrarse en staggernation.com, que aparecerá pronto.

- Gary Stock (http://www.googlewhack.com/stock.htm) acuñó el término "Google whack" mientras intentaba llevar a cabo una investigación para UnBlinking (http://www.unblinking.com/). Cuando Gary escribe para UnBlinking, prefiere que se le sitúe en su papel de director tecnológico del servicio de recorte e instrucciones de noticias Nexcerpt (http://www.nexcerpt.com/). Gary trabaja en Nexcerpt para tomarse un respiro en la gestión de la exótica flora y fauna que cultiva en los 160 acres de bosque y pantano que posee lo que, a su vez, le impide pasar tiempo con su mujer (y directiva ejecutiva de Nexcerpt), Julie, con quien se casó para compensar su anterior situación de devoradora carrera como espía informático súper secreto, a lo que se había dedicado para evitar de forma permanente la tentación de convertirse en arreglista de jazz y pianista. En serio.

- Brett Tabke (http://www.webmasterworld.com) es el propietario y operador de WebmasterWorld.com, un importante sitio de noticias y debate para desarrolladores Web y especialistas de marketing en motores de búsqueda. Tabke lleva trabajando en el mundo de la informática desde finales de los setenta y es una de las autoridades más importantes de Internet en la optimización de motores de búsqueda.

- Matt Webb (http://www.interconnected.org/home/) es ingeniero de sistemas en UpMyStreet.com, especializado en el desarrollo de sitios de información local del gobierno del Reino Unido y el sector público. Fuera del trabajo, ha desarrollado varios *bots* IM (incluyendo Googlematic), Dirk (una amplia red colaboradora de asociaciones) y dirige y escribe para Upsideclown.com, que publica historias cortas de ficción y redacción creativa, y ha producido un libro. Es conocido por Interconnected, un *weblog* sobre sociedad y tecnología. Vive en Londres.

Contenido

Prólogo

Cuando comenzamos con Google, era difícil predecir las dimensiones que alcanzaría. El hecho de que nuestro motor de búsqueda serviría algún día como catalizador para tantos y tan importantes desarrollos Web era un sueño lejano. Nos sentimos honrados por el creciente interés que Google despierta, y queremos dar las gracias a las personas que crearon este libro, el informe mayor y más exhaustivo sobre la tecnología de búsqueda de Google que se ha publicado.

La búsqueda es un campo de estudio sorprendente, porque ofrece infinitas posibilidades en lo que se refiere a cómo podemos encontrar información y hacer que esté disponible para la gente. Nos unimos a los autores para animar al lector a abordar este libro con perspectivas de descubrir y encontrar nuevas formas de enfrentarse a las búsquedas. La misión de Google es organizar la información mundial para hacerla universalmente accesible y útil, y agradecemos cualquier contribución que pueda hacer y que ayude a la consecución de esta meta.

Los trucos son la base de la creatividad que alimenta la Web. Como desarrolladores de software, aplaudimos este libro por su espíritu aventurero. Nosotros también somos aventureros, y estamos encantados de descubrir que este libro destaca muchos de los experimentos que nosotros mismos llevamos a cabo en nuestro tiempo libre aquí en Google. Google adapta constantemente sus algoritmos de búsqueda para que se adecuen al crecimiento dinámico y a la naturaleza cambiante de la Web. A medida que vaya leyendo, tenga en cuenta que los ejemplos que se ofrecen en este libro son válidos hoy pero, como Google innova y crece según pasa el tiempo, pueden llegar a ser obsoletos. Le animamos a que siga los últimos desarrollos y a que participe en las discusiones en curso en lo que se refiere a la búsqueda, facilitadas por libros como éste.

Prácticamente todos los ingenieros de Google han utilizado esta publicación para ayudarse en su trabajo. Los libros de esta editorial son una parte fundamental de la biblioteca de ingeniería de Google, y esperamos que este libro le sea tan útil como las publicaciones de esta editorial han sido para Google.

Con la más grande colección de documentos Web en el mundo, Google es un reflejo de la Web. Los trucos que se incluyen en este libro no son sólo sobre Google, sino que además dan rienda suelta a un amplio potencial de la Web actualmente y en los próximos años. Se trata de un recurso fantástico para entusiastas de la búsqueda, y esperamos que lo disfrute tanto como lo hemos disfrutado nosotros.

Gracias.

El equipo de ingenieros de Google
11 de diciembre de 2002
Mountain View, California

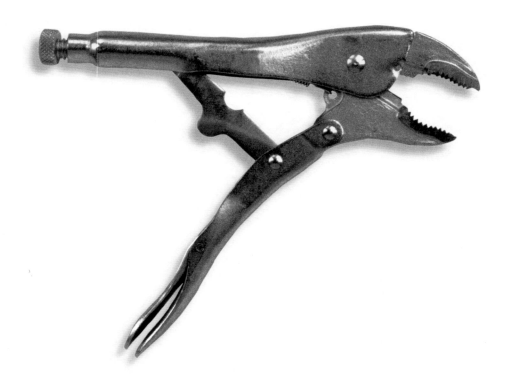

Introducción

Los motores de búsqueda para grandes colecciones de datos han precedido a la World Wide Web durante décadas. Se trataba de enormes catálogos de biblioteca, mecanografiados con meticulosa precisión en tarjetas de índice y, finalmente, automatizados en distintos niveles. Eran las grandes colecciones de datos de compañías informáticas profesionales como Dialog y LexisNexis. Después, están los todavía existentes servicios de búsqueda, privados y caros, de los sectores médico, inmobiliario y legal. No siempre resultaba sencillo llevar a cabo búsquedas en esas colecciones de datos, pero con un poco de astucia y mucha paciencia, se podían realizar concienzudas búsquedas en ellas. La información estaba agrupada según las ontologías establecidas, datos preformateados siguiendo determinadas pautas. Después llegó la Web.

La información en Internet, como sabe cualquiera que haya visitado alguna vez media docena de páginas Web, no tiene el mismo formato. Tampoco es necesariamente muy precisa. Ni actualizada. Ni siquiera con una ortografía correcta. Sin embargo, surgen los motores de ayuda, que intentan dar sentido al siempre creciente índice de información online. Finalmente, se añadieron sintaxis especiales para buscar partes comunes en una página Web tipo (como el título o el URL). Los motores de búsqueda evolucionaron con una gran rapidez, intentando abarcar todos los matices de los miles de millones de documentos que pueden encontrarse online, y todavía siguen evolucionando hoy en día.

Google™ apareció en el ruedo en 1998. Era la segunda encarnación del servicio de motor de búsqueda conocido como BackRub; el nombre "Google" era un juego de palabras sobre el término "googol", un uno seguido de cien ceros. Desde el principio, Google se diferenció del resto de los principales motores de búsqueda online, como AltaVista, Excite, HotBot, etc. ¿Se debía a la tecnología? Parcialmente. La relevancia de los resultados de la búsqueda de Google era extraordinaria y digna de comentar. Pero, más allá de eso, el centro y la cara más humana de Google hicieron que destacara en la red.

Con su amable presentación y su conjunto de opciones, siempre en constante expansión, no resulta sorprendente que Google continúe consiguiendo una gran cantidad de adeptos. Hay weblogs dedicados a él. Los boletines de noticias de motores de búsqueda, como ResearchBuzz, dedican gran cantidad de espacio a Google. Legiones de fervientes fans pasan muchísimo tiempo descubriendo características documentadas, creando juegos (como Google whacking) e, incluso, acuñando nuevas palabras (como "Googling", la práctica de comprobar datos por medio del motor de búsqueda de Google.)

En abril de 2002, Google llegó a todos sus fans ofreciendo el API de Google. El API de Google proporciona a los desarrolladores una forma legal de acceder a los resultados de la búsqueda de Google con preguntas automáticas (cualquier otra forma de acceder a los resultados de la búsqueda de Google con software automatizado va en contra de los Términos de Servicio de Google).

¿Por qué trucos de Google?

Los "trucos" se consideran normalmente soluciones rápidas a problemas de programación, o técnicas interesantes para llevar a cabo una determinada tarea. Pero, ¿qué tiene que ver esto con Google? Considerando el tamaño del índice de Google, hay muchas veces en las que quizá quiera llevar a cabo un tipo de búsqueda determinado y obtenga demasiados resultados, lo que hace que la búsqueda no sea útil. O quizá quiera realizar una búsqueda que la actual interfaz de Google no soporte. La idea de los trucos de Google no es proporcionarle un manual exhaustivo de cómo funciona cada uno de los comandos en la sintaxis de Google, sino mostrarle algunos trucos que le permitirán sacar el máximo provecho de una búsqueda, y enseñarle aplicaciones del API de Google que realizan búsquedas que no podrían hacerse utilizando la interfaz normal de Google. En otras palabras, trucos. Hay docenas de programas e interfaces que han surgido a partir del API de Google. Todo el mundo, desde el programador serio al fan incondicional (como yo) puede acceder tanto a juegos como a aplicaciones serias utilizando la base de datos de páginas Web de Google.

Cómo utilizar este libro

Si lo desea, puede leer este libro de principio a fin pero, en la mayor parte de los casos, cada truco es independiente. Así que, siéntase libre de hojearlo, leyendo las secciones que le interesen más. Si es nuevo en Perl, quizá le gustaría probar algunos de los trucos más sencillos y a continuación abordar los más complicados, a medida que vaya cogiendo confianza.

Cómo está organizado este libro

La combinación del API de Google y más de tres mil millones de páginas de datos que cambian de forma constante pueden tener extrañas consecuencias para su imaginación, y proporcionarle una gran cantidad de nuevas perspectivas en lo que respecta a cómo realizar la búsqueda de la mejor forma posible. Este libro va más allá de la página de instrucciones, acercándose más a la idea de "trucos", consejos prácticos y técnicas que puede utilizar para hacer de las búsquedas en Google una experiencia más fructífera, más divertida o (en un par de casos) simplemente más original. Este libro consta de diferentes capítulos:

- Capítulo 1. Búsquedas en Google: Este capítulo describe los fundamentos de cómo funcionan las propiedades de búsqueda de Google, con algunos trucos que le ayudan a sacar el máximo partido de las sintaxis de Google y lo que ofrecen las búsquedas especializadas. Más allá de los listados tipo "esta sintaxis significa que", lo que haremos será echar un vistazo a cómo sacar lo máximo de cada una de las partes del poder de búsqueda de cada sintaxis, y cómo mezclar distintas sintaxis para algunas búsquedas realmente monstruosas.

- Capítulo 2. Servicios y colecciones especiales de Google: Google va más allá de la búsqueda Web, introduciéndose en varios terrenos diferentes, entre los que se incluyen las imágenes, las noticias y USENET. ¿Sabía que esas colecciones tienen sus propias sintaxis? Como aprenderemos en esta sección, Google es igualmente hábil ayudándole a comprar para sus vacaciones o buscando los últimos acontecimientos.

- Capítulo 3. Servicios a terceros de Google: No todos los trucos son de esos que querrá instalar en su escritorio o servidor Web. En esta sección., veremos los servicios a terceros que integran el API de Google con otras aplicaciones, o que actúan como prácticas herramientas Web o incluso comprueban Google por e-mail.

- Capítulo 4. Aplicaciones de Google sin API: El API de Google no busca todas las propiedades de Google pero, a veces, sería realmente práctico reunir toda esa búsqueda de números de teléfono o noticias y guardarlas en un archivo. Este conjunto de trucos le enseñan cómo hacerlo.

- Capítulo 5. Introducción al API Web de Google: Echaremos un vistazo a lo que esconde el API de Google, considerando distintos idiomas y cómo Google funciona con cada uno de ellos. Un consejo: si siempre ha querido aprender Perl pero nunca supo "qué hacer con él", ésta es su sección.

- Capítulo 6. Aplicaciones del API Web de Google: Una vez que tenga idea del API de Google, comenzará a pensar en las distintas formas de utilizarlo. Inspírese en esta colección de útiles aplicaciones que usan el API de Google.

- Capítulo 7. Bromas y juegos de Google: No se puede estar siempre trabajando, hay que divertirse un poco. Esta colección de bromas y juegos convierten a Google en un poeta, un espejo y un chef de cocina o, al menos, en alguien que mezcle los ingredientes.

- Capítulo 8. El lado del webmaster de Google: Si es un webmaster, observará Google desde dos puntos de vista: desde el lado de la persona que busca y desde el lado de alguien que quiera obtener el mejor ranking de búsqueda para un sitio Web. En esta sección aprenderá cosas sobre el famoso y perverso PageRank, cómo limpiar para una visita de Google y cómo asegurarse de que sus páginas no aparecen en el índice de Google si no desea que aparezcan allí.

Convenciones utilizadas en este libro

Se han utilizado las siguientes convenciones para el texto:

- Los nombres de instrucciones o de comandos de programación, para ejemplos de código, rutas de archivos y direcciones de Internet, aparecerán en un tipo de letra `monoespacial`.

- Para los menús, submenús y menús contextuales; cuadros de diálogo y sus secciones; barras de herramientas; fichas, solapas y pestañas; cuadros de lista y sus opciones; casillas de verificación, botones de opción y cuadros de texto, utilizaremos el tipo de letra Arial.

- Utilizaremos un tipo de letra en **negrita** para indicar entradas literales de campos o variables, para los nombres de los botones y para las combinaciones de teclas.

Además del contenido mencionado, en cada capítulo se incluyen una serie de notas que diferenciamos en función del tipo de icono que las acompaña:

Este icono muestra un truco, un consejo o una nota general con información adicional al tema en cuestión.

Este icono indica una advertencia o un aviso importante que no debe dejar de leer.

En cuanto al termómetro que aparece junto a cada truco, sirve para designar la dificultad que entraña el mismo:

Principiante   Intermedio   Experto

## CAPÍTULO 1

Búsquedas en Google

Trucos 1 a 28

La página principal de Google es aparentemente sencilla: un formulario de búsqueda y un par de botones. Sin embargo, esa interfaz básica, tan atractiva por su simplicidad, oculta el poder del motor de Google y la riqueza de la información que está a su disposición. Y, si utiliza la sintaxis de búsqueda de Google en todos sus detalles, la Web se convertirá en su joya de investigación.

Pero, antes, tiene que comprender lo que no es el índice Google.

Lo que Google no es

Internet no es una biblioteca. La metáfora de la biblioteca presupone demasiadas cosas, una fuente central para la información de recursos, un personal asalariado que diligentemente archive en el índice el nuevo material a medida que aparece, una ontología bien comprendida y rigurosamente apegada, que puede inducir a error cuando se trata de considerar Internet como una biblioteca.

Tomémonos un momento para hacer desaparecer algunos de estos mitos desde el principio.

- **El índice de Google es una instantánea de lo que puede encontrarse online:** Ningún motor de búsqueda, ni siquiera Google, lo sabe todo. Simplemente, hay demasiadas cosas y todo fluye con demasiada rapidez como para poder mantenerse al día. Después, está ese contenido que Google detecta pero simplemente no muestra en el índice: películas, audio, animaciones de Flash y una innumerable cantidad de formatos de datos especializados.

- **Todo lo que aparece en la Web es creíble:** No es así. Hay cosas en Internet que son partidistas, están distorsionadas o simplemente no son correctas, tanto a nivel internacional como a nivel nacional. Visite las páginas de referencia de leyendas urbanas (`http://www.snopes.com/`) si quiere hacerse una idea de los tipos de leyendas urbanas y otras informaciones erróneas que rondan por Internet.

- **Los filtros de contenidos le protegerán del material ofensivo:** Aunque los filtros de contenido opcional de Google son buenos, desde luego, no son infalibles. Es perfectamente posible que se encuentre con un elemento ofensivo entre sus resultados de búsqueda.

- **El índice de Google es una instantánea estática de la Web:** Simplemente, no puede serlo. El índice, como ocurre con la Web, siempre está en estado de cambio. Una corriente perpetua de arañas entrega páginas recién encontradas, observan cambios e informan de las páginas que ya no existen. La propia metodología de Google cambia a medida que sus desarrolladores y las personas que lo mantienen aprenden. No se estanque empeñándose en realizar las búsquedas de una forma determinada; si lo hace, se privará a si mismo de las ventajas que le ofrece la evolución de Google.

Lo que Google es

La mayoría de la gente que utiliza motores de búsqueda de Internet lo hace escribiendo un par de palabras clave y viendo qué pasa. Aunque, en ciertos campos, esto puede proporcionar resultados decentes, cada vez es menos eficaz, a medida que Internet aumenta su tamaño.

Google proporciona una serie de sintaxis especiales para ayudar a guiar a su motor de búsqueda para que comprenda lo que está buscando. En esta sección del libro observaremos, de forma detallada, la sintaxis de Google, y cuál es la mejor forma de utilizarla. En pocas palabras:

- Dentro de la página: Google soporta sintaxis que le permiten restringir su búsqueda a ciertos componentes de la página, tales como el título o el URL.

- Tipos de página: Google le permite restringir su búsqueda a ciertos tipos de páginas, tales como sitios procedentes del sector educativo (EDU) o páginas añadidas dentro de un determinado periodo de tiempo.

- Tipos de contenido: Cuando utilice Google, puede encontrar una gran variedad de tipos de archivos; por ejemplo, documentos de Microsoft Word, hojas de cálculo de Excel y archivos PDF. Incluso puede que encuentre páginas Web especializadas tales como XML, SHTML o RSS.

* Colecciones especiales: Google tiene varias propiedades de búsqueda diferentes, pero algunas de ellas no están tan lejos del índice Web como podría creer. Puede que conozca el índice de historias de noticias e imágenes de Google, pero ¿había oído hablar de las búsquedas de universidad de Google? Y, ¿qué me dice de las búsquedas especiales que le permiten restringir su búsqueda por tema, a BSD, Linux, Apple, Microsoft, o el gobierno de los EEUU?

Estas sintaxis especiales no se excluyen mutuamente. Al contrario, es en la combinación donde reside la verdadera magia de Google. Busque ciertos tipos de páginas en colecciones especiales o elementos de página diferentes en distintos tipos de páginas.

Si saca una conclusión al término de este libro, que sea ésta: las posibilidades son (prácticamente) infinitas. Este libro puede enseñarle técnicas, pero si simplemente las aprende de memoria y no las aplica nunca, no le serán de ninguna ayuda. Experimente. Juegue. Mantenga siempre en mente sus requisitos de búsqueda, e intente adaptar los recursos proporcionados en este libro a sus necesidades, elabore una caja de herramientas de técnicas de búsqueda que funcionen específicamente para usted.

Aspectos básicos de Google

En general, hay dos tipos de motores de búsqueda en Internet. El primero se denomina índice de temas susceptible de búsqueda. Este tipo de motores de búsqueda busca sólo los títulos y descripciones de los sitios, y no realiza búsquedas de páginas individuales. Yahoo! es un índice de temas susceptible de búsqueda. Después, están los motores de búsqueda de texto completo, que utilizan "arañas" informatizadas para realizar un índice de millones, y a veces miles de millones de páginas. Estas páginas permiten llevar a cabo búsquedas por título o contenido, y permiten la realización de búsquedas mucho más estrechas que los índices de temas susceptibles de búsqueda. Google es un motor de búsqueda de texto completo.

Siempre que busque utilizando más de una palabra clave cada vez, un motor de búsqueda tiene un método predeterminado de cómo encargarse de dicha palabra. ¿Qué hará el motor de búsqueda?, ¿llevará a cabo una búsqueda de las dos palabras clave o de una de ellas? La respuesta se denomina predeterminación booleana; los motores de búsqueda pueden tener como predeterminada la opción booleana AND (realizará la búsqueda para las dos palabras clave) o la opción booleana OR (en cuyo caso buscará una palabra clave o la otra). Por supuesto, incluso si un motor de búsqueda tiene como opción por defecto la realización de la búsqueda utilizando ambas palabras clave (AND), normalmente puede darle una instrucción especial para que lleve a cabo la búsqueda en una de las palabras clave (OR). Eso sí, el motor tiene que saber qué hacer en el caso de que no se le proporcionen instrucciones específicas.

Booleano básico

La opción booleana establecida como predeterminada en Google es AND; esto significa que, cuando introduzca palabras de búsqueda sin modificadores, Google buscará todas ellas. Si busca:

```
snowblower Honda "Green Bay"
```

Google buscará todas las palabras. Si desea especificar que la búsqueda de cualquiera de las palabras es aceptable, ponga un OR entre cada uno de los elementos:

```
snowblower OR snowmobile OR "Green Bay"
```

Si, definitivamente, lo que quiere es tener un término y uno de los otros dos o más términos, agrúpelos dentro de un paréntesis, de esta forma:

```
snowblower (snowmobile OR "Green Bay")
```

En este caso se buscará la palabra "snowmobile" o la frase "Green Bay" junto con la palabra "snowblower". Se pude sustituir OR por un carácter que se toma prestado del reino de la programación informática, | como puede apreciarse en este ejemplo:

```
snowblower (snowmobile | "Green Bay")
```

Si desea especificar que uno de lo elementos de la búsqueda no aparezca en los resultados, utilice un - (signo menos o guión).

```
snowblower snowmobile -"Green Bay"
```

Lo que se hará aquí es buscar páginas que contengan las dos palabras "snowblower" y "snowmobile", pero no la frase "Green Bay".

Búsquedas sencillas y Voy a tener suerte

El botón **Voy a tener suerte** es realmente bueno. En lugar de proporcionarle una lista de resultados de búsqueda a partir de lo que haya escogido, le dirige rápidamente a lo que Google considera la página más relevante teniendo en cuenta su búsqueda, esto es, el primer resultado de la lista. Si escribe washington post y hace clic en el botón **Voy a tener suerte** le llevará directamente a http://www.washingtonpost.com/. Si lo intenta con el término president, aterrizará en http://www.whitehouse.gov/.

Por si acaso

Algunos motores de búsqueda distinguen entre mayúsculas y minúsculas, es decir, realizan las búsquedas basándose en la utilización de las mayúsculas. En un motor de búsqueda de estas características, si se introduce el término "GEORGE WASHINGTON", no se encontrará "George Washington", "george Washington", o cualquier otra combinación de mayúsculas y minúsculas. Google no es uno de estos buscadores, no distingue entre mayúsculas y minúsculas. Así, si realiza una búsqueda para Tres, tres o TRES, obtendrá exactamente los mismos resultados.

Otras consideraciones

Hay algunas consideraciones más que tiene que recordar cuando utilice Google. Primero, Google no acepta más de diez palabras de búsqueda, incluyendo la sintaxis especial. Si intenta utilizar más de diez palabras, se ignorarán sumariamente. Sin embargo, hay formas de hacerlo.

En segundo lugar, Google no soporta la utilización de un asterisco (o de cualquier otro comodín) en lugar de letras dentro de un término de búsqueda. Por ejemplo, moon* en un motor de búsqueda que soportara este tipo de caracteres daría como resultado "*moonlight*", "*moonshot*", "*moonshadow*", etc. No obstante, Google soporta un asterisco como comodín de palabra completa. Si busca "*three * mice*" en Google, encontrará "*three blind mice*", "*three blue mice*", "*three red mice*", etc. En general, la combinación de la sintaxis de búsqueda básica, junto con una reflexión en la elección de las palabras clave, hará que llegue bastante lejos. Añada a esto las ricas sintaxis especiales de Google, descritas en la siguiente sección, y tendrá, a su disposición, un poderoso lenguaje de búsqueda.

Las sintaxis especiales

Además de la sintaxis básica de AND, OR, y las cadenas entrecomilladas, Google ofrece una serie de sintaxis bastante exhaustivas para afinar sus búsquedas. Google, como motor de búsqueda de texto completo, incluye en su índice páginas Web completas, en lugar de incluir sólo los títulos y las descripciones. Los comandos adicionales, denominados sintaxis especiales, permiten a los usuarios de Google realizar búsquedas en partes determinadas de páginas Web o tipos específicos de información. Esto resulta práctico cuando se está tratando con dos mil millones de páginas Web y necesita aprovechar cualquier oportunidad para restringir su búsqueda. Especificar que sus palabras de búsqueda deben aparecer sólo en el título o el URL de una página Web devuelta es una forma fantástica para hacer que sus resultados sean realmente específicos, sin hacer que sus palabras clave sean demasiado específicas en sí mismas.

Algunas de estas sintaxis funcionan bien cuando se combinan. A otras no les va tan bien. Es más, hay algunas que no funcionan en absoluto.

`intitle:`

`intitle:` restringe su búsqueda a los títulos de las páginas Web. Su variante `allintitle:` encuentra páginas en las que todas las palabras especificadas formen el título de la página Web. Es probable que sea mejor evitar la variante `allintitle:` porque no combina bien con algunas de las otras sintaxis.

```
intitle: "george bush"
allintitle: "money supply" economics
```

`inurl:`

`inurl:` restringe su búsqueda a los URL de las páginas Web. Esta sintaxis tiende a funcionar bien para encontrar páginas de búsqueda y de ayuda, porque tienden a tener una composición bastante regular. Su variante `allinurl:` encuentra todas las palabras que aparecen en un URL, pero no va bien en combinación con otras sintaxis especiales.

```
inurl:help
allinurl:search help
```

`intext:`

`intext:` busca sólo en el cuerpo de texto (es decir, ignora texto de vínculos, URL y títulos). En este caso existe también la variante `allintext:` pero, también en este caso, no se lleva muy bien con el resto de las sintaxis. Aunque sus usos son limitados, resulta perfecto para encontrar palabras de búsqueda que podrían ser demasiado comunes en los URL o títulos con vínculos.

```
intext: "yahoo.com"
intext:html
```

`inanchor:`

> `inanchor:` busca texto en las anclas de vínculos de una página. Un ancla de vínculo es el texto que describe un determinado vínculo. Por ejemplo, el ancla de vínculo en el código HTML `<a href="http://www.oreilly` `.com>O'Reilly and Associates</a>` es "O'Reilly and Associates".
>
> `inanchor: "tom peters"`

`site:`

> `site:` le permite restringir su búsqueda bien a un sitio bien a un dominio de nivel superior. AltaVista, por ejemplo, tiene dos sintaxis para esta función (`host:` y `domain:`), pero Google sólo tiene ésta.
>
> `site:loc.gov`
> `site:thomas.loc.gov`
> `site:edu`
> `site:nc.us`

`link:`

> `link:` devuelve una lista de páginas que tienen vínculos al URL especificado. Introduzca `link:www.google.com` y obtendrá una lista de páginas vinculadas a Google. No se moleste en incluir la parte `http://`; no lo necesita y, de hecho, Google parece ignorarlo incluso si lo pone. `link:` funciona igual de bien con URL "profundos", por ejemplo `http://www.raelity.org/lang/perl/blosxom/` que con URL de nivel superior como `raelity.org`.

`cache:`

> `cache:` encuentra una copia de la página que Google muestra en el índice incluso si esa página ya no está disponible en su URL original, o si ha cambiado su contenido completamente desde entonces. Esto resulta particularmente útil para páginas que cambian con frecuencia.
>
> Si Google devuelve un resultado que parece tener poco que ver con su búsqueda, puede estar prácticamente seguro de que está buscando la última versión almacenada en caché en Google de la página.
>
> `cache:www.yahoo.com`

`daterange:`

> `daterange:` limita su búsqueda a una fecha o ámbito de fechas en las que la página se incluyó en el índice. Es importante observar que la búsqueda no se limita respecto a la fecha en la que se creó una determinada página, sino respecto a cuándo se incluyó en el índice de Google. Así, una

página que se creara el 2 de febrero, y no se incluyera en Google hasta el 11 de abril, podría encontrarse con `daterange:` buscar el 11 de abril. Recuerde también que Google vuelve a incluir páginas en su índice. Si el ámbito de fechas cambia o no depende de si el contenido de la página ha cambiado. Por ejemplo, pongamos que Google incluye una página en su índice el 1 de junio y vuelve a incluirla el 13 de agosto, pero el contenido de la página no ha cambiado. La fecha para buscar utilizando `daterange:` continúa siendo el 1 de junio. Observe que `daterange:` funciona con fechas de calendario juliano, no gregoriano (que es el calendario que utilizamos todos los días). Existen convertidores online gregoriano/juliano, pero si quiere realizar búsquedas en Google sin todas esas tonterías, utilice la interfaz FaganFinder de Google (`http://www.faganfinder.com/engines/google.shtml`), que le ofrece la posibilidad de realizar una búsqueda con `daterange:` mediante un menú desplegable de fechas gregorianas. Algunos de los trucos tratan de la búsqueda con `daterange:` evitando dolores de cabeza, así que verá que este asunto surge una y otra vez en el libro.

```
"George Bush" daterange:2452389-2452389
neurosurgery daterange:2452389-2452389
```

filetype:

`filetype:` lleva a cabo búsquedas en los sufijos o extensiones del nombre de los archivos. Normalmente son, aunque no obligatoriamente, tipos de archivos diferentes. Me gusta hacer esta distinción porque si busca `filetype:htm` y `filetype:html` los cómputos de resultados serán diferentes, incluso cuando es el mismo tipo de archivo. Incluso puede buscar distintos generadores de página, como ASP, PHP, CGI, etc., suponiendo que el sitio no los oculte detrás de redirección y *proxis*. Google incluye en su índice distintos formatos de Microsoft, entre los que pueden encontrarse PowerPoint (PPT), Excel (XLS), y Word (DOC).

```
homeschooling filetype:pdf
"leading economic indicators" filetype:ppt
```

related:

`related:` es una sintaxis que encuentra páginas relacionadas con la página especificada. No todas las páginas están relacionadas con otras páginas. Es una buena forma de encontrar categorías de páginas; si realiza una búsqueda utilizando `related:google.com` obtendría como resultado una variedad de motores de búsqueda, entre lo que se incluirían HotBot, Yahoo! y Northern Light.

```
related:www.yahoo.com
related:www.cnn.com
```

```
info:
```

> `info:` proporciona una página de vínculos que ofrecen más información sobre un determinado URL. Esta información incluye un vínculo al caché del URL, una lista de páginas que llevan a dicho URL, páginas relacionadas con el URL y páginas que la contienen. Observe que esta información depende de si Google tiene en su índice dicho URL o no. Si no lo tiene, la información será, obviamente, más limitada.
>
> ```
> info:www.oreilly.com
> info:www.nytimes.com/technology
> ```

```
phonebook:
```

> `phonebook:;` esta sintaxis busca números de teléfono, como veremos posteriormente.
>
> ```
> phonebook:John Doe CA
> phonebook:(510) 555-1212
> ```

Como ocurre con todo, cuanto más utilice las sintaxis especiales de Google, más natural le resultará. Google está constantemente añadiendo más, para el deleite de los combinadores Web habituales. Sin embargo, si desea algo más estructurado y visual que una sola línea de búsqueda, la Búsqueda Avanzada de Google le resultará una herramienta adecuada.

Búsqueda Avanzada

La Búsqueda Avanzada de Google va mucho más allá de las capacidades de una búsqueda predeterminada simple, proporcionándole un poderoso formulario en el que puede introducir datos para la búsqueda por fechas, filtros, etc.

La búsqueda predeterminada simple le permite hacer bastante, pero no todo. La página de Búsqueda Avanzada de Google (`http://www.google.es/advanced _search?hl=es`) le ofrece más opciones tales como búsqueda por fecha y filtros, con opciones de búsqueda para rellenar huecos para aquellos a los que no les resulta natural memorizar sintaxis especiales.

La mayoría de las opciones que aparecen en esta página no necesitan explicación, pero echemos un vistazo a los tipos de búsquedas que no puede realizar con facilidad, utilizando la interfaz de campo de texto de la búsqueda simple.

Introducción de las palabras de búsqueda

Como Google utiliza la conjunción booleana AND como opción predeterminada, a veces resulta difícil construir lógicamente sólo los matices de la búsqueda que desea realizar. Si utiliza los cuadros de texto que aparecen en la parte superior de la página Búsqueda Avanzada, puede especificar las palabras que deben aparecer, frases exactas, listas de palabras, al menos una de las palabras que debe aparecer y palabras que deben excluirse.

Idioma

Si utiliza el menú desplegable Idioma, puede especificar el idioma en el que deben estar las páginas que se devuelvan, desde el alemán al turco.

Filtros

La búsqueda avanzada de Google le ofrece además la opción de filtrar sus resultados utilizando SafeSearch. SafeSearch filtra sólo contenido sexual explícito (en contraposición a algunos sistemas de filtros que filtran pornografía, material racista, información sobre juegos y apuestas, etc.). Por favor, recuerde que el filtro de la máquina no es perfecto al 100 por 100.

Formato de archivo

La opción de Formato de Archivo le permite incluir o excluir distintos formatos de archivo de Microsoft, entre los que se incluye Word y Excel. Aparecen también como opciones un par de formatos de Adobe (el más importante, PDF) y Formato texto enriquecido. Aquí es donde la Búsqueda Avanzada se encuentra más limitada; existen literalmente docenas de formatos de archivo que Google puede buscar, y este conjunto de opciones representa sólo un pequeño subgrupo.

Fecha

La fecha le permite especificar resultados de búsqueda actualizados en los últimos tres meses, seis meses o un año. Esta búsqueda de fecha es mucho más limitada que la sintaxis `daterange:` que puede ofrecer resultados ajustándose hasta a un día, pero Google se encuentra por detrás de los resultados generados utilizando la opción de fecha de la Búsqueda Avanzada, mientras que no apoya de forma oficial la utilización de la búsqueda `daterange`.

El resto de la página proporciona formularios de búsqueda individuales para otras propiedades de Google, entre las que se incluyen búsquedas de noticias, búsquedas de páginas específicas y vínculos a algunas de las búsquedas específicas de un tema determinado de Google. La búsqueda de noticias y de temas específicos funcionan independientemente del formulario principal de búsqueda avanzada en la parte superior de la página. La página de búsqueda avanzada resulta práctica cuando necesite utilizar sus características únicas o necesite ayuda para organizar una búsqueda complicada. Su interfaz de rellenar huecos resultará de gran ayuda para las personas que se inician en la búsqueda, o para aquellos que deseen llevar a cabo una búsqueda avanzada precisa. Una vez dicho esto, recuerde su limitación en otros aspectos: resulta difícil utilizar sintaxis mezcladas o llevar a cabo una única búsqueda de sintaxis utilizando OR. Por ejemplo, no hay forma de buscar (`site:edu OR site:org`) utilizando la Búsqueda Avanzada. Por supuesto, hay otra forma de modificar los resultados de búsqueda que Google le ofrece, y no tiene que ver con la introducción de búsquedas básicas ni con la búsqueda avanzada. Se trata de la página Preferencias.

TRUCO 1 Configurar preferencias

Personalizar la forma en la que se realizan búsquedas en Google.

Las Preferencias de Google proporcionan una forma agradable y sencilla de establecer preferencias de hoy en adelante.

Idioma

Puede configurar el Idioma de la Interfaz, lo que afectará al idioma en el que aparezcan los consejos y los mensajes. La elección de idiomas va desde el afrikaans hasta el vietnamita, con un montón de extrañas opciones entre las que se incluyen Bork Bork Bork! (el cocinero sueco) y Elmer Fudd, por pura diversión. Un elemento distinto de Idioma de la Interfaz es el Idioma de Búsqueda, que limita los idiomas que deberían tenerse en cuenta cuando se realice una búsqueda en el índice de páginas de Google. Aunque la opción que aparece como predeterminada es cualquier idioma, quizá esté interesado exclusivamente en páginas Web escritas en chino y japonés, o francés, alemán y español; la combinación de idiomas es algo que usted debe elegir. En la figura 1.1 puede ver la página en la que puede configurar sus preferencias de idioma.

Filtrado

El filtro SafeSearch de Google le ofrece un método de evitar resultados de búsqueda que puedan herir su sensibilidad. La opción que aparece por defecto es no aplicar filtros. Un filtrado moderado descarta imágenes explícitas, pero no lenguaje explícito. Un sistema de filtrado más estricto se aplicará tanto al texto como a las imágenes.

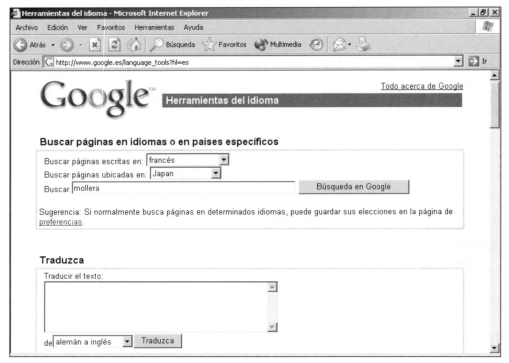

Figura 1.1. Página de herramientas de idioma.

Número de resultados

Google muestra, por defecto, diez resultados por página. Si quiere ver más resultados, haga clic en cualquiera de los enlaces de Página de Resultados: 1 2 3..., que encontrará en la parte inferior de cada una de las páginas de resultados, o simplemente haga clic en Siguiente.

Puede especificar el número de resultados por página que desea obtener (10, 20, 30, 50, 100); también puede especificar si desea que los resultados se muestren en la ventana actual del navegador o en una ventana nueva.

Configuración para investigadores

Si lo que lleva a cabo es una investigación, lo mejor es ver tantos resultados como sea posible en la página. Como se trata exclusivamente de texto, no lleva mucho más tiempo cargar 100 resultados que cargar sólo 10. Si tiene un ordenador con una cantidad de memoria decente, también es una buena idea hacer que los resultados de la búsqueda aparezcan en una nueva ventana; esto evitará que se pierda y le ofrecerá una ventana con todos los resultados disponibles constantemente.

Y, si puede soportarlo, mantenga el filtro desactivado, o al menos limítelo a moderado en lugar de estricto. El proceso de filtrado del ordenador no es perfecto y, desgraciadamente, a veces, el hecho de tener sistemas de filtro activados significa que puede perder algo valioso. Esto es especialmente cierto cuando busque palabras que puedan ser detectadas por un filtro, como "cáncer de pecho".

A menos que esté absolutamente seguro de que siempre va a querer realizar la búsqueda en un idioma, le recomiendo que no configure las Preferencias de Idioma en esta página; es preferible que varíe las preferencias de idioma a medida que sea necesario utilizando las Herramientas del Idioma de Google.

Con la búsqueda simple, la búsqueda avanzada y las preferencias, tiene todas las herramientas de inicio necesarias para llevar a cabo la búsqueda en Google de tal forma que se adecue perfectamente a sus intenciones específicas.

Si tiene las cookies desactivadas, configurar las preferencias en Google no va a serle de mucha utilidad. Tendrá que volver a establecerlas cada vez que abra el navegador. Si no puede tener cookies y quiere utilizar siempre las mismas preferencias, considere la opción de realizar un formulario personalizado de búsqueda.

TRUCO 2 — Herramientas del Idioma

Aunque no debería confiar en las herramientas del idioma de Google en lo que se refiere a una traducción 100 por 100 precisa de páginas Web, sin embargo, pueden ayudarle en sus búsquedas.

En los primeros tiempos de la Web, parecía que la mayoría de las páginas Web estaban escritas en inglés. Pero, poco a poco, cada vez hay más países online, lo que ha propiciado que los materiales se encuentren disponibles en una variedad de idiomas, incluyendo idiomas que no proceden de ningún país específico (como es el caso del esperanto y el klingon). Google ofrece varias herramientas de idioma, incluyendo una para la traducción y otra para la interfaz de Google. La opción de la interfaz es mucho más exhaustiva que la opción de la traducción, pero la traducción tiene mucho que ofrecer.

Acceso a las Herramientas del Idioma

Puede acceder a las herramientas del idioma haciendo clic en el vínculo Herramientas del Idioma en la página principal o dirigiéndose a http://www.google.

`es/language_tools?hl=es`. La primera herramienta le permite buscar materiales procedentes de un determinado país y/o en un idioma específico. Se trata de una forma excelente de acotar sus búsquedas. Si busca páginas francesas de Japón, el número de resultados será mucho menor que si busca páginas francesas de Francia. Puede restringir aún más su búsqueda si introduce una palabra de argot en otro idioma. Por ejemplo, realice una búsqueda de la palabra en castellano coloquial "mollera" en páginas francesas de Japón.

La segunda herramienta de esta página le permite traducir bien un bloque de texto, o toda una página Web de un idioma a otro. La mayoría de las traducciones parten del inglés y se traducen al inglés.

La traducción automática no es ni de lejos tan buena como la realizada por seres humanos, así que no confíe en esta traducción como base de una búsqueda ni la considere una traducción completamente precisa de la página que esté mirando. Considérela más bien como una ayuda para comprender la esencia de lo que se traduzca.

No tiene que acceder a esta página para utilizar herramientas de traducción. Cuando introduzca una búsqueda, verá que algunos de los resultados de la búsqueda que están en un idioma distinto del que usted ha elegido (a través de las preferencias de Google) tienen un "**Traduzca esta página**" al lado de sus títulos. Haga clic sobre uno de estos vínculos y le llevará a una versión con marcos traducida de la página. El marco de Google, que aparece en la parte superior, le ofrece la opción de ver la versión original de la página, así como volver a los resultados o ver una versión adecuada para imprimir.

La tercera herramienta le permite seleccionar el idioma de la interfaz para Google, desde afrikaans a zulú. Algunos de los idiomas que aparecen aquí son imaginarios (Bork Bork Bork y Elmer Fudd), pero funcionan.

 Si decide configurar la preferencia de idioma en klingon, por ejemplo, tendrá que saber hablar klingon para entender cómo deshacer la elección. Si se encuentra realmente atascado, borre la cookie de Google de su navegador y vuelva a cargar la página; esta acción debería devolver todas las preferencias a sus valores preestablecidos.

¿Cómo se las apaña Google para tener tantos idiomas de interfaz, cuando tiene tan pocos idiomas de traducción? La respuesta es el programa Google in Your Language, que reúne voluntarios de todo el mundo que traducen la interfaz de Google (puede conseguir más información de este programa en `http:// www.google.com/intl/en/language.html`). Finalmente, la página **Herramientas del Idioma** contiene una lista de páginas de inicio de Google específicas por regiones; hay más de 30, desde Argentina a Latvia.

Sacar el máximo partido de las Herramientas del Idioma de Google

Aunque ya hemos dicho que no debería fiarse de las herramientas de traducción de Google, sólo para tener una idea del significado (la traducción automática no es tan buena), puede utilizar las traducciones para acotar sus búsquedas. La primera forma de hacerlo es la que he descrito previamente: utilizar combinaciones poco usuales de idiomas y países, para reducir los resultados. La segunda implica la utilización del traductor.

Seleccione una palabra que se adecue al tema que desea buscar y utilice el traductor para traducirla a otro idioma. (Las herramientas de traducción de Google funcionan muy bien para traducir términos individuales como éste.) Una vez hecho esto, busque esa palabra en un país y en un idioma que no se correspondan con ella. Por ejemplo, puede buscar la palabra alemana "Landstraße" (autopista) en páginas francesas de Canadá. Por supuesto, tendrá que asegurarse de utilizar palabras que no tengan equivalentes en su idioma, porque de lo contrario se verá abrumado por los resultados.

TRUCO 3 · Anatomía de un resultado de búsqueda

Ir más allá de lo que resulta obvio a la hora de leer los resultados de Google.

Seguramente piensa que los resultados de una búsqueda son bastante sencillos, ¿verdad?; sólo un título de la página, un vínculo y, posiblemente, un resumen. Pues esto no es así con Google. Google abarca tantas propiedades de búsqueda y tiene tal cantidad de datos a su disposición que llena cada página de resultados hasta arriba. Dentro de un resultado de búsqueda típico, puede encontrar enlaces patrocinados, anuncios, vínculos a cotizaciones, tamaños de página, sugerencias de ortografía, etc.

Si conoce más el meollo de los detalles de qué es cada cosa en un resultado de búsqueda, podrá llevar a cabo una serie de cálculos previos ("Guau, esta página que tiene un vínculo a mi página es muy grande, quizá es una lista de vínculos") y corregir controles ("No puedo encontrar mi término de búsqueda en esta página; comprobaré la versión que Google tiene en caché"). Lo que es más, si tiene una idea correcta de lo que Google proporciona en su página estándar de resultados, se hará más de una idea de aquello a lo que puede acceder a través del API de Google.

Utilicemos la palabra "flores" para examinar esta anatomía. La figura 1.2 muestra la página de resultados para este término.

Lo primero que observará en la parte superior de la página es una selección de etiquetas que le permiten repetir la búsqueda mediante otros tipos de búsqueda de Google, entre los que se incluyen Imágenes, Grupos y Directorio. Debajo de eso verá el recuento del número de resultados y el tiempo empleado en realizar la búsqueda.

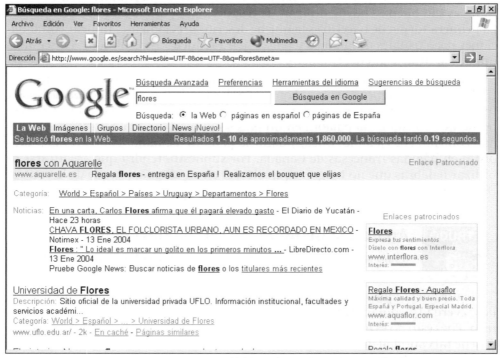

Figura 1.2. Página de resultados para el término "flores".

A veces, verá resultados/sitios resaltados sobre fondos de color en la parte superior o derecha de la página de resultados. Se denominan enlaces patrocinados (léase: anuncios publicitarios). Google tiene la política de distinguir claramente los anuncios, y ceñirse sólo a la publicidad basada en texto en lugar de tirarle a la cara *banners* parpadeantes como hacen otros muchos sitios.

Por debajo de los enlaces patrocinados hay veces en las que verá una lista de categorías. La categoría para "flores" es World>Español>Países>Uruguay>Departamentos>Flores. Verá sólo una lista de categorías cuando busque términos muy generales, y su búsqueda conste de una sola palabra.

¿Por qué puede ver resultados de categoría? Después de todo, Google es un motor de búsqueda de texto completo, ¿verdad? Es porque Google ha tomado la información del Open Directory Project (http://www.dmoz.org/) y la ha cruzado con sus propios *rankings* de popularidad para crear el Directorio de Google.

Cuando vea categorías, es que está viendo información del Directorio de Google. El primer resultado real (es decir, no patrocinado) de la búsqueda para el término "flores" es el que aparece en la figura 1.3.

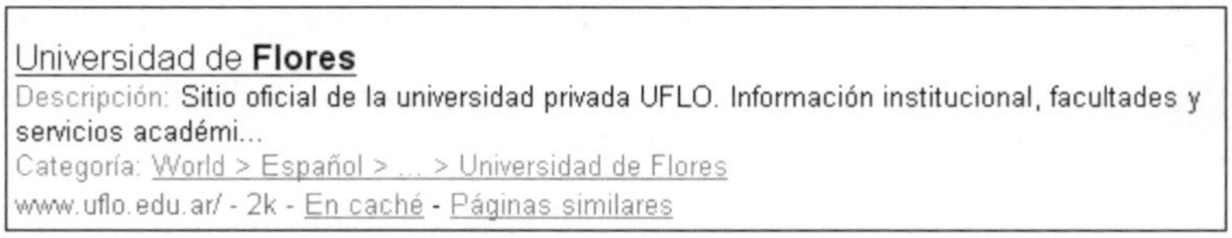
Universidad de **Flores**
Descripción: Sitio oficial de la universidad privada UFLO. Información institucional, facultades y servicios académi...
Categoría: World > Español > ... > Universidad de Flores
www.uflo.edu.ar/ - 2k - En caché - Páginas similares

Figura 1.3. Primer resultado (no patrocinado) para el término "flores".

Veamos de qué está compuesto.

La parte superior de cada resultado es el título de la página, un hipervínculo a la página original.

La segunda línea ofrece un breve extracto del sitio. A veces es una descripción, una oración o algo así. A veces, se trata de HTML. Otras veces es navegación. Pero Google tiende a utilizar metaetiquetas de descripción cuando están disponibles en lugar de elementos de navegación; es raro que no pueda observar un resultado de búsqueda de Google para hacerse al menos una pequeña idea de lo que trata el sitio.

La línea siguiente ofrece varias informaciones. En primer lugar, el URL; en segundo lugar, el tamaño de la página (Google sólo podrá acceder al tamaño de la página si la página está en caché). Hay un vínculo a una versión en caché de la página, si está disponible y, finalmente, hay un enlace para encontrar páginas similares.

¿Por qué molestarse?

¿Por qué tendría que molestarse en leer los metadatos de los resultados de búsqueda? ¿Por qué no visitar simplemente el sitio y ver si contiene lo que usted quiere?

Si tiene una conexión de banda ancha y todo el tiempo del mundo, quizá no quiera molestarse con la comprobación de resultados de búsqueda. Pero si tiene una conexión más lenta y su tiempo escasea, considere la información de los resultados de búsqueda.

En primer lugar, lea el resumen de la página. ¿Dónde aparece su palabra clave? ¿Aparece en el medio de una lista de nombres de sitios? ¿Aparece de forma que parece claro que el contexto no es el que usted busca?

Compruebe el tamaño de la página cuando esté disponible. ¿Es una página muy grande? Quizá es simplemente una lista de enlaces. ¿Tiene un tamaño de sólo 1 ó 2K? Podría ser demasiado pequeña para encontrar la información detallada que está buscando. Si su objetivo en encontrar listas de vínculos, busque páginas con un tamaño mayor de 20K.

TRUCO 4 Vocabularios especializados: Argot y terminología

Las palabras que elija pueden hacer que los resultados de búsqueda que obtenga con Google sean muy diferentes.

Cuando un adolescente dice que algo es "guay", ese término forma parte de un vocabulario especializado para una determinada sección de la cultura mundial. Cuando un redactor publicitario hace un garabato indicando que se cancele una corrección hecha anteriormente, no se trata de argot, pero sigue siendo vocabulario especializado para una determinada sección de la cultura mundial, en este caso la industria publicitaria.

Tenemos modelos de discurso distintivos que vienen determinados por nuestra educación, nuestra familia y el lugar en el que vivimos. Además, podemos utilizar otro conjunto de palabras según nuestra ocupación.

Ser conscientes de estas palabras especializadas puede marcar una enorme diferencia a la hora de realizar búsquedas. Si añade palabras especializadas a su búsqueda, bien se trate de argot o de vocabulario industrial, puede cambiar realmente el enfoque de sus resultados de búsqueda.

Argot

El argot le proporciona una forma más de dividir los resultados de su búsqueda por áreas geográficamente diferentes. Existe una cierta confusión geográfica cuando se utiliza el argot para acotar los resultados de su motor de búsqueda, pero es sorprendente lo bien que funciona. Por ejemplo, busque la palabra "*football*" en Google. Ahora busque "*football bloke*". Los resultados son completamente diferentes, ¿verdad? Ahora busque "*football bloke bonce*" y verá que se encuentra con relatos de fútbol. Por supuesto, esto no quiere decir que todo el mundo en Inglaterra utilice automáticamente la palabra "*bloke*" de la misma forma que cualquier persona del sur de los EEUU no utiliza automáticamente la palabra "*y'all*". Lo que sí es verdad es que, si añade palabras de argot bien escogidas (para lo cual necesitará una cierta experimentación), puede proporcionar un desarrollo completamente diferente a los resultados de su búsqueda, y puede llevarle en direcciones completamente inesperadas. Puede encontrar argot (en inglés) en los recursos que aparecen a continuación:

*   La Probert Encyclopedia-Slang

    http://www.probertencyclopaedia.com/slang.htm

Este sitio ofrece la posibilidad de navegar por la primera letra o buscar por palabra clave. (Observe que la búsqueda por palabra clave cubre los resultados de toda la Probert Encyclopedia-Slang.) El argot procede de todo el mundo. A menudo ofrece referencias cruzadas, especialmente el argot de las drogas. Como ocurre con la mayoría de los diccionarios de argot, este sitio contiene material que puede resultar ofensivo.

- Un diccionario de argot (en inglés)

  http://www.peevish.co.uk/slang/

  Este sitio se basa en términos de argot que pueden escucharse en el Reino Unido, lo que incluye también argot de otros lugares. Se puede navegar por letras o mediante un motor de búsqueda. Las palabras que proceden de sitios diferentes del Reino Unido contienen su lugar de origen entre paréntesis. También se indica si las palabras tienen una utilización cómica, vulgar, despectiva, etc.

- Surfing for Slang

  http://www.spraakservice.net/slangportal/

  Está claro que cada área del mundo tiene su propio argot. Este sitio contiene una buena metalista de recursos de argot inglés y escandinavo.

Utilizar Google con argot

Comience por realizar la búsqueda en Google sin utilizar argot. Compruebe los resultados y decida dónde está el error. ¿No son lo suficientemente específicos? ¿No están situados en el área geográfica correcta? ¿No cubren la parte demográfica de la población adecuada, por ejemplo, los adolescentes?

Introduzca una palabra de argot cada vez. Por ejemplo, si está realizando una búsqueda para "*football*", añada la palabra "*bonce*" y compruebe los resultados. Si no se han acotado lo suficiente, añada la palabra "*bloke*". Vaya añadiendo las palabras de una en una hasta que consiga el tipo de resultados que desee. La utilización del argot no es una ciencia exacta, así que tendrá que experimentar.

Algunas cosas que debe tener en cuenta cuando utilice términos de argot en sus búsquedas:

- Pruebe muchas palabras de argot diferentes.

- No utilice palabras de argot generalmente consideradas ofensivas, excepto como último recurso. Sus resultados se verán desviados.

- Tenga cuidado cuando utilice el argot de los adolescentes, puesto que cambia constantemente.

- Pruebe a buscar argot cuando utilice los Grupos de Google. El argot aparece a menudo en la conversación.

- Minimice la búsqueda de argot cuando busque fuentes más formales, como historias de periódicos.

- No utilice frases de argot si puede evitarlo; por mi experiencia puedo decir que cambian demasiado como para poder buscar coherentemente. Cíñase a las palabras.

Vocabularios especializados: argot industrial

Los vocabularios especializados son aquellos que se utilizan en determinados campos. Los campos médico y legal son los dos que me vienen a la mente con más frecuencia cuando pienso en vocabularios especializados, aunque hay muchos otros campos. Cuando necesite que su búsqueda sea más técnica, más especializada y más en profundidad, considere el vocabulario especializado. Por ejemplo, lleve a cabo una búsqueda en Google para "*heartburn*". Ahora busque "*heartburn GERD*". A continuación inténtelo con "*heartburn GERD gastric acid*". Verá que en cada caso los resultados son muy diferentes.

Cuando se trata de algunos campos, resulta realmente sencillo encontrar recursos de vocabulario especializado. Sin embargo, con otros, no resulta tan fácil. Como centro de operaciones, pruebe el sitio Glossarist (en inglés) que encontrará en http://www.glossarist.com; se trata de un índice de materias susceptible de búsqueda de aproximadamente 6.000 glosarios diferentes que cubren docenas de temas distintos. También existen otros grandes recursos online que cubren determinados vocabularios específicos. Entre estos se incluyen:

- El On-Line Medical Dictionary

  http://cancerweb.ncl.ac.uk/omd/

  Este diccionario contiene vocabulario relacionado con la bioquímica, la biología celular, la química, la medicina, la biología molecular, la física, la biología de las plantas, la radiobiología, la ciencia y la tecnología, y actualmente cuenta con más de 46.000 entradas.

  Puede navegar por el diccionario por letras o realizando búsquedas. A veces puede buscar una palabra que ya conozca (*bruise*, moratón) y encontrar otro término que sea más común en la terminología médica (*contusion*, contusión). También puede moverse por el diccionario por materias. Tenga en cuenta que este diccionario está situado en el Reino Unido, y la ortografía puede ser ligeramente diferente para los usuarios americanos (*tumour* frente a *tumor*, etc.).

- MedTerms.com

  http://www.medterms.com/

  MedTerms.com tiene muchas menos definiciones (aproximadamente 10.000), pero incluye también exhaustivos artículos de MedicineNet. Si está empezando desde cero en su investigación y necesita vocabulario e información básica para comenzar, busque su término en MedicineNet (*bruise*, por ejemplo) y a continuación vaya a MedTerms para buscar palabras específicas (en inglés).

- Law.com's Legal Dictionary

  http://dictionary.law.com/lookup2.asp

  El diccionario legal Law.com es excelente, porque puede realizar búsquedas tanto de palabras como de definiciones (y también navegar por él). Por ejemplo, puede buscar la palabra "*inheritance*" (herencia) y obtener una lista de todas las palabras que contengan dicho término en su definición. Una forma muy sencilla de llegar a las palabras "*muniment of title*" (títulos de dominio) sin saber el camino.

Utilización del vocabulario especializado con Google

Como pasa con el argot, añada vocabulario especializado poco a poco, una palabra cada vez, y observe cómo se acotan los resultados de su búsqueda rápidamente. Por ejemplo, considere la palabra "*spudding*". A menudo utilizada en asociación con la perforación petrolífera. Si busca sólo ese término, los resultados de Google serán aproximadamente 2.500. Si añade Texas, se reducirán a 525 resultados, ¡y aún así se trata de una búsqueda muy general! Añada el vocabulario especializado con mucho cuidado, o acotará tanto los resultados de su búsqueda que no encontrará lo que quiere.

 TRUCO 5 ## Evitar el límite de 10 palabras

Existen una serie de métodos inteligentes en lo que se refiere al límite de 10 palabras utilizadas en la búsqueda.

A menos que le gusten las búsquedas largas y detalladas, quizá nunca haya observado que Google tiene un estricto límite de 10 palabras, lo que incluye la combinación de palabras clave y sintaxis especiales, ignorando sumariamente todo lo que aparezca después. Aunque esto no tiene ningún efecto real en los usuarios ocasionales de Google, los perros de caza de las búsquedas enseguida se dan cuenta de que este límite entorpece bastante su estilo. ¿Qué es lo que debería hacer?

Favorezca la oscuridad

Si limita su búsqueda a las más oscuras de sus palabras claves o fragmentos de oración, afilará los resultados sin desaprovechar valiosas palabras de búsqueda. Pongamos que está interesado en una frase de la obra Hamlet: *"The lady doth protest too much, methinks"* ("La dama protesta demasiado, a mi parecer"). El primer impulso podría ser simplemente pegar la frase entera en el campo de búsqueda. Pero eso significaría la utilización de siete (en inglés) de las 10 palabras asignadas, lo que no dejaría espacio para palabras de búsqueda adicionales o sintaxis de búsqueda.

Lo primero que hay que hacer es desechar las dos primeras palabras; la frase *"The lady"* es simplemente demasiado común. Esto nos deja cinco palabras, *"doth protest too much, methinks"*. Las palabras *"methinks"* y *"doth"* ya no se utilizan en el idioma inglés actual, lo que proporciona un estupendo vínculo con Shakespeare en la frase. Teniendo esto en cuenta, sería suficiente con utilizar una o la otra, lo que nos daría como resultado una búsqueda de cuatro palabras con espacio para añadir más:

```
"protest too much methinks"
```

o

```
"doth protest too much"
```

Cualquiera de esas frases de búsqueda le proporcionarán, dentro de los primeros cinco resultados, los orígenes de la frase, así como indicadores de lugares en los que puede obtener más información. Desgraciadamente, esta técnica no funcionará tan bien en el caso de la oración *"Do as I say not as I do"*, puesto que no proporciona demasiado en lo que se refiere a la oscuridad. Trate de clarificarla añadiendo algo así como *"quote origin English usage"* (utilización como expresión inglesa) y ya estará sobrepasando el límite de diez palabras.

Jugar con el comodín

La ayuda viene en forma de comodín de palabra completa de Google. Google no cuenta los comodines en lo que se refiere al límite.

Así, cuando tenga más de 10 palabras, sustituya las palabras comunes por un comodín, de la forma siguiente:

```
"do as * say not as * do" quote origin English usage
```

¡Listo! Google ejecuta la búsqueda sin quejarse, y usted se encuentra en el buen camino para conseguir resultados adecuados.

Las palabras comunes, tales como pronombres, artículos, y determinadas preposiciones no hacen ningún bien cuando se colocan en primer lugar. Se denominan "palabras de parada" y Google las ignora por completo. Para forzar a Google a que tenga en cuenta una de estas palabras, coloque delante un carácter de suma (+), como en : +the.

TRUCO 6 — El orden de las palabras es importante

El cambio de disposición de su búsqueda puede tener un efecto bastante considerable.

¿Quién lo hubiera pensado? El orden en el que se colocan las palabras clave en una búsqueda de Google puede ser tan importante como las propias palabras de búsqueda. Cambiar el orden de los términos de una búsqueda no sólo puede cambiar el cómputo global de resultados, sino también cuáles de esos resultados aparecen en la parte superior. Aunque esto podría ser de esperar en frases de citas entre comillas, lo que resulta realmente sorprendente es que afecta también a los grupos de palabras de búsqueda individuales.

Google le advierte de esto desde el principio: "Tenga en cuenta que el orden en el que introduzca los términos afectará sus resultados de búsqueda". Sin embargo, no dice mucho en lo que respecta a una explicación o sugerencia de cómo formular la búsqueda de la mejor forma posible para sacar el máximo partido de este hecho. Parece claro que es necesario llevar a cabo un poco de experimentación. Busque las palabras (pero no como una cita entre comillas) *hey diddle diddle*. La figura 1.4 muestra los resultados de esta búsqueda.

Los resultados que aparecen en la parte superior, como era de esperar, incluyen la frase *hey diddle diddle*.

Ahora, déle un giro a la frase y escriba "*diddle hey diddle*". Una vez más, no debería resultarle sorprendente que el primer resultado contenga la frase "*diddle hey diddle*". En la figura 1.5 puede observar los resultados. Finalmente, realice una búsqueda para "*diddle diddle hey*" (figura 1.6).

Un conjunto de resultados diferente, aunque esta vez no está claro que Google encuentre la frase "*diddle diddle hey*" en primer lugar. (De hecho, aparece en el segundo resultado.)

¿Qué está ocurriendo?

Parece que incluso si no especifica una búsqueda como frase, Google le concede a cualquier instancia de palabras como una frase más peso y una mayor importancia. Esto va seguido de medidas de adyacencia entre palabras y después, finalmente, la importancia de las propias palabras individuales por sí mismas.

Figura 1.4. Página de resultados para *hey diddle diddle*.

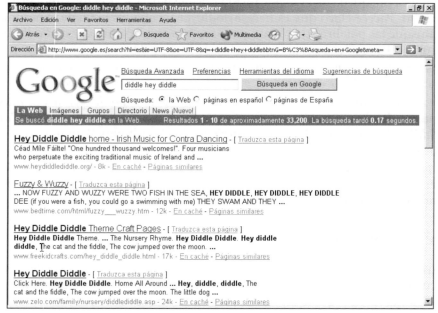

Figura 1.5. Página de resultados para "*diddle hey diddle*".

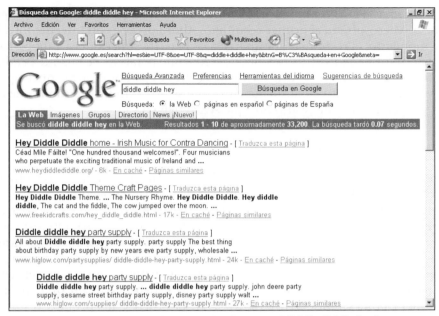

Figura 1.6. Página de resultados para "*diddle diddle hey*".

Estrategias

La búsqueda de todas las permutaciones de palabras implicadas en la misma resulta, cuando menos, bastante engorrosa. Dicho esto, puede ser sorprendentemente eficaz a la hora de extraer unos pocos resultados más del índice de Google. Si decide hacerlo, tenga en cuenta las siguientes estrategias:

- Pruebe con frases con y sin comillas.

- Haga que su búsqueda sea lo más específica posible, dejando menos palabras y, en consecuencia, menos posibilidades de combinación.

- Pruebe la combinación más obvia antes de las disparatadas ("*hey diddle diddle*" antes de "*diddle hey diddle*").

TRUCO 7

La repetición es importante

La repetición tiene importancia cuando se trata de ponderar las palabras clave de su búsqueda.

La utilización de palabras clave múltiples veces puede tener un impacto en el tipo y la cantidad de resultados obtenidos.

¿No me cree? Pruebe a buscar el término Internet. Cuando estaba escribiendo este libro, Microsoft era el primer resultado. Ahora pruebe con Internet Internet. En ese momento, el resultado que aparecía en la parte superior era Yahoo!. Experimente esto utilizando otras palabras, escribiendo palabras de búsqueda adicionales si lo desea. Verá que la utilización de múltiples palabras de búsqueda puede tener un cierto impacto en la forma en la que se ordenan los resultados de búsqueda y en el número de resultados que se devuelven.

¿Cómo funciona esto?

Google no habla de esto en su sitio Web, por lo que este truco es resultado de una serie de conjeturas y una gran cantidad de experimentación.

Para empezar, introduzca una palabra. Utilizaremos la palabra *clothes* (ropa) como ejemplo (véase figura 1.7). Esta búsqueda devuelve 9.640.000 resultados. Añadamos otra vez la palabra *clothes* a la búsqueda (véase figura 1.8). El número de resultados baja a 9.210.000, y el primer resultado que aparece es diferente del que aparece en el caso anterior. Hay resultados distintos que aparecen en los primeros diez resultados. ¿Por qué parar ahora? Pruebe a realizar una búsqueda con *clothes clothes clothes* (véase figura 1.9). El orden y los propios resultados siguen siendo los mismos.

Figura 1.7. Página de resultados para "*clothes*".

Figura 1.8. Página de resultados para *"clothes clothes"*.

Figura 1.9. Página de resultados para *"clothes clothes clothes"*.

Una teoría

Aquí tenemos una teoría: Google busca tantas coincidencias para cada palabra o cada frase que se especifique, deteniéndose cuando no puede encontrar más. Así, la búsqueda de *clothes clothes* devuelve páginas con dos instancias de la palabra "*clothes*". La búsqueda para *clothes clothes clothes* devuelve los mismos resultados, porque Google no puede encontrar más de dos instancias del término en una página determinada.

¿Y entonces?

Como Google descarta múltiples instancias no coincidentes de la misma palabra de búsqueda, puede utilizar esta búsqueda como un sistema de ponderación para sus búsquedas. Por ejemplo, pongamos que está interesado en los sistemas de tuberías para la industria del gas, pero le interesa más el impacto que los sistemas de tuberías tienen en la industria del gas (y menos las empresas que venden estos sistemas de cañerías para la industria del gas).

Busque "sistema de cañerías" gas. A continuación busque "sistema de cañerías"gas gas. Observará que el centro de los resultados cambia ligeramente. Ahora pruebe con "sistema de cañerías" cañerías cañerías gas gas. Observe cómo el centro de interés vuelve a enfocarse de la otra forma.

Basándonos en estas observaciones, aquí tiene una serie de pautas para utilizar múltiples iteraciones del mismo término de búsqueda:

*   La repetición múltiple de nombres de producto parece favorecer los sitios de compras. Esto es especialmente cierto si el nombre es plural (por ejemplo, *scooters*).

*   El hecho de no conseguir resultados diferentes para la segunda o la tercera iteración no significa que los resultados no sean distintos en la cuarta o la quinta repetición (por ejemplo, las sucesivas instancias de beisbol).

*   Recuerde que Google tiene un límite de 10 palabras por búsqueda, así que utilice la repetición sólo en las situaciones en las que pueda contar con suficiente espacio de búsqueda.

TRUCO 8

Combinación de sintaxis

¿Qué combinaciones de sintaxis de búsqueda pueden y no pueden utilizarse en la búsqueda de Google?

Hubo una época en la que no se podían mezclar sintaxis especiales de Google; la limitación era estricta, sólo una por búsqueda. Y, aunque Google publicó sintaxis especiales todavía más poderosas, el hecho de no poder combinarlas para obtener un enorme poder compuesto disminuía en gran medida el potencial de la búsqueda.

Esto ha cambiado. Aunque quedan una serie de sintaxis que simplemente no pueden mezclarse, hay muchas que ofrecen la posibilidad de ser combinadas de forma inteligente y poderosa. Una combinación fruto de la reflexión puede hacer maravillas a la hora de acotar una búsqueda.

Sintaxis antisociales

Las sintaxis antisociales son las que no pueden mezclarse, y deberían utilizarse de forma individual para conseguir una máxima eficacia. Si intenta utilizarlas con otras sintaxis, no obtendrá ningún resultado.

Las sintaxis que necesitan información especial (`stocks:`, `rphonebook:`, `bphonebook:`, y `phonebook:`) son sintaxis antisociales. No pueden mezclarse y esperar un resultado razonable.

La otra sintaxis antisocial es la sintaxis `link:`. La sintaxis `link:` le muestra las páginas que tienen un enlace a un URL específico. ¿No sería fantástico poder especificar los dominios de los que desea que procedan las páginas? Pues lo sentimos, no puede hacerlo. El dominio `link:` no puede mezclarse.

Por ejemplo, digamos que quiere encontrar qué páginas muestran enlaces a O'Reilly & Associates, pero no quiere incluir las páginas procedentes del dominio `.edu`. La búsqueda `link:www.oreilly.com -site:edu` no funcionará, puesto que la sintaxis `link:` no puede mezclarse con nada más. Bueno, eso no es correcto del todo. Se obtendrán resultados, pero serán para la frase `"link www.oreilly.com"` procedentes de dominios que no sean `.edu`.

Si desea realizar una búsqueda para encontrar enlaces excluyendo el dominio `.edu`, tiene un par de opciones. En primer lugar, puede "limpiar" la lista de resultados, organizándolos en una hoja de cálculo para eliminar los resultados procedentes del dominio `.edu`. Sin embargo, si desea intentarlo a través de Google, no habrá ningún comando que funcione a la perfección. Éste sería un buen intento:

```
inanchor:oreilly -inurl:oreilly -site:edu
```

Esta búsqueda tratará de encontrar la palabra O'Reilly en texto ancla, es decir, el texto que se utiliza para definir enlaces. Eso excluirá aquellas páginas que contengan el término O'Reilly en el resultado de la búsqueda (por ejemplo, oreilly.com). Y, finalmente, excluye las páginas que procedan del dominio `.edu`.

Pero este tipo de búsqueda es bastante incompleto. Sólo encuentra aquellos enlaces a O'Reilly que incluyan la cadena oreilly (si alguien crea un enlace como `<a href="http://perl.oreilly.com/">Camel Book</a>`, no será encontrado por la búsqueda mencionada. Lo que es más, hay otros dominios que contienen la cadena oreilly, y posiblemente habrá dominios que lleven a oreilly que contienen la cadena oreilly pero que no son oreilly.com. Podría alterar la cadena ligeramente, para omitir el sitio oreilly.com, pero no otros sitios que contengan la cadena oreilly:

```
inanchor:oreilly -site:oreilly.com -site:edu
```

Pero seguirá incluyendo muchos sitios de O'Reilly que no estén en O'Reilly.com.

Entonces, ¿qué es lo que puede mezclarse? Prácticamente todo lo demás, pero hay una forma correcta y una forma incorrecta de hacerlo.

Cómo no mezclar sintaxis

- No mezcle sintaxis que se anulen, como:

```
site:ucla.edu -inurl:ucla
```

  Aquí, lo que está diciendo es que quiere que todos los resultados procedan de `ucla.edu`, pero que los sitios resultantes no deberían incluir la cadena "ucla". Obviamente, esto no va a dar grandes resultados.

- No abuse de sintaxis únicas, como en:

```
site:com site:edu
```

  Aunque puede que piense que está pidiendo resultados procedentes de sitios `.com` o `.edu`, lo que en realidad está diciendo es que los resultados de los sitios deberían proceder de ambos dominios simultáneamente. Es obvio que un resultado sólo puede proceder de un dominio. Tomemos como ejemplo el sitio `perl: edu site:com`. Esta búsqueda le devolverá exactamente cero resultados. ¿Por qué? Pues porque una página de resultados no puede proceder de un dominio `.edu` y de un dominio `.com` a la vez. Si desea que los resultados procedan sólo de `.edu` y `.com`, cambie la forma de la búsqueda de la siguiente manera:

```
perl (site:edu | site:com)
```

  Con el carácter (|), está especificando que quiere que los resultados procedan bien del dominio `.edu` o del dominio `.com`.

- No utilice `allinurl:` o `allintitle:` cuando mezcle sintaxis. Hay que tener cuidado de no utilizar de forma incorrecta esas sintaxis cuando se lleven a cabo búsquedas combinadas. En su lugar, cíñase a utilizar `inurl:` o `intitle:`. Si no coloca `allinurl:` en el lugar exacto, hará que los resultados de la búsqueda sean extraños.

Observe este ejemplo:

```
allinurl:perl intitle:programming
```

A primera vista, parece que se está buscando la cadena *"perl"* en el URL resultante, y la palabra *"programming"* en el título. Y es así, esto funcionará correctamente. Pero, ¿qué ocurre si mueve `allinurl:` a la derecha de la búsqueda?

```
intitle:programming allinurl:perl
```
Esto no dará ningún resultado. Cíñase a `inurl:` e `intitle:`, que son mucho más flexibles en lo que respecta a la posición que ocupan en la búsqueda.

- No utilice demasiadas sintaxis, o acotará la búsqueda en exceso, como en:

```
title:agriculture site:ucla.edu inurl:search
```

Puede que considere esta búsqueda demasiado concreta como para que proporcione resultados útiles. Si está tratando de buscar algo tan específico, para lo que crea necesario utilizar una búsqueda restringida, comience por crear la búsqueda poco a poco. Digamos que desea encontrar bases de datos de plantas (*plants databases*) en UCLA en inglés. En lugar de comenzar con la búsqueda:

```
title:plants site:ucla.edu inurl:database
```

pruebe a utilizar algo más sencillo, como:

```
databases plants site:ucla.edu
```

y, a continuación, vaya añadiendo sintaxis a las palabras clave que ya haya establecido en sus resultados de búsqueda:

```
intitle:plants databases site:ucla.edu
```

o:

```
intitle:database plants site:ucla.edu
```

Cómo mezclar sintaxis

Si está tratando de acotar los resultados de una búsqueda, las sintaxis `intitle:` y `site:` son la mejor apuesta.

- **Títulos y sitios** (*titles* y *sites*). Por ejemplo, digamos que tiene una idea de las bases de datos ofrecidas por el estado de Texas. Ejecute esta búsqueda:

```
intitle:search intitle:records site:tx.us
```

Encontrará 32 resultados muy adecuados. Y, por supuesto, puede acotar más la búsqueda añadiendo palabras clave:

```
birth intitle:search intitle:records
site:tx.us
```

Parece que no importa colocar las palabras clave al principio o al final de la búsqueda; yo las coloco al principio, puesto que así resulta más sencillo mantenerse al corriente.

La sintaxis `site:`, a diferencia de las sintaxis de sitio de otros motores de búsqueda, le permite obtener resultados tan generales como un sufijo de dominio (site:com) o tan específicos como un dominio o subdominio (site:thomas.loc.gov). Así, si está buscando entradas (*records*) en El Paso, puede utilizar esta búsqueda:

```
intitle:records site:el-paso.tx.us
```

y obtendrá siete resultados.

- **Título y URL**. Habrá veces que quiera encontrar un cierto tipo de información, pero que no quiera acotar la búsqueda por el tipo. En lugar de eso, prefiere limitarla por el tema de información (pongamos, por ejemplo, que quiere obtener ayuda o un motor de búsqueda). En esas ocasiones es cuando se necesita buscar en el URL. La sintaxis `inurl:` buscará una cadena en el URL, pero no podrá encontrarla dentro de un URL mayor. Así, por ejemplo, si buscara `inurl:research`, Google no encontrará páginas de researchbuzz.com, pero sí lo hará de páginas de `http://www.research-councils.ac.uk`. Digamos que desea encontrar información sobre biología en inglés, poniendo énfasis en el aprendizaje o la ayuda. Pruebe con:

```
intitle:biology inurl:help
```

Esta búsqueda le ofrece una cantidad manejable de 162 resultados. Se trata de obtener un número de resultados que incluya aquello que esté buscando, pero que no sea tan grande como para que resulte abrumador. Si encuentra que estos 162 resultados son agobiantes, puede añadir fácilmente la sintaxis `site:` a la búsqueda, y limitar los resultados a sitios universitarios:

```
intitle:biology inurl:help site:edu
```

Pero, como ya hemos dicho, cuidado con utilizar demasiadas sintaxis especiales, puesto que puede llevarle a no conseguir resultado alguno.

- **Todas las posibilidades**. Es posible que pudiera escribir todas las combinaciones posibles de sintaxis y explicar brevemente cómo podrían resultar útiles pero, si lo hiciera, no me quedaría espacio para el resto de los trucos que aparecen en este libro.

Experimente. Experimente mucho. Recuerde siempre que la mayoría de estas sintaxis no aparecen solas, y que puede conseguir mejores resultados combinándolas que utilizándolas una a una.

Dependiendo del tipo de búsqueda que realice, irán surgiendo distintos modelos. Puede que descubra que, el hecho de centrarse sólo en documentos PDF (`filetype:pdf`) encuentra los resultados que necesita. También puede que se dé cuenta de que debería concentrarse en tipos de archivos específicos en determinados dominios (`filetype:ppt site:tompeters.com`). Mezcle la sintaxis de todas las formas que resulten relevantes en su búsqueda, y vea cuáles son los resultados.

TRUCO 9 · Analizar los URL de Google

Buscar en el URL de Google le pone en el camino correcto.

Cuando piensa en trucos, puede que piense en realizar una forma de búsqueda fantástica o en llevar a cabo una búsqueda particularmente complicada. Pero también puede sacar el máximo de sus resultados de búsqueda modificando URL que Google devuelve después de una búsqueda. Hay al menos una cosa que puede hacer modificando el URL que no puede hacerse de ninguna otra forma, y hay trucos rápidos que puede llevar a cabo para ahorrarse un desplazamiento a la página de preferencias avanzadas, que sería la otra opción.

Anatomía de un URL

Imagine que quiere realizar una búsqueda para *three blind mice*. El URL resultante variará dependiendo de las preferencias que haya establecido, pero los resultados URL tendrán un aspecto parecido a este:

```
http://www.google.com/search?num=100&hl=en&q=%22three+blind+mice%22
```

La búsqueda (`&q=%22three+blind+mice%22`, `%22 siendo un URL codificado "-comillas dobles-)` es bastante obvia, pero veamos lo que significan esas partes extra. `num=100` hace referencia al número de resultados de página en una página, en este caso 100. Google acepta cualquier número de 1 a 100. Alterar el valor de `num` es un buen método rápido de modificar el tamaño que prefiera de su conjunto de resultados sin tener que deambular por la página de Búsqueda Avanzada, y volver a ejecutar su búsqueda.

¿No puede ver `num=` en su búsqueda? Simplemente añádalo a su URL de búsqueda utilizando un valor entre 1 y 100.

 Puede añadir o alterar cualquiera de los modificadores descritos aquí; sólo tiene que agregarlos al URL o cambiar sus valores (lo que aparece detrás de los signos =) utilizando algo que se encuentre dentro del rango aceptado para el modificador en cuestión.

`hl=en` hace referencia al idioma de la interfaz, es decir, el idioma en el que se utiliza Google, que se refleja en la página de inicio, los mensajes y los botones; en este caso sería inglés. La página de **Herramientas del Idioma** proporciona una lista de posibles idiomas. Pulse con el ratón sobre cada uno de ellos y observe el cambio que se da en el URL; la que aparece para suajili es la siguiente:

```
http://www.google.com/intl/sw/
```

El código del idioma es la parte que se encuentra entre `intl/` y la última barra inclinada, `sw` en este caso. Aplique esto al URL de búsqueda a mano:

```
hl=sw
```

¿Qué ocurre si se colocan múltiples modificadores `&hl` en un URL de resultado? Google utiliza el que aparece en último lugar. Aunque esto contribuye a URL que pueden llevar a confusión, significa que siempre puede recurrir a la pereza y añadir un modificador extra al final en lugar de editar lo que ya aparece.

Hay un par de modificadores que, añadidos al URL, pueden proporcionar una serie de útiles modificaciones de sus resultados:

```
as_qdr=mx
```

Especifica la edad máxima de los resultados de búsqueda en meses. x es cualquier número entre 1 y 12; en mi opinión, la mejor opción es un número entre 1 y 6.

```
safe=off
```

Significa que el filtro SafeSearch está desconectado. El filtro SafeSearch elimina principalmente resultados de búsqueda de naturaleza sexual explícita. `safe=on` significa que el filtro SafeSearch está activado.

La modificación del URL de Google puede no parecer la forma más intuitiva de obtener resultados de forma rápida, pero es mucho más rápido que volver a cargar el formulario de búsqueda avanzada y, en un caso (el modificador de edad en meses), es la única forma de obtener una serie determinada de resultados.

TRUCO 10 **Modificar los formularios de búsqueda de Google**

Elabore su formulario de búsqueda personal, con tarea específica en Google.

Si desea realizar una búsqueda simple con Google, no necesita nada aparte del formulario de búsqueda estándar (la página de inicio de Google). Pero si desea realizar búsquedas específicas en Google que va a utilizar de forma constante o que van a servir para otros, puede simplemente realizar su propio formulario de búsqueda personalizado.

Comience con el formulario de búsqueda que utilice, algo como esto funcionaría de perfectamente:

```
<--Búsqueda Google -->
<form method="get" action="http://www.google.com/search">
<input type="text" name="q" size=31 maxlength=255 value="">
<input type="submit" name="sa" value="Search Google">
</form>
<!--Búsqueda Google -->
```

Es un formulario de búsqueda muy simple. Coge su pregunta y la envía directamente a Google, sin añadirle nada. Pero puede incrustar algunas variables para alterar su búsqueda de la forma que necesite. Puede hacer esto de dos maneras distintas: mediante variables ocultas o añadiendo más entradas a su formulario.

Variables ocultas

Siempre que sepa cómo identificar la opción de búsqueda en Google, puede añadirla a su búsqueda mediante una variable oculta. Ni siquiera podrán verla, a menos que echen un vistazo al código fuente. Veamos algunos ejemplos.

Aunque es perfectamente legal en HTML poner sus variables ocultas entre las etiquetas de apertura y <form>, es bastante organizado y útil mantenerlas todas juntas después de todos los campos de formulario visibles.

- Tipo de archivo (filetype): Como sugiere el nombre, *file type* especifica que los resultados se filtran según un tipo de archivo determinado (por ejemplo, Word DOC, Adobe PDF, PowerPoint PPT, texto plano TXT). Añada un filtro de tipo de archivo PowerPoint, por ejemplo, a su formulario de búsqueda, de la forma siguiente:

```
<input type="hidden" name="as_filetype" value="PPT">
```

- Búsqueda por sitio (*site search*): Acota su búsqueda a sitios específicos. Mientras que un sufijo `.com` simplemente funcionará bien, algo más puntual como el dominio `example.com` es probablemente más adecuado:

```
<input type="hidden" name="as_sitesearch" value="example.com">
```

- Búsqueda por fecha: En este caso puede acotar su búsqueda a páginas incluidas en un índice dentro de un número determinado de meses. Los valores aceptables van de 1 a 12. Restringir nuestros resultados a elementos colocados en el índice en los últimos siete meses es simplemente cuestión de añadir:

```
<input type="hidden" name="as_qdr" value="m7">
```

- Número de resultados: Especifica el número de resultados que le gustaría ver aparecer en su página, especificados en un valor de `num` entre 1 y 100; en el ejemplo que mostramos a continuación se demandan 50 por página:

```
<input type="hidden" name="num" value="50">
```

¿Para qué se utilizaría esto? Si está buscando constantemente una forma sencilla de crear un motor de búsqueda que encuentre ciertos tipos de archivo en un determinado lugar, esto funciona realmente bien. Si se trata de una búsqueda de una sola vez, siempre puede modificar resultados URL, añadiendo las variables y sus valores asociadas al URL de la página de resultados.

Mezclar tipos de archivo ocultos: un ejemplo

El sitio tompeters.com (`http://www.tompeters.com/`) contiene varios archivos de PowerPoint (PPT). Si desea encontrar exclusivamente los archivos de PowerPoint en su sitio, tendría que saber cómo funciona el motor de búsqueda del sitio o molestarse en añadir una opción de búsqueda de tipo de archivo. Puede crear su propio formulario de búsqueda con el objetivo de que encuentre presentaciones PowerPoint en el sitio tompeters.com.

 A pesar de que así estamos creando un práctico formulario de búsqueda, seguimos basándonos en la suposición de que Google contiene en su índice la mayor parte de o absolutamente todo del sitio en el que está buscando. Hasta que sepa lo contrario, asuma que cualquiera de los resultados de búsqueda que Google le proporciona es incompleto.

Su formulario debería tener más o menos este aspecto:

```
<--Búsqueda Google para PowerPoints en tompeters.com -->
<form method="get" action="http://www.google.com/search">
```

```
<input type="text" name="q" size=31 maxlength=255 value="">
<input type="submit" name="sa" value="Search Google">
<input type="hidden" name="as_filetype" value="ppt">
<input type="hidden" name="as_sitesearch" value="tompeters.com">
<input type="hidden" name="num" value="100">
</form>
<!-- Búsqueda Google para PowerPoints en tompeters.com -->
```

La utilización de variables ocultas es práctica cuando quiera realizar una búsqueda de algo específico cada vez. Pero si desea ser flexible en lo que está buscando, crear un formulario alternativo es la opción correcta.

Crear su propio formulario de Google

Hay algunas variables que es mejor mantener ocultas; sin embargo, para otras opciones, puede dejar que los usuarios de su formulario sean más flexibles.

Volvamos al ejemplo anterior. Quiere permitir que sus usuarios realicen una búsqueda de archivos de PowerPoint, pero también quiere que sean capaces de buscar archivos Excel y archivos de Word. Además, querrá que puedan buscar en tompeters.com, el estado de California o la Biblioteca del Congreso. Obviamente, existen diversos métodos para realizar esta interfaz inteligente de usuario. El ejemplo que le ofrecemos a continuación utiliza un par de menús desplegables simples:

```
<--Formulario de búsqueda personalizado Google-->
<form method="get" action="http://www.google.com/search">
<input type="text" name="q" size=31 maxlength=255 value="">
<br />
Buscar por tipo de archivo:
<select name="as_filetype">
<option value="ppt">PowerPoint</option>
<option value="xls">Excel</option>
<option value="doc">Word</option>
</select>
<br />
Buscar sitio:
<select name="as_sitesearch"></option>
<option value="tompeters.com">TomPeters.com</option>
<option value="state.ca.us">Estado de California</option>
<option value="loc.gov"> Biblioteca del Congreso</option>
</select>
<input type="hidden" name="num" value="100">
</form>
<!-- Formulario de búsqueda personalizado Google -->
```

FaganFinder (`http://www.faganfinder.com/engines/google.shtml`) es un ejemplo maravilloso de un formulario concienzudamente personalizado.

TRUCO 11 Búsqueda en un ámbito de fechas

Una poderosa y sin embargo no documentada característica de la búsqueda de Google y del API es la capacidad de realizar búsquedas dentro de un ámbito de fechas determinado.

Antes de ahondar en la búsqueda en un ámbito de fechas, hay una serie de cosas que debería comprender. La primera es ésta: una búsqueda en un ámbito de fechas no tiene nada que ver con la fecha de creación del contenido y de todo lo que tenga que ver con la fecha de introducción en el índice del contenido. Si creó una página el día 8 de marzo de 1999, y Google no la incluye hasta el 22 de mayo del 2002, a efectos de esta búsqueda en un ámbito de fechas, la fecha en cuestión sería la última mencionada, el 22 de mayo de 2002.

En segundo lugar hay que tener en cuenta que Google puede incluir páginas en su índice varias veces y, cada vez que lo hace, la fecha que se encuentra en ellas cambia. Así que no cuente con que la búsqueda por ámbito de fechas se mantenga constante de un día para otro. La datación `daterange:` puede cambiar cuando una página se incluye más de una vez en el índice. Si cambia o no dependerá de si se ha cambiado o no el contenido de la página.

En tercer lugar, Google no se "mantiene por detrás" de los resultados de una búsqueda que haya sido realizada utilizando la sintaxis de ámbito de fechas. En consecuencia, si obtiene un resultado extraño, no puede quejarse. Google preferiría que utilizara opciones de ámbito de fecha en su página de búsqueda avanzada, pero esta página sólo le permite restringir sus opciones a los últimos tres meses, seis meses o el último año.

La sintaxis daterange:

¿Cuál es la razón para llevar a cabo una búsqueda utilizando `daterange:`? Existen varias razones:

* Acota los resultados de su búsqueda a contenidos más actuales. Google puede encontrar una página oscura, poco conocida, y añadirla una sola vez al índice. Dos años más tarde, esta página oscura que nunca ha sido actualizada vuelve a aparecer en sus resultados de búsqueda. Si limita su búsqueda a un ámbito de fecha más reciente, obtendrá como resultados sólo las coincidencias más actuales.

* Le ayuda a evitar acontecimientos actuales. Digamos que John Doe establece un record mundial de comer perritos calientes e inmediatamente después rescata a un bebé de un edificio en llamas. Menos de una semana después de que esto pase, los resultados de búsqueda de Google van a estar llenos de John Doe. Si se encuentra buscando información sobre (otro)

John Doe, bebés, o edificios en llamas, apenas podrá deshacerse de él. Sin embargo, puede evitar las hazañas del señor Doe configurando una sintaxis de ámbito de fechas antes del concurso de perritos calientes. Esto también funciona perfectamente bien para evitar noticias de las que se ha hablado mucho, como un asesino en serie o un fuego en un bosque y acontecimientos anuales de al menos importancia nacional, tales como las elecciones nacionales o las olimpiadas.

- Le permite comparar resultados en el transcurso del tiempo; por ejemplo, si desea realizar una búsqueda de incidencias de "Mac OS X" y "Windows XP" en el tiempo. Por supuesto, un cómputo como éste no es infalible, puesto que las fechas de inclusión en el índice cambian en el transcurso del tiempo. Pero normalmente funciona lo suficientemente bien como para poder descubrir tendencias.

Utilizar la sintaxis `daterange:` es tan simple como:

```
daterange:startdate-enddate
```

La trampa es que la fecha debe expresarse como fecha del calendario juliano, un recuento continuo de días desde el mediodía UTC (tiempo universal coordinado) del día 1 de enero, 4713 aC. Así, por ejemplo, el 8 de julio de 2002 es la fecha de calendario juliano 2452463,5 y el 22 de mayo de 1968 es 2439998,5. Lo que es más, a Google no le gustan los decimales en sus búsquedas de `daterange:`; utilice sólo números enteros: 2452463 o 2452464 (dependiendo de si prefiere redondear por lo alto o por lo bajo) en el ejemplo anterior.

 Hay una gran cantidad de sitios en los que puede convertir online fechas del calendario juliano. Hemos encontrado un par de buenos conversores en el departamento de aplicaciones astronómicas del observatorio naval de los Estados Unidos (`http://aa.usno.navy.mil/data/docs/JulianDate.html`) y en la página principal de Mauro Orlandini (`http://www.tesre.bo.cnr.it/~mauro/JD/`); éste último convierte en ambos sentidos, de fechas julianas a gregorianas o viceversa. Puede encontrar más sitios llevando a cabo una búsqueda de fechas julianas en Google (`http://www.google.com/search?hl=en&lr=&ie=ISO-8859-1&q=julian+date`).

Puede utilizar la sintaxis `daterange:` con la mayoría del resto de las sintaxis especiales de Google, con la excepción de la sintaxis `link:`, que no puede mezclarse de forma correcta con las otras sintaxis especiales.

`daterange:` hace maravillas para acotar los resultados de búsqueda. Veamos un par de ejemplos. Geri Halliwell dejó las Spice Girls aproximadamente el 27 de mayo de 1998. Si desea encontrar una gran cantidad de información sobre esta ruptura, podría llevar a cabo una búsqueda en un ámbito de diez días, digamos del 25 de mayo al 4 de junio. Esta búsqueda tendría el aspecto siguiente:

```
"Geri Halliwell" "Spice Girls" daterange:2450958-2450968
```

Cuando se escribió este libro, esta búsqueda proporcionaba aproximadamente un par de docenas de resultados, entre los que se incluían varias historias sobre la ruptura. Si deseara encontrar fuentes menos formales, busque utilizando el término Geri o Ginger Spice (la Spice pelirroja) en lugar de Geri Halliwell.

Se trata de un ejemplo un poco tonto, pero seguro que le da una idea. Cualquier acontecimiento que pueda separarse en fechas de antes y de después: un acontecimiento, una muerte, un cambio sobrecogedor en determinadas circunstancias, puede reflejarse en una búsqueda de ámbito de fechas.

También puede utilizar una fecha de un evento individual para cambiar los resultados de una búsqueda mayor. Por ejemplo, el ex-presidente ejecutivo de ImClone Sam Waksal fue arrestado el 12 de junio de 2002. No tiene por qué buscar el nombre de Sam Waksal para obtener un conjunto reducido de resultados para el 13 de junio de 2002

```
imclone daterange:2452439-2452439
```

De forma similar, si realiza una búsqueda para imclone antes de la fecha 2452439, obtendrá resultados muy diferentes. Y, como ejercicio interesante, intente una búsqueda que refleje el arresto, sólo tiene que fecharla unos días antes del arresto real:

```
imclone investigated daterange:2452000-2452435
```

Ésta es una buena forma de encontrar información o analizar lo que precede al acontecimiento en sí, pero que puede proporcionar una serie de antecedentes que ayude a explicar el propio acontecimiento. (A menos que utilice la búsqueda de ámbito de fecha, normalmente este tipo de información se encuentra enterrada por debajo de las noticias sobre el propio acontecimiento.)

Pero, ¿qué me dice de acotar los resultados de búsqueda basándose en la fecha de creación del contenido?

Buscar utilizando la fecha de creación del contenido

Realizar búsquedas de materiales basándose en la creación del contenido es difícil. No existe un formato de fecha estándar (punto para el equipo de las fechas julianas), mucha gente no pone fecha a sus páginas, algunas páginas no contienen la información sobre la fecha en su encabezado, y hay sistemas de control de contenido que, por norma, datan la página con la fecha actual, lo que aún confunde más las cosas.

Podemos ofrecerle algunas sugerencias para realizar búsquedas por la fecha de creación del contenido. Pruebe a añadir una cadena de formatos de fecha comunes a su búsqueda. Si quisiera encontrar, por ejemplo, algo de mayo de 2003, podría probar añadiendo:

```
("May * 2003"  |  "May 2003"  |  05/03  |  05/*/03)
```

Una búsqueda como ésta utiliza, sin embargo, la mayor parte de su límite de búsqueda de 10 resultados, por lo que lo mejor es ser sensato, quizá probando estos formatos uno por uno. Si uno de ellos le proporciona un número excesivo de resultados, pruebe a restringir su búsqueda a la etiqueta de título de la página. Si realmente se siente afortunado, puede realizar una búsqueda utilizando una fecha completa, como 9 de mayo de 2003. La decisión que debe tomar en este caso es si desea realizar la búsqueda de la fecha en el formato que acabamos de decir, o usando una de sus múltiples variaciones: 9 mayo 2003, 9/5/2003, 9 Mayo 03, etc. Las búsquedas de fechas exactas limitarán severamente sus resultados, y no deberían utilizarse a menos que se trate del último intento desesperado.

Cuando utilice la búsqueda de ámbito de fechas, tendrá que ser flexible en sus consideraciones, tratando de ser más general en su búsqueda de lo que sería en cualquier otro caso (porque la búsqueda de ámbito de fecha acotará sus resultados en gran medida) y también más persistente en sus búsquedas, porque fechas y ámbitos de fechas diferentes le proporcionarán resultados muy diferentes. Pero se le recompensará con grupos de resultados más pequeños que se centran en acontecimientos y temas muy específicos.

TRUCO 12 Comprender y utilizar fechas julianas

Llegar a conocer y saber usar las fechas julianas.

Las búsquedas basadas en fechas son buenas. Las búsquedas basadas en las fechas julianas son molestas (al menos para los seres humanos).

La fecha juliana es el número de días que han pasado desde el día 1 de enero del año 4713 aC. A diferencia de las fechas gregorianas, que comienzan a medianoche, los días de fecha juliana empiezan a mediodía, por lo que resultan útiles para los astrónomos.

Una fecha juliana es simplemente un número. No está dividida en día, mes y año. Esto hace que resulten problemáticas para los seres humanos, pero prácticas para la programación informática porque, para cambiar fechas, simplemente tiene que sumar o restar de un número, sin preocuparse por los cambios de mes y de año. Para utilizar la sintaxis de ámbito de fechas de Google en Perl, tendrá que encontrar una forma de convertir la hora local de su ordenador en fecha juliana. Puede utilizar el módulo `Time::JulianDay`, que ofrece varias formas de manipular la hora local en formato de fecha juliana. Puede conseguir el módulo y más información en `http://search.cpan.org/search?query=Time%3A%3AJulianDay`.

En este libro veremos que aparecen trucos que utilizan el formato de fecha juliana y la búsqueda por ámbito de fecha; empiece a aprender más sobre la utilización de la sintaxis de ámbito de fecha. También se incluyen trucos para convertir búsquedas recientes en un formulario personalizado, y búsquedas de ámbito de fechas con una aplicación de parte del cliente.

Utilización de comodines de palabra completa

TRUCO 13

El comodín de palabra completa de Google sustituye a cualquier palabra clave en su búsqueda.

Algunos motores de búsqueda soportan una técnica denominada *stemming*. Esta palabra hace referencia al hecho de añadir un carácter comodín (normalmente el asterisco, aunque también puede ser un signo de interrogación) como parte de su búsqueda, solicitando que el motor de búsqueda devuelva variaciones de esa búsqueda utilizando el comodín como sustituto del resto de la palabra. Por ejemplo *moon** daría como resultado: *moons*, *moonlight*, *moonshot*, etc.

Google no soporta el *stemming*.

En su lugar, Google ofrece el comodín de palabra completa. Aunque no puede utilizar un comodín para sustituir una parte de una determinada palabra, puede insertar un comodín (el carácter comodín de Google es *) en una frase, y hacer que el comodín actúe como sustituto de toda una palabra. Así, si realiza una búsqueda para `tres ratones *`, entre los resultados encontrará: tres ratones ciegos, tres ratones tuertos, etc.

¿Cómo de válido es el comodín de palabra completa? Por supuesto, no es tan útil como el *stemming*, pero no resulta tan confuso para el principiante. Un * sustituye a una palabra; dos * sustituyen a dos, etc. El comodín de palabra completa resulta práctico en las siguientes situaciones:

- Para evitar el límite de 10 palabras en las búsquedas de Google. Esto ocurre con frecuencia cuando esté buscando letras de canciones o una cita. Si escribe la frase "*Fourscore and seven years ago, our fathers brought forth on this continent*", Google realizará una búsqueda sólo hasta la palabra "on", todas las palabras que aparezcan después serán ignoradas.

- Para comprobar la frecuencia de determinadas frases y derivados de frases, como: `intitle:"methinks the * doth protest too much"` e `intitle:"the * of Seville"`.

- Para rellenar huecos donde nos falle la memoria. Quizá sólo recuerde una cadena corta de la letra de una canción; realice una búsqueda sólo con las palabras que puede recordar, en lugar de probar con líneas reconstruidas al azar.

Tomemos como ejemplo el himno disco "Good Times" de Chic. Considere la línea: `"You silly fool, you can't change your fate"`.

Quizá ha oído esta letra, pero no puede recordar si la palabra "*fool*" es la correcta o si decía algo distinto. Si está equivocado (si la línea correcta es, por ejemplo, "*You silly child, you can't change your fate*"), su búsqueda no encontrará resultados, y usted llegará a la triste conclusión de que nadie en Internet se ha molestado en poner las letras de las canciones de Chic.

La solución es ejecutar la búsqueda con un comodín en lugar de la palabra desconocida, de la siguiente forma:

```
"You silly *, you can't change your fate"
```

Puede utilizar esta técnica para citas, letras de canciones, poemas, etc. Sin embargo, debería ser consciente de incluir una parte suficiente de la cita como para encontrar resultados relevantes. Si buscara sólo `"you * fool"` los resultados le llevarían a demasiados resultados falsos.

TRUCO 14 inurl: versus site:

Utilice la sintaxis inurl: para buscar subdirectorios de sitios.

La sintaxis especial `site:` resulta perfecta en aquellas ocasiones en las que desee restringir su búsqueda a un determinado dominio o sufijo de dominio como "example.com", "*www.example.org*", o "edu": site:edu. Pero fracasa cuando se trata de buscar un sitio que existe bajo el sitio principal o predeterminado (es decir, en un subdirectorio como /~sam/album/). Por ejemplo, si está buscando algo que se encuentra dentro del sitio principal GeoCities, no puede utilizar `site:` para encontrar todas las páginas en `http://www.geocities.com/Heartland/Meadows/6485/`; Google no devolverá ningún resultado. Introduzca `inurl:`, una sintaxis especial de Google para especificar una cadena que se encuentre en un URL resultante. Entonces, esa búsqueda funcionaría tal como se espera, de la siguiente forma:

```
inurl:www.geocities.com/Heartland/Meadows/6485/
```

Mientras el prefijo `http://` en un URL se ve sumariamente ignorado por Google cuando se utiliza con `site:`, los resultados de búsqueda aparecen rápidamente cuando se incluye en una búsqueda `inurl:`. Asegúrese de eliminar los prefijos en cualquier búsqueda `inurl:` para obtener los mejores (léase cualquier) resultados posibles.

Podrá observar que la utilización de la búsqueda con `inurl:` en lugar de con `site:` tiene dos ventajas inmediatas:

- Puede utilizar `inurl:` independientemente, sin utilizar ninguna otra palabra de búsqueda (cosa que no puede hacerse con `site:`).

- Puede utilizarla para buscar subdirectorios.

¿Cuántos subdirectorios?

También puede utilizar `inurl:` en combinación con la sintaxis `site:` para obtener información sobre subdominios. Por ejemplo, ¿cuántos subdominios tiene realmente O'Reilly.com? No puede conseguir esa información mediante la búsqueda `site:oreilly.com`, pero tampoco puede obtenerla simplemente utilizando la búsqueda `inurl:"*.oreilly.com"` (porque esa búsqueda cogerá los *mirrors* y el resto de las páginas que contengan la cadena oreilly.com que no se encuentren dentro del sitio O'Reilly).

Sin embargo, la búsqueda que detallamos a continuación funcionará perfectamente:

```
site:oreilly.com inurl:"*.oreilly" -inurl:"www.oreilly"
```

Esta búsqueda le dice a Google que busque en el sitio O'Reilly.com URL de página que contengan la cadena "*.oreilly" pero que ignore los URL con la cadena "*www.oreilly*" (porque ése es un subdominio con el que ya está muy familiarizado).

TRUCO
15

Comprobación de la ortografía

Google se toma a veces la libertad de "corregir" lo que considera un error de ortografía en su búsqueda.

Si ha utilizado alguna vez otros motores de búsqueda de Internet, tendrá experiencia con lo que yo llamo "estúpido comprobador ortográfico". Esto ocurre cuando se introduce un nombre propio y el motor de búsqueda sugiere una búsqueda completamente absurda ("Elvish Parsley" por "Elvis Presley"). Google es un poco más inteligente que esto. Cuando Google cree que puede escribir de forma más correcta que usted palabras individuales o frases completas de su búsqueda, le ofrece una sugerencia de búsqueda "mejor", proporcionándole un hipervínculo directo a dicha búsqueda. Por ejemplo, si busca *hydrocephelus*, Google le sugerirá que busque en su lugar la palabra *hydrocephalus*.

Sugerencias a un lado, Google asumirá que usted sabe de lo que está hablando, y le devolverá los resultados que usted le pide, siempre y cuando su búsqueda dé resultados.

Si la búsqueda que usted realiza no devuelve resultados tal y como la escribió, y Google piensa que él sabe hacerlo mejor, ejecutará automáticamente una nueva búsqueda basándose en sus propias sugerencias. Así, una búsqueda para el término *hydracefallus* que (como es de esperar) no devuelve resultados, suscitará una búsqueda iniciada por Google para el término *hydrocephalus*.

No olvide que Google no idea de forma arbitraria sus sugerencias, sino que las construye basándose en su propia base de datos de palabras y frases que ha encontrado mientras realizaba el índice de la Web. Si busca algo sin sentido como *klplplpljhbbb*, no obtendrá ningún resultado, ni se le ofrecerá sugerencia alguna, como puede comprobar en la figura 1.10.

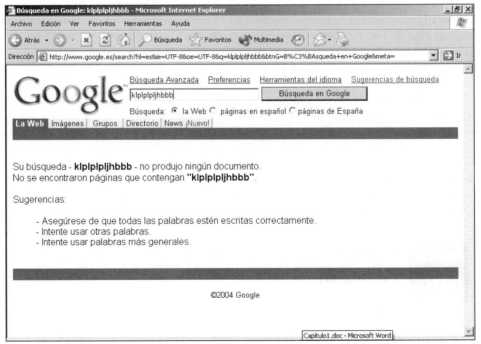

Figura 1.10. Una búsqueda que no proporciona sugerencias.

Éste es un maravilloso efecto secundario y una forma sencilla y rápida de comprobar la frecuencia relativa de los errores ortográficos. Lleve a cabo una búsqueda para una palabra escrita de una determinada forma, y tome nota del número de resultados. A continuación, haga clic en la ortografía sugerida por Google y observe también el número de resultados. Resulta sorprendente lo cerca que están ambos recuentos, que indican una palabra o frase a menudo mal escrita.

Comprenda los errores ortográficos

No cometa el error de descartar automáticamente los resultados ofrecidos a partir de una palabra mal escrita, especialmente cuando se trate de un nombre propio. Llevo años siendo fan del humorista Bill Mauldin, pero continuamente escribo mal su nombre, introduciendo "Bill Maudlin". Y, a juzgar por la rápida búsqueda de Google, no soy el único. No hay ninguna ley que diga que hay que comprobar la ortografía de todas las páginas antes de colocarlas online, por lo que a menudo merece la pena echar un vistazo a los resultados, a pesar de los errores ortográficos. Como experimento, pruebe a buscar dos palabras mal escritas de un tema relacionado, como *ventriculostomy hydrocephalis*. ¿Qué tipo de información se le devuelve? ¿Podría agruparse la información que obtiene (si obtiene alguna) en un "género" particular? En el momento de escribir este libro, la búsqueda de *ventriculostomy hydrocephalis* devolvía sólo siete resultados. Dos de ellos pertenecen al libro de visitas de la Developmental (Pediatric) Neurosurgery Unit del Massachusetts General Hospital/Harvard University. El contenido aquí procede generalmente de gente que trata con diversos problemas neuroquirúrgicos. Tampoco en este caso existe una ley que diga que todos los materiales Web, especialmente los informales como las comunicaciones de libros de invitados, tengan que someterse a un corrector ortográfico. Utilice esto a su favor como investigador. Cuando se encuentre buscando informes legos sobre enfermedad, el contenido que desee puede aparecer más a menudo mal escrito que escrito correctamente. Por otro lado, cuando busque información altamente técnica o referencias procedentes de fuentes fiables, la corrección ortográfica en sus búsquedas le hará acercarse más a la información que busca.

 TRUCO 16 ## Consultar el diccionario (versión de Google en inglés)

Google, además de su propio índice de corrección ortográfica, proporciona accesos a Dictionary.com.

La corrección ortográfica propia de Google está construida sobre su propia base de datos de frases y palabras recogidas durante el proceso de indexar páginas Web. Así, proporciona sugerencias para nombres propios menos conocidos, frases, construcciones comunes de oraciones, etc. Google ofrece también un servicio de definiciones controlado por Dictionary.com (`http://www.dictionary.com/`). Las definiciones, aunque proceden de una fuente creíble y están completadas por varios índices especializados, pueden ser más limitadas.

Ejecute una búsqueda. En la página de resultados, puede observar la frase "Se buscó (palabras de búsqueda) en la Web". Si las palabras de búsqueda aparecieran en un diccionario, tendrían un hipervínculo a una definición del diccionario (si busca en la versión inglesa). Frases identificadas como tales ofrecerán un vínculo como expresión; por ejemplo, la búsqueda para "*jolly roger*" (bandera pirata) le permitirá buscar la frase completa "*jolly roger*". Por otro lado, la frase "*computer legal*" le permitirá buscar de forma independiente las palabras "*computer*" y "*legal*". La búsqueda de definiciones fracasa a veces en palabras oscuras, palabras muy nuevas, argot y vocabularios técnicos (jergas). Si lleva a cabo una búsqueda del significado de una palabra, y Google no puede ayudarle, pruebe a optar por los servicios de un diccionario de metabúsqueda, como OneLook (`http://www.onelook.com/`), que incluye en su índice más de cuatro millones de palabras en más de 700 diccionarios. Si eso no funciona, vuelva a probar en Google con uno de los trucos que ofrecemos a continuación, utilizando como palabra de búsqueda la palabra que desee encontrar:

- Si está buscando varias palabras (por ejemplo, cuando esté leyendo un manual técnico), busque varias de las palabras a la vez. De esta forma, hay ocasiones en las que encontrará un glosario. Por ejemplo, pongamos que está leyendo un libro sobre marketing, y no conoce muchas de las palabras. Si realiza una búsqueda para *storyboard stet SAU*, obtendrá sólo unos pocos resultados, y todos ellos serán glosarios.

- Pruebe a buscar su palabra seguida de la palabra glosario, por ejemplo *stet glossary* (para resultados en inglés). Asegúrese de utilizar una palabra poco usual; puede que no sepa lo que la palabra "*spread*" significa en el contexto del marketing, pero si realiza una búsqueda para *spread glossary* obtendrá más de 300.000 resultados para muchos tipos de glosario diferentes.

- Pruebe a buscar la frase *queryword means* o las palabras *What does queryword mean?*

- Si está buscando un elemento médico o técnico, acote su búsqueda a sitios educativos (.edu). Si quiere una definición contextual para la utilización de la acupuntura equina, y en cómo se usaría para tratar la laminitis, pruebe a buscar `"equine acupuncture"` `laminitis`.

- `site:edu` le proporcionará una lista corta de resultados. Lo que es más, evitará listas de libros y tiendas online; esto resulta práctico cuando lo que se está buscando es información, y no se quiera comprar nada. Si está buscando argot, pruebe a restringir su búsqueda a sitios como Geocities y Tripod, y observe lo que ocurre. A veces, la gente joven coloca sitios de fans y otras colecciones culturales informales en sitios gratuitos como Geocities, y utilizándolos puede encontrar muchos ejemplos de argot en contexto, en lugar de meras listas de definiciones. Existe un número sorprendente de glosarios en Geocities; busque `glossary site:geocities.com`, y compruébelo usted mismo.

La conexión de Google con Dictionary.com hace que la comprobación de definiciones simples sea muy rápida y sencilla. Pero incluso las palabras más oscuras pueden encontrarse con rapidez si aplica un poco de pensamiento creativo.

TRUCO 17 · Consultar la guía telefónica

Google puede funcionar de forma excelente como guía telefónica, incluso hasta el punto de realizar búsquedas inversas.

Google combina información de números de teléfono residenciales y de negocios y su propia excelente interfaz para ofrecer búsquedas en una guía telefónica que proporcionan listados de empresas y particulares en los Estados Unidos. Sin embargo, la búsqueda ofrece tres sintaxis diferentes, diferentes niveles de información que proporcionan resultados distintos; las sintaxis son un tanto complicadas, y Google no proporciona ningún tipo de documentación.

Las tres sintaxis

Google ofrece tres maneras de llevar a cabo búsquedas en su guía de teléfonos:

- `phonebook`: Lleva a cabo búsquedas en toda la guía telefónica de Google.
- `rphonebook`: Realiza búsquedas sólo de particulares.
- `bphonebook`: Busca sólo en listados de empresas.

La página de resultados para búsquedas `phonebook:` ofrece sólo listas de cinco resultados, combinando particulares y empresas. Las búsquedas para `rphonebook:` y `bphonebook:`, que son más específicas, proporcionan hasta 30 resultados por página. Si quiere tener más opciones de encontrar lo que está buscando, utilice el objetivo de búsqueda apropiado.

Utilización de las sintaxis

La utilización de una guía de teléfonos normal implica el conocimiento de cierta información sobre el objetivo de la búsqueda: nombre, apellidos, ciudad y estado. La guía telefónica de Google sólo necesita el apellido y el estado para comenzar. Emitir una amplia red para todos los Smiths de California es tan sencillo como:

```
phonebook:smith ca
```

La figura 1.11. muestra los resultados de la búsqueda.

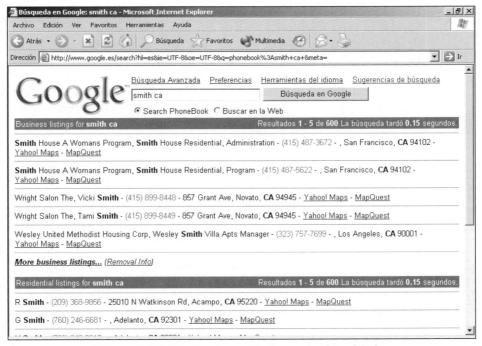

Figura 1.11. Página de resultados para phonebook:.

Observe que, aunque la intuición puede decirle que hay miles de Smiths en California, la guía telefónica de Google le comunica que hay sólo 600. De la misma forma que las búsquedas normales en Google ofrecen como máximo 1.000 resultados, la guía telefónica ofrece un máximo de 600. Es justo. Pruebe a acotar su búsqueda añadiendo el nombre, la ciudad, o las dos cosas:

```
phonebook:john smith los angeles ca
```

Cuando se escribió este libro, la guía telefónica de Google encontró tres empresas y 22 particulares coincidentes con la búsqueda para John Smith en Los Angeles, California.

- **Advertencias:** Las sintaxis de la guía de teléfonos son poderosas y útiles, pero pueden resultar complicadas de utilizar si no tiene en cuenta algunas cosas en lo que se refiere a su funcionamiento.

  - Estas sintaxis distinguen entre mayúsculas y minúsculas. Si realiza una búsqueda para `phonebook:john doe ca` funcionará, mientras que si escribe `Phonebook:john doe ca` (con P mayúscula) no lo hará.

  - Los comodines no funcionan. Una vez más, en este caso no son necesarios; la guía telefónica realiza esa tarea por usted. Por ejemplo, si desea encontrar tiendas de Nueva York que incluyan la palabra "*Coffee*" en su nombre, no se moleste en tratar de visualizar todas las permutaciones de "*Coffee Shop*", "*Coffee House*", etc. Simplemente busque `bphonebook:coffee new york ny` y obtendrá una lista de cualquier negocio que contenga la palabra "*coffee*" en su nombre y que se encuentre en Nueva York.

  - Las exclusiones tampoco funcionan. Quizá desee encontrar los cafés que no sean Starbucks. Podría considerar que `phonebook:coffee -starbucks new york ny` sería una opción válida. Después de todo, está buscando cafés (*coffee*) que no sean Starbucks, ¿no es así? Desgraciadamente no; Google piensa que está realizando una búsqueda para ambas palabras, "*coffee*" y "*starbucks*", ofreciéndole justo lo contrario de lo que esperaba: todos los establecimientos Starbucks de Nueva York.

  - OR no siempre funciona. Puede empezar preguntándose si la guía telefónica de Google acepta búsquedas con OR. Quizá después decida experimentar, tratando de encontrar todos los cafés en Rhode Island o Hawaii: `bphonebook:coffee (ri | hi)`. Desgraciadamente, esto no funciona; sólo conseguirá una lista de cafés situados en Hawaii. Esto se debe a que Google parece no considerar `(ri | hi)` como código de estado, sino como otro elemento de la búsqueda. Así, si invirtiera la búsqueda anterior y realizara una búsqueda para `coffee (hi | ri)`, Google encontraría elementos que contengan la cadena "*coffee*" y bien la cadena "hi" o la cadena "ri". Así, encontraría el Hi-Tide Coffee (en Massachusetts) y varios cafés de Rhode Island. Es más sencillo utilizar OR en mitad de su búsqueda y, a continuación, especificar el estado al final. Por ejemplo, si desea encontrar los cafés que venden donuts o *bagels*, la búsqueda que aparece a continuación sería la correcta: `bphonebook:coffee (donuts | bagels) ma`. Esto daría como resultado los establecimientos que contengan la palabra "*coffee*" y cualquiera de las palabras "donuts" o "*bagels*" en Massachusetts. En pocas palabras, puede utilizar una búsqueda OR en el nombre del particular o del establecimiento, pero no en la ubicación.

- **Búsqueda invertida en la guía telefónica**. Las tres sintaxis de guía telefónica soportan la búsqueda invertida, aunque lo mejor es, probablemente, utilizar la sintaxis general `phonebook:` para evitar no encontrar lo que está buscando a causa de su clasificación de particulares o empresas. Para realizar una búsqueda invertida, simplemente introduzca el número de teléfono con el prefijo de área. Las búsquedas en las que no se incluya el prefijo no funcionarán.

```
phonebook:(707) 829-0515
```

Observe que las búsquedas invertidas en Google son proposiciones al azar que no siempre producen resultados. Si no tiene suerte, quizá prefiera utilizar un sitio de guía de teléfonos más especializado, como WhitePages .com (`http://www.whitepages.com/`).

- **Búsqueda de guías telefónicas utilizando Google**. Aunque la guía telefónica de Google es un buen punto de partida, su utilidad es limitada. Si está buscando un número de teléfono en una universidad o en otra gran institución, no podrá encontrar el número en Google, pero seguro que puede encontrar la guía telefónica adecuada si se encuentra online. Si busca una guía de teléfonos de una universidad, pruebe primero esta sencilla búsqueda: `inurl:phone site:university.edu`, sustituyendo `university.edu` por el dominio de la universidad que esté buscando. Por ejemplo, para encontrar la guía telefónica online de la University of North Carolina at Chapel Hill, llevaría a cabo la siguiente búsqueda:

```
inurl:phone site:unc.edu
```

Si no funciona, hay diversas variaciones que puede probar, sustituyendo una vez más el dominio de la universidad que desee por `unc.edu`:

```
title:"phone book" site:unc.edu
(phonebook | "phone book") lookup faculty staff site:unc.edu
inurl:help (phonebook | "phone book") site:unc.edu
```

Si está buscando varias guías de teléfono universitarias, lleve a cabo la misma búsqueda con la forma más genérica `site:edu` en lugar de un dominio específico de universidad.

Existen también un par de sitios Web que ofrecen listas de guías de teléfono universitarias:

- Phonebook Gateway-Server Lookup (`http://www.uiuc.edu/cgi-bin/ph/lookup`) (más de 330 guías telefónicas)

- Phone Book Servers (`http://www.envmed.rochester.edu/www/ph.html`) (más de 400 guías telefónicas)

TRUCO 18 Seguir la pista de sus acciones

Una búsqueda bien hecha en Google le ofrecerá información empresarial más allá de la que proporcionan los servicios bursátiles tradicionales.

En este panteón menos conocido de las sintaxis de Google se incluye `stocks:`. Si realiza una búsqueda para `stocks:symbol`, donde `symbol` representa las acciones que está buscando, se verá redireccionado a Yahoo! Finance (`http://finance.yahoo.com/`) donde encontrará más información. La página de Yahoo! está elaborada por Google; en la parte superior izquierda aparece el logo de Google, junto con vínculos a Quicken, Fool.com, MSN MoneyCentral, y otros sitios financieros.

Si introduce en Google una búsqueda de acciones falsas utilizando `stock:` seguirá apareciendo en Yahoo! Finance, normalmente con resultados para una parte del mercado de la que no había oído hablar o con una página en la que puede leer *"Invalid Ticker Symbol"*. Por supuesto, puede utilizar esto en su beneficio. Introduzca `stocks:` seguido del nombre de la empresa que esté buscando (por ejemplo, `stocks:friendly`). Si el nombre de la empresa consta de más de una palabra, seleccione la palabra más exclusiva. Ejecute su búsqueda y llegará a la página de búsqueda de acciones de Yahoo! Finance que puede observar en la figura 1.12.

Observe la posibilidad que se le ofrece de realizar una búsqueda utilizando la palabra introducida, en este caso *friendly*; haga clic en ella y se le ofrecerá una lista de empresas que tienen coincidencia de alguna forma con dicha palabra. A partir de ahí puede conseguir la información sobre acciones que desee (suponiendo, claro, que la empresa que quiere encontrar se encuentre en la lista).

Otras formas de encontrar información básica sobre acciones aparte de Google

Google no está configurado específicamente para realizar búsquedas básicas de acciones. Tendrá que realizar su trabajo preliminar en otro lugar, y volver a Google contando con una mayor comprensión de lo que está buscando. Le recomiendo que se dirija directamente a Yahoo! Finance (`http://finance.yahoo.com`) para buscar de forma rápida acciones por símbolo o por el nombre de la empresa; aquí puede encontrar todos los elementos básicos: cotizaciones, perfiles empresariales, estadísticas y noticias recientes. Si desea una cobertura completamente detallada, le recomiendo efusivamente Hoovers (`http://www.hoovers.com`). Alguna de la información que ofrece es gratuita. Si desea profundizar, tendrá que pagar una tasa de suscripción.

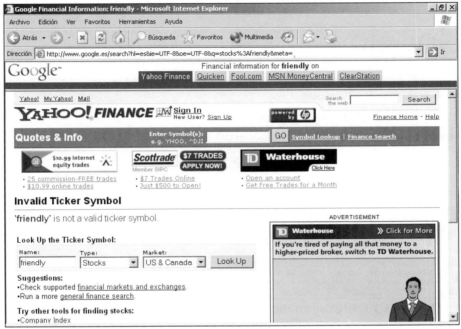

Figura 1.12. Página de búsqueda de acciones de Yahoo! Finance.

Más búsqueda de acciones con Google

Pruebe a buscar en Google:

```
"Tootsie Roll"
```

Ahora añada el símbolo de acciones, TR, a su búsqueda:

```
"Tootsie Roll" TR
```

¡Ajá! Los resultados de búsqueda cambian inmediatamente a información financiera. Ahora, añada el nombre del presidente:

```
"Tootsie Roll" TR "Melvin Gordon"
```

Acabará obteniendo una bonita lista de resultados, breve y adecuada, como puede observar en la figura 1.13.

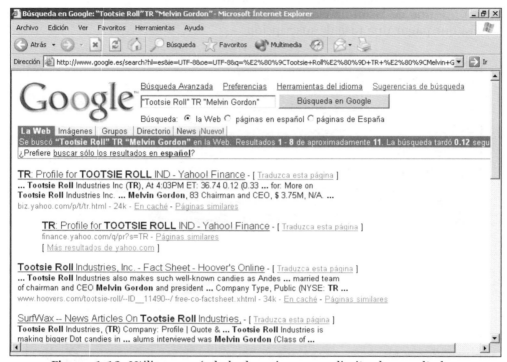

Figura 1.13. Utilizar un símbolo de acciones para limitar los resultados.

Los símbolos de acciones son huellas dactilares fantásticas para la investigación en Internet. Son constantes, suelen aparecer junto al nombre de la empresa, y son lo suficientemente inusuales como para llevar a cabo un buen trabajo a la hora de reducir los resultados de su búsqueda a aquellos que contengan información relevante.

Existen también varias palabras y frases que puede utilizar para acotar su búsqueda en lo que se refiere a información relacionada con las empresas. Sustituya la palabra "*company*" por el nombre de la empresa que esté buscando, y pruebe las siguientes opciones (para obtener resultados en inglés):

- Para publicaciones de prensa: "*company announced*", "*company announces*", "*company reported*".

- Para información financiera: *company* "*quarterly report*", *company* SEC, *company financials*, *company* "p/e ratio".

- Para información sobre la situación: *company parking airport location* (no siempre funciona pero, a veces, lo hace sorprendentemente bien).

TRUCO 19 — Interfaz de Google para traductores

Cree un formulario de búsqueda personalizado para traducción.

Si realiza el mismo tipo de búsquedas todos los días, puede que un formulario personalizado de búsqueda le facilite el trabajo. Si invierte el tiempo suficiente, puede hacer que sea lo suficientemente elaborado para que otras personas lo encuentren útil.

WWW Search Interfaces for Translators (`http://www.multilingual.ch`) ofrece tres herramientas diferentes para encontrar material útil para traductores. Creadas por Tanya Harvey Ciampi de Suiza, estas herramientas están disponibles en AltaVista y Google. Se combina un término de búsqueda definido por el usuario con criterios específicos de búsqueda para acotar la búsqueda de forma que puedan obtenerse resultados altamente relevantes.

La primera herramienta, que aparece en la figura 1.14, encuentra glosarios. El menú desplegable encuentra sinónimos de la palabra "*glossary*" en diversas partes de los resultados de búsqueda (título, URL, o cualquier otro sitio). Por ejemplo, imagine que tiene que buscar en diversos diccionarios de informática especializados antes de encontrar uno que contenga la definición del término "*firewall*". Esta herramienta de búsqueda de glosarios le ahorra trabajo configurando una condición clara: "Encuentra un glosario que contenga el término que estoy buscando".

Si obtiene demasiados resultados para la palabra de glosario que buscaba, intente buscar en el título; en lugar de buscar el término *firewall*, intente realizar la búsqueda utilizando `intitle:firewall`.

La segunda herramienta, que se muestra en la figura 1.15, encuentra textos paralelos, páginas idénticas en dos o más idiomas, lo cual resulta útil en búsquedas de terminología multilingüe.

Encontrar páginas en dos o más idiomas no es sencillo; uno de los pocos sitios en los que se puede hacer de forma fácil es en las páginas del gobierno canadiense, que están disponibles en francés y en inglés. Esta herramienta proporciona varias combinaciones de búsqueda diferentes entre idioma de partida e idioma meta.

El primer grupo de búsquedas, de hecho, funciona con AltaVista. Proporciona varias combinaciones de idiomas (inglés-alemán, inglés-español, inglés-francés, etc.) y le ofrece opciones para buscar en cada una de ellas (SL en URL, vínculo a TL, página en el país de TL, etc.).

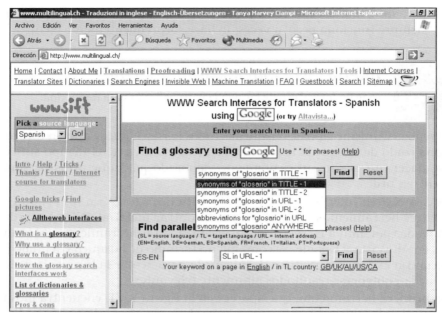

Figura 1.14. Herramienta de glosarios de WWW Search Interfaces for Translators.

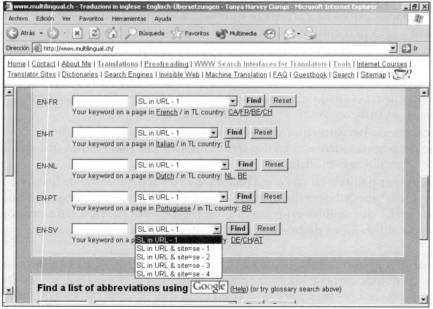

Figura 1.15. Herramienta de textos paralelos de WWW Search Interfaces for Translators.

El segundo conjunto de opciones funciona con Google. También en este caso, hay varios conjuntos de idiomas, y varias formas de buscar (tres formas diferentes de buscar por el idioma de origen en el URL, palabra clave en la página en el idioma meta, etc.). Esta herramienta le permite además, en algunos casos, especificar el país del idioma meta (por ejemplo, francés podría ser el idioma meta en Canadá, Francia o Suiza).

La tercera herramienta, que aparece en la figura 1.16, encuentra variaciones de la palabra "*abbreviations*" en el título o el URL de un resultado de búsqueda para encontrar listas de abreviaturas.

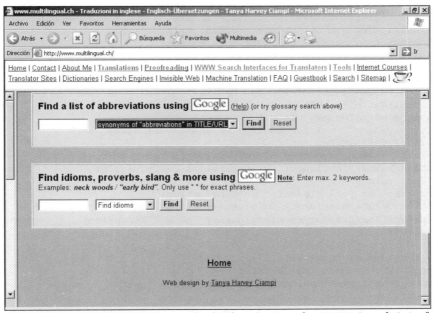

Figura 1.16. Herramienta de búsqueda de abreviaturas de WWW Search Interfaces for Translators.

Estas herramientas de búsqueda están disponibles en varios idiomas, y son de gran utilidad para traductores; de hecho, se obtiene tanta información que podría pensar que requieren el API de Google. Pero no lo necesitan, puesto que la búsqueda se genera en la parte del cliente, y después se pasa a Google.

Se realiza de una manera bastante elegante. En primer lugar, eche un vistazo al código fuente para el formulario, y vea si puede observar algo. Hay un truco: ponga atención a los nombres de los elementos del formulario. Observe que este truco integra sinónimos de búsqueda sin tener que utilizar el API de Google o cualquier tipo de CGI. Todo se hace a través del formulario.

```
<--Iniciar el formulario y abrir una búsqueda
de Google en una nueva ventana -->
<form method="GET" target="_blank"
action="http://www.google.com/search">

<!--Tomar la búsqueda de las palabras clave especificadas por el usuario
-->
<input type="text" name="q" size="12">
<select name="q" size="1">

<!--Esto es lo genial. Estas opciones proporcionan varios
modificadores diferentes diseñados para capturar glosarios
en Google. -->
<option selected value="intitle:dictionary OR intitle:glossary
OR intitle:lexicon OR intitle:definitions">
synonyms of "glossary" in TITLE - 1</option>
<option value="intitle:terminology OR intitle:vocabulary
OR intitle:definition OR intitle:jargon">
synonyms of "glossary" in TITLE - 2</option>
<option value="inurl:dictionary OR inurl:glossary OR inurl:lexicon
OR inurl:definitions">
synonyms of "glossary" in URL - 1</option>
<option value="inurl:terminology OR inurl:vocabulary
OR inurl:definition
OR inurl:jargon">synonyms of "glossary" in URL - 2</option>
<option value="inurl:dict OR inurl:gloss OR inurl:glos
OR inurl:dic">
abbreviations for "glossary" in URL</option>
<option value="dictionary OR glossary OR lexicon
OR definitions">synonyms of "glossary" ANYWHERE</option>
</select>

<!--Terminar el formulario. -->
<input type="submit" value="Find">
<input type="reset" value="Reset" name="B2">
</form>
```

La magia se encuentra en las dos líneas siguientes:

```
<input type="text" name="q" size="12">
<select name="q" size="1">
```

Observe que tanto el campo de texto de búsqueda como el menú emergente del glosario se denominan de la misma forma: name="q". Cuando el formulario se envía a Google, los valores de ambos campos se combinan de forma eficaz, y son tratados como una búsqueda. Así, si introduce una búsqueda para *dentistry* y selecciona synonyms of "glossary" in TITLE - 1 en el menú emergente, el resultado será una búsqueda combinada de Google:

```
dentistry intitle:dictionary OR intitle:glossary OR intitle:lexicon OR
intitle:definitions
```

Este truco utiliza formularios personalizados de Google como una interfaz para traductores, pero podría utilizar esta idea para casi cualquier cosa. ¿Necesita encontrar estatutos legales? ¿Materiales financieros? ¿Información sobre un mercado vertical determinado? Cualquier cosa que posea su propio vocabulario especializado que pueda añadirse a un formulario puede ser canalizado en un truco como este. ¿Qué tipo de interfaz diseñaría?

TRUCO 20 Buscar archivos de artículos

Google funciona como un práctico archivo susceptible de búsqueda para asuntos pasados de publicaciones online.

No todos los sitios tienen sus propios motores de búsqueda, e incluso aquellos que los tienen resultan, en ocasiones, difíciles de utilizar. Los motores de búsqueda complicados o incompletos son más un estorbo que una ayuda cuando se trata de buscar a través de archivos de artículos publicados. Si sigue un par de reglas, comprobará lo práctico que resulta Google para encontrar acontecimientos pasados en recursos publicados.

El truco consiste en utilizar una frase común para encontrar la información que esté buscando. Utilicemos el New York Times como ejemplo.

Artículos del New York Times

El primer impulso cuando busque artículos previamente publicados procedentes de NYTimes.com puede que sea simplemente utilizar `site:nytimes.com` en su búsqueda en Google. Por ejemplo, si quisiera encontrar artículos sobre George Bush, por qué no utilizar:

```
"george bush" site:nytimes.com
```

Ciertamente, esto encontrará todos los archivos en los que se mencione a George Bush que hayan sido publicados en NYTimes.com. Lo que no encontrará será todos los archivos producidos por el New York Times pero publicados en un sitio diferente.

Cuando lleve a cabo una investigación, tenga siempre en cuenta la credibilidad. Si está realizando una investigación informal, quizá no necesite comprobar dos veces una historia para asegurarse de que realmente procede del New York Times, pero si está investigando algo más serio, compruebe la veracidad de cada uno de los archivos que encuentre y que no esté realmente colocado en el sitio del New York Times.

Lo que realmente necesita es un identificador claro, sin importar el sitio de origen, de que el archivo procede del New York Times. La exención de responsabilidad de *copyright* es perfecta para la tarea. Un aviso de *copyright* del New York Times tiene normalmente este aspecto:

```
Copyright 2001 The New York Times Company
```

Está claro que esto encontraría sólo artículos del año 2001. Una forma sencilla de evitar esta restricción sería reemplazar el año con un comodín de palabra completa en Google:

```
Copyright * The New York Times Company
```

Llevemos a cabo de nuevo la búsqueda de George Bush, utilizando esta vez el *snippet* del *copyright* en lugar de la restricción `site:`

```
"Copyright * The New York Times Company" "George Bush"
```

En el momento de escribir este libro, se obtenían tres veces más resultados en esta búsqueda que en el intento previo.

Artículos de revista

Las exenciones de responsabilidad de *copyright* resultan también útiles para encontrar artículos de revistas, por ejemplo, el descargo de responsabilidad de *copyright* de Scientific American es el siguiente:

```
Scientific American, Inc. All rights reserved.
```

(La fecha aparece antes de esto, por lo que simplemente la ignoré para evitar la molestia de los comodines.)

La utilización del descargo como una frase limitada por comas junto con una palabra de búsqueda (*hologram*, por ejemplo), produce la búsqueda de Google:

```
hologram "Scientific American, Inc. All rights reserved".
```

En el momento de escribir este libro, se obtenían siete resultados, lo que parece un número bastante escaso para una búsqueda general como la llevada a cabo con *hologram*. Cuando obtenga menos resultados de los esperados, recurra a utilizar la sintaxis `site:` para volver al propio sitio de origen.

```
hologram site:sciam.com
```

En este ejemplo, encontrará varios resultados a los que puede acceder desde el caché de Google, pero que ya no está disponibles en el sitio de Scientific American.

La mayoría de las publicaciones con las que he tenido contacto tienen un cierto tipo de cadena textual común que puede utilizar cuando realice búsquedas de sus archivos en Google. A menudo, se trata de un descargo de responsabilidad y lo más normal es que aparezca en la parte inferior de una página. Utilice Google para buscar dicha cadena y las palabras de búsqueda en las que esté interesado y, si no funciona, recurra a buscar la cadena de búsqueda y el nombre de dominio.

 ## Encontrar directorios de información

Utilice Google para encontrar directorios, listas de vínculos y otras recopilaciones de información.

Hay ocasiones en las que interesarán más las grandes recopilaciones de información que andar buscando detalles específicos. Si utiliza Google, hay un par de formas diferentes de encontrar directorios, listas de vínculos y otras recopilaciones de información. La primera forma utiliza los comodines de palabra completa de Google y la sintaxis `intitle:`. La segunda consiste en utilizar juiciosamente una serie específica de palabras clave.

Etiquetas de título y comodines

Escoja algo sobre lo que le gustaría encontrar información. En nuestro ejemplo, utilizaremos la palabra inglesa para árboles, "*trees*". Lo primero que buscaremos es cualquier página que contenga las palabras "*directory*" y "*trees*" en el título. De hecho, utilizaremos un pequeño truco para las palabras que pueden aparecer entre estas dos utilizando un par de comodines de palabra completa (caracteres*). La búsqueda resultante tendría más o menos este aspecto:

```
intitle:"directory * * trees"
```

Esta búsqueda encontrará "*directories of evergreen trees*", "*South African trees*" y, por supuesto, "*directories containing simply trees*".

¿Qué pasa si quisiera llevar a cabo un corte, taxonómicamente hablando, y encontrar directorios de información botánica? Utilizaría una combinación de `intitle:` y palabras clave como:

```
botany intitle:"directory of"
```

Y obtendrá más de 800 resultados. Cambiar el tenor de la información puede ser cuestión de restringir los resultados y quedarse sólo con aquellos que procedan de instituciones académicas. Si añade al final una especificación del sitio "edu" nos quedará de esta forma:

```
botany intitle:"directory of" site:edu
```

Esto nos proporciona unos 100 resultados, una mezcla de directorios de recursos y, obviamente, directorios de profesores de universidad.

La combinación de estas sintaxis funciona bastante bien cuando se busca algo que podría ser también un recurso impreso. Por ejemplo:

```
cars intitle:"encyclopedia of"
```

Esta búsqueda ofrece resultados de Amazon y de otros sitios en los que se venden enciclopedias de coches. Filtre algunos de los resultados más obvios cambiando ligeramente la búsqueda:

```
cars intitle:"encyclopedia of" -site:amazon.com
-inurl:book -inurl:products
```

Esta búsqueda especifica que los resultados no deberían proceder de Amazon.com, no deberían contener la palabra "*book*" en el URL, o la palabra "*products*", lo que elimina una cantidad considerable de tiendas online. Experimente con esta búsqueda cambiando la palabra "*cars*" por lo que quiera para obtener resultados interesantes.

(Está claro que hay muchos sitios que venden libros online, pero cuando se trata de inyectar "ruido" en los resultados a la hora de encontrar recursos online, información orientada a la investigación, Amazon es el mayor infractor. Si está buscando libros, pruebe a utilizar `+site:amazon.com`.)

Si la combinación de sintaxis no le ofrece los recursos que desea, existen una serie de inteligentes combinaciones de palabras clave que podrían funcionar.

Encontrar índices de temas susceptibles de búsqueda con Google

Existen unos pocos índices de temas susceptibles de búsqueda principales, y una gran cantidad de índices menos importantes que tratan un tema o idea particular. Puede encontrar los índices de tema más pequeños personalizando algunas técnicas genéricas. El directorio "*what's new*" "*what's cool*", aunque recoge algunos resultados falsos, es una forma fantástica de buscar índices de temas susceptibles de búsqueda. `directory "gossamer threads" new` es uno interesante. Gossamer Threads es el creador de un popular programa de directorio de vínculos. Es una buena forma de encontrar índices de temas susceptibles de búsqueda sin toparse con demasiados resultados falsos. `directory "what's new" categories cool` no funciona particularmente bien, puesto que la palabra "*directory*" no es un término de búsqueda demasiado fiable; pero, con esta búsqueda, obtendrá algunas cosas que se perderían de otra forma. Pongamos en práctica algunos de ellos:

```
"what's new" "what's cool" directory phylum
"what's new" "what's cool" directory carburetor
"what's new" "what's cool" directory "investigative journalism"
"what's new" directory categories gardening
directory "gossamer threads" new sailboats
directory "what's new" categories cool "basset hounds"
```

El truco real consiste en utilizar una palabra más general, pero haciendo que sea lo suficientemente única para que sea aplicable principalmente a su tema, y no a otros muchos temas.

Tomemos, por ejemplo, la palabra acupuntura. Comience por acotar la búsqueda por tema: ¿qué tipo de acupuntura? ¿Para personas o para animales? Si se trata de personas, ¿qué tipo de condiciones se tratan? Si es para animales, ¿qué tipo de animales? Quizá debería comenzar buscando "acupuntura gato" o quizá debería comenzar con acupuntura artritis. Si el primer intento no acota los resultados de búsqueda lo suficiente, siga intentándolo. ¿Busca algo relacionado con la educación o con el tratamiento? Puede inclinar los resultados hacia una u otra parte utilizando la sintaxis `site:`. Así, quizá le gustaría intentarlo con `"acupuntura gato" site:com` o `artritis acupuntura site:edu`. Siguiendo unos pocos pasos para acotar su búsqueda, obtendrá un número razonable de resultados de búsqueda que se ajusten a su tema.

TRUCO 22 · Encontrar definiciones técnicas

¿Superado por el idioma altamente tecnológico? Google puede ayudarle a encontrar respuestas.

Los vocabularios especializados permanecen, en su mayor parte, estáticos y no cambian su significado de repente con tanta frecuencia. No ocurre lo mismo con la jerga relacionada con cuestiones técnicas e informáticas. Es como si cada 12 segundos alguien inventara una nueva palabra de moda o un nuevo término en relación con los ordenadores o con Internet y, 12 minutos después, pasara a estar obsoleto o a significar algo completamente diferente, a menudo más de un significado. Quizá no es tan radical; simplemente parece que sea así.

Google puede ayudarle de dos formas; ayudándole a buscar las palabras y ayudándole a entender las palabras que no conoce y necesita conocer.

Terminología tecnológica

Acaba de salir de una sala de conferencias y ha escuchado tantas palabras nuevas que le zumba la cabeza. El problema, en este punto, es que no sabe si ha estado oyendo argot, terminología específica de hardware/software o terminología general. ¿Cómo determinará de qué se trata?

Igual que ocurre con el vocabulario nuevo, va a tener que utilizar claves contextuales. ¿En qué parte de la conversación se utilizó el término? ¿Se utilizó mayormente en relación a algo? ¿Sólo una persona utilizó el término? Podría ser simplemente argot. ¿Aparece escrito en algún sitio? Intente conseguir toda la información que pueda al respecto. Si no hay información disponible (su jefe saca la cabeza en su cubículo y le dice, "Estamos pensando en gastar 20 millones de euros en un proyecto utilizando X. ¿Qué le parece?") trátelo como terminología general.

Glosario de Google

Antes de empezar su búsqueda en Google, compruebe si el Laboratorio Google continúa ofreciendo el glosario de Google (`http://labs.google.com/glossary/`). Este glosario de Google proporciona definiciones de términos tanto técnicos como no técnicos. Si no encuentra nada útil, vuelva a Google.

Buscar terminología con Google

Lo primero es lo primero: por amor de Dios, no escriba simplemente la abreviatura en el cuadro de búsqueda. Por ejemplo, si realiza una búsqueda para XSLT obtendrá unos 1.100 resultados. Aunque mediante la combinación de los sitios que aparecen en Google puede llegar finalmente a una definición, hay una forma más sencilla de hacerlo. Añada `"stands +for"` a la búsqueda cuando se trate de una abreviatura o un acrónimo. `"XSLT stands +for"` devuelve aproximadamente 119 resultados, y uno de los primeros es un glosario de tutorial. Si todavía considera que el número de resultados es excesivo pruebe a añadir el término *beginners* (principiantes) o *newbie* (novato) a la búsqueda. `"XML stands +for" beginners` produce unos 80 resultados, entre los cuales los primeros son "XML for beginners".

Si sigue sin conseguir los resultados que desea, pruebe con `"What is X?"` o `"X +is short +for"` o `X beginners FAQ`, donde X es un acrónimo o un término. Estos métodos deberían considerarse de segundo nivel, puesto que la mayoría de los sitios no suelen utilizar frases como `"What is X?"` en sus páginas, `"X is short for"` es un uso poco común del idioma, y X podría ser un término tan nuevo (o tan oscuro) que carezca por el momento de una entrada FAQ. De nuevo, en este caso, sus posibilidades pueden variar y merece la pena intentarlo; hay una gran cantidad de terminología ahí fuera.

Si tiene terminología específica de hardware (o software) como opuesta a aquella terminología relacionada con el hardware (o software), pruebe con la palabra o la frase acompañada por cualquier cosa que sepa sobre su uso. Por ejemplo,

DynaLoader es terminología específica de software; es un módulo de Perl module. Sabiendo esto, utilice las dos palabras:

```
DynaLoader Perl
```

Si los resultados obtenidos son demasiado avanzados, asumiendo que ya sabe lo que es un DynaLoader, empiece a jugar con las palabras *beginners*, *newbie*, y similares para acercarse más a aquella información orientada a principiantes.

```
DynaLoader Perl Beginners
```

Si sigue sin poder encontrar la palabra en Google, puede deberse a distintas causas: quizá se trata de jerga específica de su área, sus compañeros de trabajo le están tomando el pelo, la oyó mal (o había un error en la impresión que le pasaron) o es realmente nueva.

Dónde dirigirse cuando no puede encontrarlo en Google

A pesar de haber puesto el máximo interés, no encuentra explicaciones de la terminología en Google. Hay otros sitios en los que podría encontrar lo que está buscando (en inglés).

- Whatis (http://whatis.techtarget.com): Se trata de un índice de materias susceptible de búsqueda especializado en terminología informática, desde software a telecom. Resulta especialmente útil cuando tiene una palabra específica de hardware (o software), puesto que las definiciones están divididas por categorías. También puede buscar por orden alfabético. Las anotaciones son buenas y a menudo contienen referencias cruzadas.

- Webopedia (http://www.pcwebopaedia.com/): Se puede buscar por palabra clave o se puede hacer por categorías. Contiene además una lista de las entradas más nuevas en la página principal, por lo que puede comprobar las palabras novedosas.

- Netlingo (http://www.netlingo.com/framesindex.html): Éste es el que más se centra en Internet. Este sitio aparece con un marco a la izquierda que contiene las palabras, y las definiciones aparecen a la derecha. Incluye una gran cantidad de referencias cruzadas y jerga realmente antigua.

- Tech Encyclopedia (http://www.techweb.com/encyclopedia/): Ofrece definiciones e información sobre más de 20.000 palabras. Muestra una lista de los 10 términos más buscados, por lo que puede comprobar si hay alguien tan confundido como usted. Aunque las entradas tienen listas de palabras antes y después del listado, observé sólo una moderada cantidad de referencias cruzadas.

La terminología informática especializada prolifera casi a la misma velocidad que las páginas Web. No se preocupe demasiado por mantenerse conscientemente al día, es prácticamente imposible. En lugar de eso, utilice Google como un recurso de referencia para buscar definiciones.

 TRUCO
23

Encontrar comentarios weblog

Elaboración de búsquedas para encontrar sólo comentarios recientes que aparezcan en weblogs.

Hubo un tiempo en el que, cuando se necesitaba encontrar un comentario actual, no se recurría a un motor de búsqueda de texto completo como Google. Se buscaba en Usenet, se rastreaban listas de email o se buscaba en sitios de noticias actuales como CNN.com, esperando lo mejor.

Pero, a medida que los motores de búsqueda han evolucionado, han conseguido añadir páginas a su índice más rápidamente que una vez cada ciertas semanas. De hecho, Google pone a punto su motor para añadir sitios de forma más inmediata, con un alto índice de información. Al mismo tiempo, ha aparecido un fenómeno denominado weblog (`http://www.oreilly.com/catalog/essblogging/`), sitios online que mantienen un comentario continuo y enlaces asociados, que se actualizan diariamente (de hecho, en algunos casos, más a menudo). Google va incluyendo muchos de estos sitios de forma acelerada. Si no sabe cómo encontrarlos, puede elaborar una búsqueda que produzca resultados sólo para estos sitios en los que puede encontrar comentarios recientes.

Encontrar weblogs

Cuando los weblogs aparecieron por primera vez en Internet, normalmente se actualizaban de forma manual o utilizando programas hechos en casa. Así, no había palabras estándar que pudieran añadirse a un motor de búsqueda para encontrarlos. Sin embargo, hoy en día, muchos weblogs se crean utilizando paquetes de software especializado (como Movable Type, `http://www.movabletype.org/`, o Radio Userland, `http://radio.userland.com/`) o como servicios Web (como Blogger, `http://www.blogger.com/`). Resulta más sencillo encontrar estos programas y servicios en la Web, mediante una utilización inteligente de las sintaxis especiales o palabras mágicas. Para weblogs hospedados, la sintaxis `site:` facilita mucho las cosas. Los weblogs de Blogger hospedados en blog*spot (`http://www.blogspot.com/`) pueden encontrarse utilizando `site:blogspot.com`. Aunque Radio Userland es un programa de software capaz de colocar sus weblogs en cualquier servidor Web, puede encontrar la mayor parte de los weblogs de Radio Userland en el servidor de la comunidad Radio Userland (`http://radio.weblogs.com/`) utilizando `site:radio.weblogs.com`.

Encontrar weblogs controlados por software de weblog y hospedados en otro lugar es más problemático. Los weblogs de Movable Type, por ejemplo, pueden encontrarse por toda la red. Sin embargo, la mayor parte de ellos muestran un enlace *"powered by movable type"* de algún tipo; en consecuencia, si realiza una búsqueda utilizando la frase *"powered by movable type"*, encontrará muchos de ellos. Es cuestión de utilizar las palabras mágicas que suelen encontrarse en páginas weblog, relacionadas con el software o los sitios de hospedaje. A continuación le ofrecemos una lista de algunos de esos paquetes y servicios y las palabras mágicas utilizadas para encontrarlos en Google:

Blogger

> `"powered by blogger" o site:blogspot.com`

Blosxom

> `"powered by blosxom"`

Greymatter

> `"powered by greymatter"`

Geeklog

> `"powered by geeklog"`

Manila

> `"a manila site" o site:editthispage.com`

Pitas (un servicio)

> `site:pitas.com`

pMachine

> `"powered by pmachine"`

uJournal (un servicio)

> `site:ujournal.org`

LiveJournal (un servicio)

> `site:livejournal.com`

Radio Userland

> `intitle:"radio weblog" o site:radio.weblogs.com`

Utilización de esas "palabras mágicas"

Como no puede utilizar más de 10 palabras en una búsqueda de Google, no hay forma de elaborar una búsqueda que incluya todas las palabras mágicas imaginables del weblog. Lo mejor es experimentar con varias palabras, y comprobar cuáles de los weblogs contienen los materiales que le interesan.

En primer lugar, tenga en cuenta que los weblogs son normalmente comentarios informales, por lo que tendrá que estar atento a palabras, nombres… mal escritos. En general, es mejor buscar por acontecimiento que por nombre, siempre que sea posible. Por ejemplo, si estuviéramos buscando un comentario de un posible *strike*, la frase *"baseball strike"* funcionaría mejor en la búsqueda, inicialmente, que una búsqueda utilizando el nombre del presidente de la liga principal de béisbol, Bud Selig.

También puede intentar una búsqueda utilizando una palabra o frase relevante para el acontecimiento. Por ejemplo, para un *strike* de béisbol puede probar a buscar *"baseball strike"* *"red sox"* (o *"baseball strike"* *bosox*). Si está buscando información sobre un fuego arrasador o si se pregunta si alguien ha sido arrestado por pirómano, pruebe a buscar *wildfire arrested* (incendio arrestado) y, si no funciona, *wildfire arrested arson* (incendio arrestado pirómano) (¿Por qué no empezar buscando *arson*? Porque no es seguro que un comentarista de weblog utilice esa palabra. Quizá simplemente diga que alguien ha sido arrestado por prender fuego. Así, en este caso, la palabra *"arrested"* es más segura que *"arson"*.)

TRUCO 24

La barra de herramientas de Google

Si utiliza Internet Explorer, Google tiene una barra de herramientas para usted.

A diferencia de muchos motores de búsqueda, Google nunca se convirtió en un "portal"; es decir, no trató de proporcionar toda la información a todas las personas además de colocar anuncios en cada centímetro cuadrado de su sitio Web.

Por esta razón, nunca fue importante que Google atrajera a la gente a su página principal; todos los anuncios se encuentran en las páginas de resultados de búsquedas. Entonces, tenía sentido que Google fuera capaz de ofrecer la barra Google.

La barra Google es un elemento añadido, actualmente disponible sólo para Internet Explorer, que ofrece toda la funcionalidad del sitio Google sin tener que visitar el propio sitio. De hecho, la barra Google ofrece más funcionalidad; es la única forma de poder ver exactamente el PageRank de un sitio.

PageRank es la evaluación de Google de la popularidad de un sitio. Cuanto más alto sea el PageRank, más arriba aparecerá en los resultados de búsqueda de Google.

Puede descargar la barra Google gratuitamente desde `http://toolbar.google.com/intl/es/`. Necesitará tener Internet Explorer con las funciones ActiveX habilitadas para descargar e instalar la barra de herramientas.

Una vez instalada, la barra Google sigue activamente la pista de lo que usted está viendo y le pregunta a Google (pasándolo mediante el URL) todo lo que sepa sobre la página, incluyendo el PageRank y la categorización.

A algunas personas puede preocuparles el mal uso de la información que se envía, por lo que Google ofrece la opción de instalar la barra de herramientas sin las características de PageRank, lo que protegerá su privacidad. Si no sabe qué elegir, siga adelante y elija la descarga completa. Siempre puede deshabilitar las herramientas PageRank y Categoría utilizando las opciones de la barra de herramientas. Esta barra, una vez instalada, tiene el aspecto que puede observarse en la figura 1.17.

Figura 1.17. La barra de herramientas de Google.

La utilización de la barra para búsquedas Web es sencilla: introduzca el texto en el recuadro de búsqueda y pulse **Intro**. Observará que aparece una página de resultados de Google y que algunas de las herramientas de la barra se iluminan. Podrá recuperar información sobre la página, subir un directorio a partir de la página actual (en este caso, le llevaría a la página de inicio de Google) y utilizar la herramienta del rotulador para resaltar todas las instancias de su término de búsqueda en el documento.

La barra de herramientas funciona igual de bien cuando navegue utilizando el recuadro URL de Internet Explorer. El botón de información de página le ofrecerá la posibilidad de ver una versión en caché de la página que esté visualizando (siempre y cuando Google tenga guardada una versión en caché) además de mostrar páginas vinculadas a la que está viendo, páginas similares, y la posibilidad de traducir la página al inglés si no es este el idioma en que aparece. En general, cuanto más popular es una página, más posibilidades existen de tener enlaces y páginas similares.

Pero, ¿dónde están el resto de cosas que se ofrecen, como la búsqueda de imágenes, la búsqueda de catálogo y la búsqueda en Grupos de Google? Se encuentran disponibles, pero la instalación por defecto de la barra de Google los desactiva. Haga clic en el logo de Google que aparece en la parte izquierda de la barra de herramientas y haga clic en Opciones.

Verá que aparece una página de opciones que le permiten añadir varios botones adicionales de búsqueda, entre los que se incluyen Voy a tener suerte (que le lleva directamente al primer resultado de búsqueda de Google), Búsqueda de Imágenes, Búsqueda en Grupos y Búsqueda de Directorio. Si le apetece expresar su opinión, puede activar también botones de votación; cuando visite una página, puede hacer clic en la cara sonriente o en la cara triste para expresar su opinión respecto a la página.

Si se siente especialmente aventurero, utilice el vínculo "características especiales" que aparece en la parte inferior de la pantalla. Esta opción le permitirá configurar un botón **Combo**. El botón de búsqueda combinada se parece al botón de búsqueda que ya tiene en la barra, con un pequeño triángulo al lado. Haga clic en el triángulo y obtendrá un menú desplegable que le permite buscar en varias de las propiedades de Google, entre las que se incluyen imágenes, Usenet, el diccionario, las cotizaciones y varias búsquedas especializadas tales como Linux, Apple Macintosh y Microsoft.

 Si no tiene Internet Explorer, puede obtener algo parecido con la barra de herramientas de Mozilla para el navegador Mozilla o con una versión más nueva de Netscape Navigator (versión 7). Si no utiliza Mozilla, IE, o un navegador basado en Mozilla, pruebe la barra de herramientas de búsqueda rápida independiente de navegador.

La Googlebar de Mozilla

La barra de herramientas de Google para navegadores basados en Mozilla emula muchas de las características de la barra de herramientas oficial de Google.

Esta barra de herramientas oficial de Google funciona sólo en Internet Explorer para Windows, lo que hace que no se encuentre disponible para aquellos que utilizan sistemas operativos diferentes o prefieren otros navegadores tales como Mozilla, Netscape y Opera.

Aunque todavía se encuentra en su primera etapa, un equipo de Mozdev.org (`http://www.mozdev.org/`) ha creado una barra de herramientas de tercera parte, Googlebar (`http://googlebar.mozdev.org/`), que proporciona una gran parte de la funcionalidad ofrecida por la barra de herramientas de Google a los navegadores Mozilla y Netscape. La única característica notable que falta es el indicador de PageRank.

Asegúrese de que tiene activada la opción de instalación de software en sus preferencias avanzadas antes de instalar Googlebar o no funcionará.

Puede descargar la última versión de Googlebar desde `http://googlebar.mozdev.org/installation.html`. La instalación es automática, y se lleva a cabo desde el interior del propio Mozilla/Netscape. Visite el URL de descarga y seleccione el "Install Versión". Le aparecerá un mensaje en el que se le insta a instalar el software, lo cuál se hará en un momento. Una vez instalado, tendrá que reiniciar su navegador.

Si ya ha utilizado la barra de herramientas "oficial" de Google, lo primero que notará es que Googlebar tiene prácticamente el mismo aspecto.

La barra de herramientas por defecto le proporciona las opciones de buscar en todo Google, en un único dominio, utilizar la característica Voy a tener suerte o buscar en los Grupos o el Directorio de Google. Si escribe el texto en el recuadro de búsqueda y pulsa la tecla **Intro** aparecerá los resultados de búsqueda en la misma ventana; sin embargo, si escribe en el cuadro de búsqueda y pulsa **Control-Intro**, se abrirán los resultados de búsqueda en una nueva pestaña de Mozilla, lo que resulta práctico cuando no quiera abandonar la navegación que esté realizando para llevar a cabo la búsqueda. Observará también que cuando se introduce un término de búsqueda en el recuadro, aparece en la barra de herramientas como un botón más; haga clic en ese botón para encontrar dicho término en la página Web que esté visualizando. Además de las búsquedas principales de Google, también puede invocar varias búsquedas especiales, entre las que se incluyen imágenes de Google, catálogos de Google y la búsqueda UncleSam de Google.

Hay un botón separado para las búsquedas especiales relacionadas con la informática de Google (entre las que se incluyen BSD y Linux). También puede obtener información sobre la página que esté visitando (incluyendo una versión en caché, si la hay, páginas similares, enlaces a la página y una traducción al inglés cuando sea necesario).

Si hace clic con el botón derecho del ratón en la barra de herramientas se le proporciona la opción de llevar a cabo una búsqueda de Google sobre cualquier palabra o palabras que seleccione en la página Web actual. Si hace clic en el logo de Googlebar que aparece en la parte izquierda de la barra, encontrará enlaces a varias propiedades de Google, entre las que se incluyen las imágenes y el directorio de Google. También tiene la posibilidad de configurar un método abreviado de teclado para poder aprovecharse de todo lo que le ofrece Googlebar sin tener que utilizar el ratón.

En el momento de escribir este libro, Googlebar se encontraba en su primera etapa, aunque ya se mostraba bastante estable. Si utiliza Mozilla o Netscape y pasa tiempo con las propiedades de Google, tiene que tenerla.

TRUCO 26 · La barra de herramientas de búsqueda rápida (Quick Search Deskbar)

¿Por qué tener que iniciar su navegador para buscar en Google? Esta herramienta le permite buscar en Google y en más de 100 motores de búsqueda desde su barra de estado de Windows.

¿Por qué tendría que iniciar un navegador para acceder a los más de 2 miles de millones de páginas de Google que contienen información que merece la pena? No tiene por qué hacerlo. Si desea ir tan lejos como pueda más allá de su navegador sin dejar el ordenador, eche un vistazo a la barra de búsqueda rápida de escritorio de Dave, (`http://notesbydave.com/toolbar/doc.htm`), que aparece en la figura 1.18. Se trata de una pequeña y rápida descarga, un total de 322K. Tendrá que tener Windows 95 o superior e IE 5.5 o posterior para utilizarla. Una vez descargada e instalada, haga clic con el botón derecho del ratón en la barra de tareas que aparece en la parte inferior de su pantalla y seleccione Barras de herramientas>Add Quick Search.

Utilización básica del navegador

La herramienta de la búsqueda rápida es una verdadera navaja suiza de funciones, pero comenzaremos por las básicas. Introduzca una búsqueda en el recuadro y pulse la tecla **Intro** en su teclado. El navegador que tenga establecido como predeterminado mostrará la página de resultados de Google.

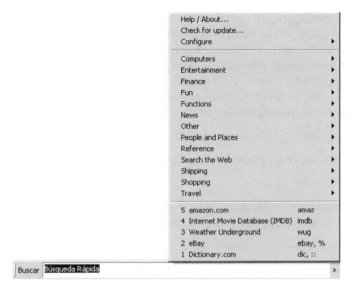

Figura 1.18. La barra de búsqueda rápida de escritorio de Dave.

La parte complicada no lo es mucho más. Para ir directamente al primer resultado de búsqueda (utilizando la característica Voy a tener suerte de Google) añada un signo de exclamación a su búsqueda:

```
"washington post"!
```

Asegúrese de que el signo de exclamación se encuentra fuera de la frase (es decir, no se encuentra incluido dentro de las comillas), puesto que de ser así no funcionará. Por supuesto, puede añadir el signo de exclamación al final de una búsqueda compuesta por múltiples palabras:

```
yahoo what's new!
```

Modificadores

La barra de búsqueda rápida de escritorio funciona mediante algunos prefijos y una gran cantidad de sufijos. Los prefijos especifican la faceta de Google en la que debe buscarse, y los sufijos especifican en qué faceta hay que buscar o el tipo de resultados que deberían obtenerse. Y pueden mezclarse y hacer que coincidan.

- **Prefijos:** Son caracteres que se colocan delante de su búsqueda, alterando los dominios que buscan y los tipos de búsqueda que elaboran.

- > Elabora una búsqueda avanzada de Google (en **Búsqueda Avanzada**) basándose en la información de búsqueda introducida. Sin embargo, recuerde que la página de búsqueda avanzada de Google no puede tratar búsquedas demasiado complejas. Si trata de enviar una búsqueda complicada como `> fiscal responsibility -site:com -site:org`, no se verá representada con precisión en la página de búsqueda avanzada resultante.

  ```
  > cholesterol drugs +site:edu
  ```

- ?? Busca en el **Directorio** de Google

  ```
  ?? "George Bush"
  ```

- , Busca en los **Grupos** de Google. Puede utilizar las sintaxis especiales específica de los grupos con este prefijo.

  ```
  , group:sci.med* dermatology</pre
  ```

- **Sufijos**: Son caracteres que se añaden al final de su búsqueda, alterándola de diversas formas.

  - `/ifl` Invoca el equivalente del botón **Voy a tener suerte** de Google, llevándole al resultado de su búsqueda con el ranking más alto en Google. Un método abreviado de hacerlo es simplemente terminar su búsqueda con un signo de exclamación (!).

    ```
    yahoo what's new /ifl yahoo what's new!
    ```

  - `/advanced` Funciona como el prefijo de búsqueda avanzada que hemos explicado.

  - `/groups` Funciona como el prefijo de grupos de Google que hemos visto previamente.

  - `/directory` Funciona como el prefijo de directorio de Google que acabamos de analizar.

  - `<code>/images` Busca imágenes de Google. Puede añadir las sintaxis especiales de imágenes de Google para esta búsqueda.

    ```
    intitle:cat /images
    ```

  - `/news` Restringe las búsquedas a noticias de Google. Puede utilizar las sintaxis especiales de Noticias con esta búsqueda.

    ```
    intitle:"Tony Blair" /news
    ```

  - `/since:days` Busca páginas que fueron añadidas al índice hace determinados días. Por ejemplo para acceder a los sitios Web sobre Jimmy

Carter incluidos en el último año, se utilizaría `"Jimmy Carter"` / `since:365`. Hay algunos métodos abreviados rápidos para esto también: `/since:t` encuentra las cosas añadidas hoy, `/since:y` las añadidas ayer, `/since:w` durante los últimos siete días y `/since:m` ("m" de mes) en el transcurso de los últimos diez días.

- `/cache` Devuelve la última versión en caché del URL especificado o un error si la página no se encuentra en el caché de Google.

  ```
  http://www.oreilly.com /cache
  ```

- `/related` Encuentra las páginas que Google considera más relacionadas con el URL que haya especificado. Si no se encuentra nada relacionado, lo cual es bastante improbable, se mostrará un mensaje de error.

  ```
  http://www.researchbuzz.com /related
  ```

- `/link` Encuentra páginas que tienen un vínculo al URL especificado.

  ```
  http://www.google.com /link
  ```

- Sufijos de localización. Le permiten especificar que los resultados que se le ofrezcan procedan de versiones locales (o no locales, si lo desea) de Google.

`/canada` (Canadá)

`/deutschland` (Alemania)

`/france` (Francia)

`/italia` (Italia)

`/uk` (Reino Unido)

- `/language:xx` Le permite cambiar la interfaz Web de Google al idioma que desee, especificado como código de idioma en lugar de XX. Si desea una lista completa de los idiomas disponibles, diríjase a la página `http://www.google.es/language_tools?hl=es` de **Herramientas del Idioma** de Google. Por ejemplo, si quisiera buscar en Google en malayo, tendría que añadir `/language:ms` a su búsqueda.

  ```
  python /language:ms
  ```

Navegar en sus búsquedas

Con todos estos sufijos, puede imaginar que se podría experimentar mucho con las búsquedas de Google. Y está en lo cierto.

La herramienta Buscar incluye una forma de ir por todas las búsquedas diferentes que haya realizado haciendo clic en el recuadro de búsqueda y pulsando repetidamente la tecla de dirección abajo de su teclado.

Y el resto

En este truco he hablado de la barra de búsqueda rápida (Quick Search Taskbar Toolbar Deskbar de Dave) en el contexto de Google, puesto que de eso trata este libro. Pero esta herramienta va mucho más allá de Google. Haga clic en el símbolo >> que aparece al lado del cuadro de texto. Obtendrá una lista de herramientas de búsqueda en varias categorías, desde Informática a Compras. Una vez que haya terminado de comprobar lo fantástica que es esta herramienta cuando se utiliza con Google, pruébela con más de cien interfaces de búsqueda diferentes.

Véase también

- Huevos (`http://ranchero.com/software/huevos/`), una aplicación de búsqueda independiente para Mac OS X

TRUCO 27

GAPIS

Una aplicación de búsqueda independiente de Google para Windows.

Muchos de los trucos de este libro están basados en el navegador o están de alguna forma integrados en otras aplicaciones. No ha habido demasiadas aplicaciones independientes creadas para beneficiarse de la capacidad de búsqueda de Google. GAPIS (*Google API Searching in an Application*) es una pequeña aplicación autónoma que realiza búsquedas de Google por sí misma (y también puede configurarse para búsquedas con el navegador). GAPIS (`http://www.searchenginelab.com/common/products/gapis`) está disponible para su descarga gratuita bien como una aplicación ejecutable, completa con desinstalador, o como un simple archivo ejecutable sin desinstalador. GAPIS funciona sólo bajo Windows 95 o posteriores. Como utiliza el API Web de Google, necesitará su propia clave de desarrollador del API de Google para ejecutar sus búsquedas. La interfaz de GAPIS es muy simple; proporciona una ventana básica para la búsqueda y otra pantalla para las opciones. Hay un campo para introducir su clave de desarrollador junto con el cuadro de búsqueda. Un recuadro desplegable le permite acceder a búsquedas anteriores. Tiene dos opciones de visualización: el modo normal, que proporciona información sobre los resultados de búsqueda que normalmente vería en una búsqueda de Google, y el modo hoja de cálculo, que ofrece información en un formato de tabla, de la misma forma que se vería en una hoja de cálculo. En la figura 1.19 puede ver la interfaz de GAPIS.

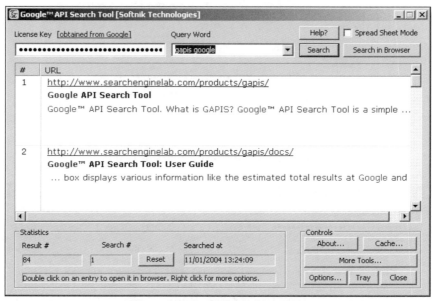

Figura 1.19. Interfaz de GAPIS.

Opciones

La pantalla de opciones le permite configurar diversos parámetros de búsqueda, entre los que se incluyen el filtro SafeSearch, el filtro de resultados similares, y el número máximo de resultados que deben devolverse. (GAPIS devolverá hasta 30 resultados.) La figura 1.20 muestra la página de opciones.

Búsqueda

Una vez ejecutada una búsqueda determinada, GAPIS devolverá la lista de resultados en la página principal en el formato que haya especificado (modo normal o modo hoja de cálculo, que es el que aparece en la figura 1.21).

Para abrir una entrada en su navegador Web, haga doble clic sobre ella. Para ir directamente a una búsqueda Web en el navegador (por ejemplo, si desea más de 30 resultados), haga clic en el botón Buscar en navegador (Search In Browser). Si necesita crear un conjunto de sus búsquedas favoritas, centrándose en la vista global de resultados en lugar de en una navegación en profundidad, GAPIS le resultará una herramienta rápida y práctica.

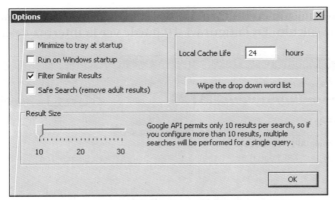

Figura 1.20. Página de opciones de GAPIS.

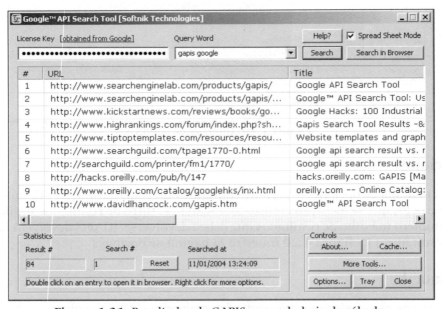

Figura 1.21. Resultados de GAPIS en modo hoja de cálculo.

Utilizar Google con *bookmarklets*

Cree *bookmarklets* interactivos para llevar a cabo las funciones de Google desde el confort de su propio navegador.

Probablemente ya sabe lo que son los marcadores. Pero, ¿qué son los *bookmarklets*? Los *bookmarklets* son como marcadores pero con un poco de magia JavaScript añadida. Esto hace que sean más interactivos que los marcadores normales; pueden llevar a cabo pequeñas funciones como abrir una ventana, coger texto seleccionado en una página Web o enviar una búsqueda a un motor de búsqueda. Hay varios *bookmarklets* que le permiten realizar útiles funciones de Google desde la comodidad de su navegador.

 Si utiliza Internet Explorer para Windows, está de suerte: todos estos *bookmarklets* funcionarán como deben. Pero si utiliza un navegador (como Opera) o un sistema operativo menos apreciado (como Mac OS X), preste atención a los requerimientos y las instrucciones del *bookmarklet*; puede que se necesite una cierta magia especial para hacer que funcione un determinado marcador o, de hecho, puede que no pueda utilizar el *bookmarklet*.

Antes de probar cualquier otro sitio, pruebe los botones del navegador de Google. La búsqueda de Google busca en Google el texto que haya seleccionado en la página Web actual. Google Scout lleva a cabo una búsqueda `related:` en la página Web actual. Los *bookmarklets* de Google están diseñados para el navegador Internet Explorer.

- Google Translate! (`http://www.microcontentnews.com/resources/translator.htm`): Incluye las herramientas de traducción de Google en un *bookmarklet*, permitiendo traducir la página en la que se está trabajando utilizando tan sólo un botón.

- Google Jump (`http://www.angelfire.com/dc/dcbookmarkletlab/Bookmarklets/s cript002.html`): Le proporciona términos de búsqueda, realiza una búsqueda de Google, y le lleva directamente a los resultados más importantes gracias a la magia de la función de Google Voy a tener suerte.

- The Dooyoo Bookmarklets (`http://dooyoo-uk.tripod.com/bookmarklets2.html`) collection: Incluye varios *bookmarklets* para utilizarlos con distintos motores de búsqueda, dos para Google. De forma similar a lo que hacen los botones de navegador de Google, uno de ellos selecciona texto y el otro encuentra páginas relacionadas.

- Joe Maller's Translation Bookmarkets (`http://www.joemaller.com/translation_bookmarklets.shtml`): Traduzca la página actual en el idioma especificado vía Google o vía AltaVista.

- Bookmarklets for Opera (`http://www.philburns.com/bookmarklets.html`): Incluye un *bookmarklet* de traducción de Google, un *bookmarklet* de Google que restringe las búsquedas al dominio actual, y otro que busca en los grupos de Google. Como puede imaginar, estos *bookmarklets* se crearon para ser utilizados con el navegador Opera.

- GoogleIt! (`http://www.code9.com/googleit.html`): Otro *bookmarklet* que busca en Google cualquier texto que haya seleccionado en la página Web actual.

## CAPÍTULO 2

Servicios y colecciones especiales de Google

Trucos 29 a 35

Google es famoso como motor de búsqueda Web, pero es mucho más que eso. Durante el último par de años, Google ha ido añadiendo discretamente componentes que buscan una variedad de colecciones de datos. Veamos una perspectiva general de lo que está a su disposición.

Cada colección de datos tiene sus propias sintaxis especiales, de los que hablaremos en trucos específicos para las distintas colecciones.

Qué ofrece Google actualmente

La búsqueda Web de Google (http://www.google.com/ o http://www.google.es/ si queremos acceder a Google España) cubre más de tres mil millones de páginas. Además de páginas HTML, la búsqueda Web de Google incluye también en su índice archivos PDF, Postscript, de Microsoft Word, de Microsoft Excel, de Microsoft Powerpoint y Rich Text Format (RTF). La búsqueda Web de Google ofrece asimismo algunas sintaxis que encuentran información específica, como cotizaciones y números de teléfono, pero dejaremos esto para más adelante en este libro.

- **Directorio de Google** (Truco 29): El Directorio de Google (http://directory.google.com/; en español, http://www.google.es/dirhp?tab=wd&q=&ie=UTF-8&oe=UTF-8&hl=es&meta=) es un índice de materias susceptible de búsqueda que se basa en el Open Directory Project (`http://www.dmoz.org`). Como lo que se incluye en el índice son sitios y no páginas, es mucho más pequeño que la búsqueda Web pero mejor para llevar a cabo búsquedas generales. Google ha aplicado su algoritmo de popularidad a los listados, de forma que los sitios más populares aparecen en la parte superior.

- **Grupos de Google** (Truco 30): Usenet es una red mundial de grupos de discusión. Los Grupos de Google (`http://groups.google.com/`; interfaz en español, `http://www.google.es/grphp?tab=wg&q=&ie=UTF-8&oe=UTF-8&hl=es&meta=`) han archivado los debates de Usenet, en algunos lugares desde hace hasta 20 años, proporcionando así un archivo que ofrece más de 700 millones de mensajes.

- **Imágenes de Google** (Truco 31): Las Imágenes de Google (`http://images.google.com/`; en español, `http://www.google.es/imghp?hl=es&tab=gi&ie=UTF-8&oe=UTF-8`) ofrecen un archivo de más de 330 millones de imágenes seleccionadas de sitios de toda la red. Las imágenes pueden tener desde tamaño de icono a tamaño de fondo de escritorio, con una variedad de motores de búsqueda para utilizar el más cercano.

- **News de Google** (Truco 32): Las News (Noticias) de Google (`http://news.google.com/`; en español, `http://news.google.es/`) se encontraban todavía en versión beta en el momento de escribir este libro. Google comprueba más de 4.000 fuentes en busca de noticias y actualiza la base de datos una vez cada hora. Las News de Google se diferencian de la mayor parte del resto de los motores de búsqueda en que agrupan los titulares de su página principal por temas similares.

- **Catálogos de Google** (Truco 33): Probablemente, la búsqueda de catálogos impresos de pedidos por correo electrónico no es lo primero que le viene a la cabeza cuando piensa en Google, pero puede hacerlo aquí. Los Catálogos de Google (`http://catalogs.google.com/`) han digitalizado y ponen a su disposición catálogos en una docena de categorías diferentes. Si no encuentra aquí su catálogo favorito, puede enviarlo para una posible consideración.

- **Froogle** (Truco 34): Los Catálogos de Google son una forma fantástica de comprar offline, especialmente si quiere navegar sólo con un par de palabras clave. Sin embargo, si es una de esas personas modernas que definitivamente quiere hacer toda la compra online, tiene que probar Froogle (`http://froogle.google.com/`). Froogle, una combinación de las palabras "Google" y "frugal", es un índice de compras susceptible de búsqueda que se parece mucho al Directorio de Google, y cuyo propósito fundamental es hacerle llegar al punto de compra online exacto del artículo que le interese. Este servicio fue lanzado en diciembre del 2002 y, en el momento de escribir este libro, todavía estaba en versión beta.

- **Los Laboratorios de Google** (Truco 35): No hay que explicar mucho qué es lo que va a encontrar en los laboratorios de Google (`http://labs.google.com/`); es el lugar en el que Google coloca su trabajo en progreso y deja que el público en general experimente. En el momento de escribir este libro, se podía encontrar una forma de buscar en Google vía telefónica, una búsqueda de glosario, navegación por teclado y una búsqueda que le permite crear un conjunto de palabras similares a partir de algunos resultados.

Google responde (Google Answers)

El motor de búsqueda de Google se basa en informática inteligente, pero Google Answers (`http://answers.google.com/`) se basa en personas inteligentes. Independent Google Answers responde a preguntas por un precio establecido por la persona que hace la pregunta. Las fuentes utilizadas están restringidas a colecciones Web abiertas, y Google está construyendo una base de datos de respuestas. Si este servicio continua así, esta propuesta será muy grande y útil dentro de aproximadamente un año.

Búsqueda específica por temas (Topic-Specific Search)

Esta función de Google (`http://www.google.com/advanced_search`) proporciona una serie de visualizaciones acotadas de su índice, junto con varias líneas y asuntos, entre los que se incluyen:

- UncleSam (`http://www.google.com/unclesam`) para sitios del gobierno de los Estados Unidos.

- Colecciones específicas de sistemas operativos: Linux (`http://www.google.com/linux`), BSD Unix (`http://www.google.com/bsd`), Apple Macintosh (`http://www.google.com/mac`) y Microsoft (`http://www.google.com/microsoft.html`).

- Universidades (`http://www.google.com/options/universities.html`), desde Abilene Christian a York University.

El Google del futuro, ¿compras en Google?

Google es una empresa privada y, como tal, el público no tiene conocimiento de su estado financiero. Se ha dicho que es rentable ahora, aunque no se ha ahondado demasiado en ese santo grial de las compañías online: el comercio electrónico.

Considerando que Google es la única forma de hacer las cosas, no debería ser sorprendente que su forma de introducirse en las compras online fuera justo la contraria al resto de sus múltiples innovaciones.

En lugar de diseñar un centro comercial o catálogos online, que es lo que han tratado de hacer muchos otros motores de búsqueda, Google cogió su tecnología de búsqueda y la utilizó para crear un excelente motor de búsqueda de productos a partir de catálogos offline impresos. Y, en algunos aspectos, resulta mucho más eficaz que los catálogos online. Es más sencillo leer catálogos de papel, algo que ya estamos acostumbrados a hacer si tenemos un buzón físico. Y, si tiene conexión de banda ancha, puede hojearlos rápidamente. Google ha reunido una cantidad suficiente de ellos para que pueda encontrar una amplia variedad de productos de forma sencilla.

A pesar de que Google ofrece muchas búsquedas especializadas, me centro en ésta para que lleguemos a la siguiente conclusión: Google parece tomar un enfoque lateral en lo que se refiere a la innovación en búsquedas (y no lo digo en sentido peyorativo). Pueden decidir participar cuando otros motores de búsqueda ofrecen unas determinadas características, pero siempre con su giro particular en lo que se refiere a la oferta. Ver cómo se han enfrentado a la idea de las compras online con la colección de catálogos de Google puede ayudarle a vislumbrar el futuro de Google.

Google en la década de 2010

Hablando del futuro, ya hemos visto un poco por encima el tipo de cosas que se están investigando en los laboratorios de Google. Los Google Labs constituyen un patio de recreo en el que los ingenieros de Google experimentan con nuevas ideas y nuevas tecnologías. También fue una de las cosas más difíciles de incluir en este libro, porque es muy probable que cambie entre este momento y el momento en el que llegue a sus manos este libro.

Pero preste atención a lo que puede encontrar ahí. Compruebe la búsqueda por voz y observe la longitud de lista que puede generar utilizando Google Sets. Estas ideas podrían integrarse en las sintaxis de búsqueda o en las búsquedas especializadas que veremos más adelante y, si ha encontrado alguna forma interesante de utilizarlas ahora, eso que lleva ganado en el juego del motor de búsqueda.

Google tiene ya una gran cantidad de ofertas en lo que se refiere a colecciones de búsqueda, y van a hacer que sean más extensas. Mientras tanto, eche un vistazo a esta sección donde encontrará una introducción a lo que Google ofrece actualmente.

El Directorio de Google

TRUCO 29

Google tiene un índice de temas susceptibles de búsqueda, además de su búsqueda de dos mil millones de páginas Web.

La búsqueda Web de Google incluye en su índice más de dos mil millones de páginas, lo que significa que no resulta adecuada para todas las búsquedas. Cuando tenga una búsqueda que no pueda acotar, por ejemplo si está buscando información sobre una persona sobre la que no sabe nada, dos mil millones de páginas le resultarán frustrantes rápidamente.

Pero no tiene por qué limitar sus búsquedas a la búsqueda Web. Google tiene también un índice de materias susceptibles de búsqueda, el Directorio de Google (`http://directory.google.com`; en español `http://www.google.es/dirhp?tab=wd&q=&ie=UTF-8&oe=UTF-8&hl=es&meta=`). En lugar de incluir en el índice íntegramente mil millones de páginas, el directorio describe sitios, incluyendo en su índice aproximadamente 1,5 millones de URL. Esto funciona mucho mejor en las búsquedas de temas generales. ¿Pasa Google tiempo elaborando un índice de materias susceptibles de búsqueda además del índice de texto completo? No. Google basa su directorio en los datos del Open Directory Project, `http://dmoz.org/`. La colección de URL del Open Directory Project es reunida y mantenida por un grupo de voluntarios, pero Google le añade algo de su magia. Como puede ver, la página principal del sitio está organizada según varios temas. Para encontrar lo que está buscando, puede llevar a cabo una búsqueda de palabras clave o ir buscando en las distintas jerarquías de temas.

Junto a la mayoría de los listados, verá una barra verde. Esta barra verde es un indicador aproximado del PageRank del sitio en el motor de búsqueda de Google. (No todos los listados del Directorio de Google tienen un ranking de página correspondiente en el índice Web de Google.) Los sitios Web aparecen en una lista que sigue el orden predeterminado del ranking de página, pero también tiene la opción de mostrarlos en orden alfabético.

Una cosa que observará en el Directorio de Google es cómo varían las anotaciones y otro tipo de información según la categoría. Esto se debe a que el directorio está mantenido por un pequeño ejército de voluntarios (unos 20.000); cada uno de ellos es responsable de una o más categorías. En su mayor parte, se puede decir que la anotación es bastante buena. La figura 2.1 muestra el Directorio de Google.

Buscar en el Directorio de Google

El Directorio de Google no tiene las diferentes y complicadas sintaxis especiales para realizar búsquedas que tienen las búsquedas Web. Esto se debe a que se trata de una colección mucho más reducida de URL, ideal para realizar búsquedas más generales. Sin embargo, hay un par de sintaxis especiales que debería conocer:

`intitle:`

> Igual que la sintaxis Web especial de Google, `intitle:` restringe la búsqueda de palabra clave al título de una página.

`inurl:`

> Restringe la búsqueda de la palabra clave al URL de una página.

Figura 2.1. El Directorio de Google.

Cuando busca en el índice Web de Google, probablemente su mayor preocupación sea cómo conseguir una lista de resultados que sea manejable. Teniendo esto en cuenta, podría empezar con una búsqueda lo más acotada posible.

Ésta es una estrategia razonable para el índice Web, pero como el Directorio de Google ofrece un conjunto más reducido de sitios, debería empezar de forma más general cuando realice búsquedas en el Directorio de Google.

Por ejemplo, digamos que está buscando información sobre el autor P. G. Wodehouse. Una búsqueda simple de P. G. Wodehouse en el índice Web de Google le ofrecerá más de 47.000 resultados, lo que posiblemente le obligará a acotar su búsqueda de forma inmediata. Pero si realiza esa misma búsqueda en el Directorio de Google, obtendrá sólo 134 resultados. Quizá considere que éste es un número manejable de resultados, o quizá quiera empezar a acotar un poco más los resultados de forma cuidadosa.

El directorio es también útil para buscar acontecimientos. Una búsqueda Web para "guerra de Corea" le devolverá literalmente cientos de miles de resultados, mientras que si realiza la misma búsqueda en el Directorio de Google, el número de resultados será 101. Si deseara acotar su búsqueda, sería recomendable que utilizara palabras generales que indicaran el tipo de información que está buscando (línea temporal, archivos, *lesson plans*). No acote su búsqueda con nombres o ubicaciones; ésa no es la mejor forma de utilizar el Directorio de Google.

El Directorio de Google y el API de Google

Desgraciadamente, el Directorio de Google no tiene cobertura por parte del API de Google.

TRUCO 30 Grupos de Google

Puede buscar en los grupos de noticias de Usenet, tanto recientes como más antiguos, a través de los Grupos de Google.

Los Grupos Usenet, grupos de debate basados en texto que tratan, literalmente, miles de temas, existen desde mucho antes que la World Wide Web. Y ahora están disponibles para su búsqueda y examen como Grupos de Google (`http://groups.google.com/; http://www.google.es/grphp?tab=wg&q=&ie=UTF-8&oe=UTF-8&hl=es&meta=`). Su interfaz de búsqueda es bastante distinta de la de búsqueda Web de Google, puesto que todos los mensajes están divididos en grupos, y los propios grupos están divididos por temas, que se denominan jerarquías.

El archivo de los Grupos de Google comenzó en 1982, y llega hasta el día de hoy. Hay más de 200 millones de mensajes archivados. Como puede imaginar, se trata de un archivo bastante grande, que cubre literalmente décadas de debate. ¿Se ha quedado atascado en un antiguo juego de ordenador? ¿Necesita ayuda con una máquina de coser que compró en 1982? Quizá pueda encontrar aquí las respuestas.

Los Grupos de Google también le permiten participar en debates de Usenet, algo que resulta práctico puesto que no todos los ISP proporcionan acceso a Usenet hoy en día (e incluso aquellos que lo hacen tienden a limitar el número de grupos de noticias que incluyen). Diríjase a la sección FAQ de cómo enviar mensajes a Grupos de Google (`http://groups.google.com/googlegroups/ posting_faq.html`) para conseguir instrucciones de cómo introducirse en un grupo de noticias. Tendrá que comenzar por localizar un grupo al que desee añadirse, lo que implica la utilización de la jerarquía.

Diez segundos de jerarquía

Existen jerarquías regionales y más pequeñas, pero las principales son: alt, biz, comp, humanities, misc, news, rec, sci, soc y talk. La mayoría de los grupos Web se crean a través de un proceso de votación y se colocan en la jerarquía más aplicable al tema.

Navegar en los grupos

Desde la página principal de Grupos de Google, puede navegar a través de una lista de grupos, seleccionando una jerarquía. Verá que hay subtemas, sub-subtemas, sub-sub-subtemas, y… (bueno, se hace una idea). Por ejemplo, en la jerarquía comp (ordenadores), encontrará el subtema comp.sys, o sistemas informáticos. Por debajo de éste, hay 75 grupos y subtemas, entre los que se incluye comp.sys.mac, una rama de la jerarquía dedicada al sistema informático Macintosh. Hay 24 subtemas de Mac; uno de ellos es comp.sys.mac.hardware, que, a su vez, tiene tres grupos por debajo. Una vez que haya llegado al grupo más específico aplicable a sus intereses, los Grupos de Google presentan los propios mensajes, ordenados en orden cronológico inverso.

Esta estrategia funciona bien cuando desee leer un grupo lento (de poco tráfico) o moderado, pero cuando quiera leer un grupo gratuito para todos y muy solicitado, quizá desee utilizar el motor de búsqueda de los Grupos de Google. Buscar en la página principal es un proceso muy similar al seguido en las búsquedas estándar de Google; la única pista que tiene de que las cosas son diferentes es la etiqueta de Grupos y que cada resultado tiene un grupo y una fecha de publicación asociados.

Sin embargo, la búsqueda avanzada de grupos (`http://groups.google.com /advanced_group_search`; `http://www.google.es/advanced_group _search?hl=es`), tiene un aspecto bastante diferente. Puede restringir sus búsquedas a un cierto grupo de discusión o temas de grupos de discusión. Por ejemplo, puede restringir su búsqueda de forma tan general como toda la jerarquía comp (comp* lo haría) o de manera tan concreta como a un único grupo, comp.robotics.misc. Puede restringir los mensajes por tema o autor, o por la ID del mensaje.

Por supuesto, cualquiera de las opciones de la página de búsqueda avanzada de grupos puede expresarse mediante modificaciones al URL.

Posiblemente, la diferencia más grande entre la búsqueda en los Grupos de Google y la búsqueda Web de Google la constituye la búsqueda de fechas. Con la búsqueda Web de Google, la búsqueda de fechas es notoriamente inexacta, puesto que la fecha se refiere al momento en el que se añadió la página al índice, y no al momento en el que la página fue creada. Cada mensaje de los Grupos de Google lleva el día en el que se colocó en el grupo de discusión. Así, las búsquedas por fecha en los Grupos de Google son precisas y resultan relevantes respecto al momento de producción del contenido. Y, gracias a Dios, utilizan las fechas gregorianas, que nos son mucho más familiares que las fechas julianas, utilizadas por la búsqueda Web de Google.

Grupos de Google y sintaxis especiales

Puede llevar a cabo búsquedas precisas desde la página de búsqueda avanzada de los Grupos de Google. E, igual que pasa con la Web de Google, tiene sintaxis especiales a su disposición.

Los **Grupos** de Google constituyen un archivo de conversaciones. Así, cuando esté realizando una búsqueda, tendrá más éxito si trata de buscar en el idioma informal a nivel conversación, y no el lenguaje cuidadosamente estructurado que puede encontrarse en los sitios de Internet, bueno, en algunos de ellos.

```
intitle:
```

Busca las palabras clave en los títulos de los mensajes.

```
intitle:rocketry
```

```
group:
```

Limita su búsqueda a un cierto grupo o conjunto de grupos (tema). El comodín * (asterisco) modifica una sintaxis `group:` para incluir todo aquello que se encuentre por debajo del grupo o tema especificado. `rec.humor*` o `rec.humor.*` (es lo mismo) encontrará resultados en el grupo `rec.humor`, así como en `rec.humor.funny`, `rec.humor.jewish`, etc.

```
group:rec.humor*
group:alt*
group:comp.lang.perl.misc
```

```
author:
```

Especifica el autor de un mensaje en el tema de discusión. Puede tratarse del nombre entero, o parte, o incluso una dirección de correo electrónico.

```
author:fred
author:fred flintstone
author:flintstone@bedrock.gov
```

- **Combinación de sintaxis en los Grupos de Google**. Los Grupos de Google son mucho más cordiales que la búsqueda Web de Google en lo que se refiere a la mezcla de sintaxis. Puede mezclar cualquier sintaxis en una búsqueda de Grupos de Google, como puede ver en las siguientes búsquedas tipo:

```
intitle:literature group:humanities* author:john
intitle:hardware group:comp.sys.ibm* pda
```

- **Algunos escenarios comunes de búsqueda**. Hay varias formas en las que puede "explotar" los Grupos de Google para encontrar información. Sin embargo, recuerde que debe considerar la información que consiga con un cierto escepticismo. Usenet tiene cientos de miles de personas que envían enlaces; en este aspecto, es igual que la Web.

- **Soporte técnico**. ¿Ha utilizado alguna vez Windows y ha descubierto que hay un programa ejecutándose del que nunca había oído hablar? Es bastante incómodo, ¿verdad? Si se está preguntando si HIDSERV es algo nefasto, los Grupos de Google pueden decírselo. Simplemente tiene que buscar HIDSERV en los Grupos de Google. Encontrará que hay una gran cantidad de personas que se hicieron la misma pregunta antes que usted, y tiene respuesta.

  Hay veces en las que he comprobado que los Grupos de Google son más útiles que los sitios Web de los fabricantes. Por ejemplo, estaba tratado de instalar un equipo de simulador de vuelo para un amigo (un joystick, un acelerador y pedales de dirección). El sitio Web del fabricante no podía ayudarme a descubrir por qué no funcionaban. Describí lo mejor que pude el problema en una búsqueda de Grupos de Google, utilizando el nombre de las piezas y la marca del fabricante, y no fue sencillo, pero al final fui capaz de encontrar una respuesta.

  Algunas veces el problema no es tan serio, simplemente un poco molesto; puede quedarse estancado en un juego de ordenador. Si dicho juego lleva algunos meses en el mercado, es probable que encuentre la respuesta en los Grupos de Google. Si quiere encontrar la respuesta a un juego completo, pruebe a utilizar la palabra mágica "*walkthrough*". Así, si está buscando un *walkthrough* para Quake II, pruebe a buscar `"quake ii"` walkthrough. (No necesita restringir la búsqueda a grupos de discusión; la palabra *walkthrough* está fuertemente asociada con los jugadores.)

- **Encontrar comentarios inmediatamente después de un acontecimiento**. Con los Grupos de Google, la búsqueda por fechas es muy precisa (a diferencia de lo que ocurre en las búsquedas por fecha en el índice Web de Google). En consecuencia, es una forma excelente de obtener comentarios durante o inmediatamente después de cualquier acontecimiento. Barbra Streisand y James Brolin se casaron el 1 de julio de 1998. Si busca "Barbra Streisand" "James Brolin" entre el 30 de junio de 1998 y el 3 de julio de 1998 obtendrá más de 40 resultados, entre los que se incluyen artículos de teletipo reimpresos, enlaces a historias de noticias y comentarios procedentes de fans. Si realiza una búsqueda para "barbra streisand" "james brolin" sin especificación de fecha, el número de resultados será superior a 1.300.

Usenet es también mucho más antigua que la Web y es ideal para encontrar información sobre un acontecimiento que ocurriera antes de la Web. Coca-Cola lanzó "New Coke" en abril de 1985. Claro que puede encontrar información sobre el lanzamiento en la Web, pero encontrar comentarios contemporáneos sería más complicado. Después de experimentar con las fechas (el hecho de que se lance no significa que esté en todas las tiendas) encontré una gran cantidad de comentarios sobre "New Coke" en los Grupos de Google, buscando la frase "new coke" durante el mes de mayo de 1985. Esta información incluía resultados de encuestas, pruebas de sabor y especulaciones sobre la nueva fórmula. Buscar en fechas pasado el verano hará que encuentre información sobre el relanzamiento de la vieja Coca Cola bajo el nombre de "Classic Coke".

Grupos de Google y el API de Google

Cuando escribí este libro, los Grupos de Google no estaban soportados por el API de Google. Sin embargo, si desea guardar sus búsquedas en un archivo delimitado por comas, puede utilizar el *scraper* (método de sacar información a partir de un HTML guardado) de los Grupos de Google.

TRUCO 31 ## Imágenes de Google

Encuentre una fotografía de un amigo de la infancia o la bandera nacional de Zimbabwe entre las más de 390 millones incluidas en el índice de Imágenes de Google.

Tómese un descanso de tanto texto y haga una visita a las Imágenes de Google (http://images.google.com/; http://www.google.es/imghp?tab=wi&q=

`&ie=UTF-8&oe=UTF-8&hl=es&meta=`), un índice de más de 390 millones de imágenes que se encuentran a su disposición en la Web. A pesar de las enormes carencias en sintaxis especiales, la Búsqueda Avanzada de Imágenes (`http://images.google.com/advanced_image_search`; `http://www.google.es/advanced_image_search?hl=es`) ofrece una serie de opciones interesantes.

 Por supuesto, cualquiera de las opciones de la página de Búsqueda Avanzada de Imágenes puede expresarse mediante modificaciones al URL.

La búsqueda de imágenes de Google comienza a partir de una simple búsqueda por palabra clave. Las imágenes están organizadas bajo diversas palabras claves, algunas de ellas más extensas que otras; sea tan específico como pueda. Si está buscando "gatos", no utilice la palabra "gato" como término clave a menos que no le importe obtener resultados que incluyan acepciones diferentes, como "escaneos de gatos". Utilice palabras que estén relacionadas con los gatos de forma única, como felino. Acote su búsqueda tanto como le sea posible, utilizando la cantidad mínima de palabras. Una búsqueda de, pongamos, "dientes felinos", nos devolverá unos 1.800 resultados en Google, mientras que no se obtendrá ningún resultado en la búsqueda de imágenes de Google; en este caso, sería mejor utilizar "dientes gatos". (La elaboración de búsquedas de imágenes requiere una gran cantidad de paciencia y experimentación.)

Los resultados de búsqueda incluyen una miniatura, el nombre, el tamaño (en píxeles y en kilobytes) y el URL donde se encuentra la imagen. Si hace clic en la imagen, aparecerá una página con marcos, con la miniatura de la imagen en la parte superior, y la página donde aparece originalmente la imagen en la parte inferior. En la figura 2.2 puede ver la página de Imágenes de Google.

Realizar búsquedas en la sección Imágenes de Google puede ser una tarea verdaderamente arriesgada, puesto que resulta difícil elaborar búsquedas de múltiples palabras, y las búsquedas realizadas con una sola palabra llevan a miles de resultados. Tiene opciones de acotar su búsqueda tanto mediante la Búsqueda Avanzada de Imágenes como utilizando las sintaxis especiales de imágenes de Google.

Interfaz de la Búsqueda Avanzada de Imágenes de Google

La Búsqueda Avanzada de Imágenes de Google (`http://images.google.com/advanced_image_search`; `http://www.google.es/advanced_image_`

search?hl=es) le permite especificar el tamaño (especificado en píxeles, no en kilobytes) de la imagen que se devuelva. También puede especificar el tipo de imágenes que desea buscar (las Imágenes de Google sólo incluyen en su índice archivos JPEG y GIF), la coloración de la imagen (blanco y negro, escala de grises o color sólido), y el dominio al que quiere restringir su búsqueda.

Figura 2.2. Una página de Imágenes de Google.

La búsqueda de imágenes de Google utiliza también tres niveles de filtrado: ninguno, moderado y estricto. La opción moderada filtra sólo imágenes explícitas, mientras que la estricta filtra tanto imágenes como texto. Aunque el filtrado automático no le garantiza que no encontrará ningún contenido ofensivo, le resultará una ayuda. Sin embargo, hay veces en las que estos filtros resultan perjudiciales. Si realiza una búsqueda de imágenes para "cáncer de pecho", el filtrado estricto de Google reducirá de forma más que considerable el número potencial de resultados que podría obtener. Siempre que utilice una palabra que pudiera considerarse ofensiva (incluso si lo hace en un contexto absolutamente inocente) tendrá que considerar la desactivación de los filtros puesto que, si no lo hace, corre el riesgo de perder resultados relevantes. Una forma de evitar los filtros es tratar de jugar con sinónimos de las palabras. Si está buscando imágenes para, "cáncer de pecho" pruebe a buscar utilizando las palabras "mamografía" o "Tamoxifen", un medicamento que se utiliza para tratar el cáncer de pecho.

Sintaxis especiales de Imágenes de Google

Las Imágenes de Google ofrecen algunas sintaxis especiales:

`intitle:`

> Encuentra las palabras clave en el título de la página. Es una forma excelente de acotar sus resultados de búsqueda.

`filetype:`

> Encuentra las imágenes de un tipo determinado. Esto sólo funciona para JPEG o GIF, no para BMP, PNG, o cualquier otro formato que Google no incluye en su índice. Observe que si realiza una búsqueda para `filetype:jpg` y otra para `filetype:jpeg`, los resultados serán diferentes, porque el filtrado se basa en la extensión del archivo, y no en una comprensión más profunda del tipo de archivo.

`inurl:`

> Igual que ocurre en cualquier búsqueda normal de Google, esta sintaxis encuentra el término de búsqueda en el URL. Los resultados para éste pueden llevar a confusión. Por ejemplo, puede realizar una búsqueda para `inurl:cat` y obtener el siguiente URL como parte de los resultados de búsqueda:
>
> `www.example.com/something/somethingelse/something.html`
>
> ¡Eh! ¿Dónde está la palabra "cat"? Como Google incluye el nombre del gráfico como parte del URL, probablemente se encuentra allí. Si la página que hemos mencionado incluye un gráfico denominado cat.jpg, eso es lo que Google encuentra cuando busca utilizando `inurl:cat`. Lo que hace es encontrar el término "cat" en el nombre de la imagen, no en el propio URL.

`site:`

> De igual forma que hace en cualquier otra búsqueda Web de Google, lo que hace esta sintaxis es restringir los resultados a un dominio determinado. No la utilice para restringir los resultados a un dominio determinado a menos que esté realmente seguro de lo que hay ahí. Utilícela mejor para restringir los resultados a ciertos dominios. Por ejemplo, busque `football.site:uk` y a continuación busque `football`.

`site:com` es un buen ejemplo de la enorme diferencia que puede marcar la utilización de `site:`.

Las Imágenes de Google y el API de Google

Cuando se escribió este libro, las Imágenes de Google no estaban incluidas en el API de Google.

News de Google

Acceda a la lectura de las últimas noticias a través de una gran cantidad de fuentes utilizando las News de Google.

Todos estamos un poco mal acostumbrados con Google. Parece que siempre que lanzan algo nuevo esperamos que sea fantástico de forma inmediata.

En fin, la opción News de Google está bastante bien pero, en mi opinión, no es la mejor herramienta de noticias. Apenas la puedo incluir entre las tres mejores formas de conseguir noticias en Internet. Sin embargo, para ser justos con Google, hay que decir que, en el momento de escribir este libro, Buscar en News estaba todavía en versión beta.

El formulario de búsqueda funciona como la búsqueda Web de Google, todas las búsquedas tienen como predeterminada la opción AND. Los resultados de búsqueda se clasifican como historias de noticias en grupos, y se le proporciona el título, la fuente, la fecha y un breve resumen (el enlace a la historia completa está incluido en el título). La única opción más allá que tienen aquellos que buscan es organizar sus búsquedas por relevancia o fecha; no hay búsqueda avanzada. La opción de ordenar aparece a la derecha de la página de resultados.

Sintaxis especiales

La búsqueda de News de Google soporta dos sintaxis especiales.

`intitle:`

Encuentra palabras en un titular de artículo.

```
intitle:miners
```

`site:`

Encuentra artículos procedentes de una determinada fuente. Desgraciadamente, las News de Google no ofrecen un listado de sus más de 4.000 fuentes, por lo que tendrá que adivinar un poco cuando esté buscando.

```
miners site:bbc.co.uk
```

Sacar el máximo partido a las News de Google

Lo mejor de las News de Google es su capacidad de agrupación. En un motor de búsqueda de noticias normal, una noticia de última hora puede inundar los resultados. Por ejemplo, a finales de julio de 2002, apareció la noticia de que la terapia de sustitución de hormonas podría incrementar el riesgo de cáncer. De repente, la utilización de un motor de búsqueda de noticias para encontrar la expresión "cáncer de pecho" se convirtió en un ejercicio inútil, porque aparecían docenas de historias sobre el mismo tema que obstruían la página de resultados. Esto no ocurre cuando se busca en el motor de noticias de Google, puesto que Google agrupa las historias por tema. Encontrará un gran conjunto de historias sobre la terapia de sustitución de hormonas, pero estarán en un solo lugar, lo que le permitirá encontrar otras noticias referentes al cáncer de pecho. ¿Funciona siempre a la perfección? Según mi experiencia, no. Hay búsquedas que encuentran grupos con facilidad; están especializadas o tienden a generar temas limitados. Pero otras búsquedas, como "George Bush", producen una gran cantidad de resultados y varios grupos diferentes. Si necesita buscar un nombre famoso o un tema general (como crimen, por ejemplo), delimite sus resultados de búsqueda utilizando una de las siguientes formas:

- Añada un modificador de tema que acote significativamente sus resultados de búsqueda, como "George Bush" medio ambiente, crimen pirómano.

- Limite su búsqueda utilizando una de las sintaxis especiales, por ejemplo: `intitle:` "George Bush".

- Limite su búsqueda a un sitio en particular. Tenga en cuenta que, aunque esa opción puede funcionar bien para una historia importante de última hora, puede perder historias locales. Si está buscando una historia americana importante, la CNN es una buena elección (`site:cnn.com`). Si la historia que está buscando tiene un origen más internacional, la BBC sería una buena opción (site:bbc.co.uk).

Si sus búsquedas son restringidas o relativamente confusas, el asunto de la agrupación no tendrá ningún sentido para usted. En ese caso, no podrá beneficiarse de la máxima virtud de Google y, muy al contrario, observará cuál es su punto débil: la imposibilidad de buscar por fecha, la imposibilidad de organizar por fuentes, las limitaciones a la hora de buscar por idioma o fuente, etc. En este caso quizá quiera probar una alternativa.

Búsquedas de noticias más allá de Google

Después de un largo periodo de sequía, han aparecido motores de búsqueda de noticias en todo Internet. Aquí tiene mis cuatro favoritas:

- FAST News Search (`http://www.alltheweb.com/?cat=news`): Fantástico tanto para fuentes locales como para fuentes internacionales. La búsqueda avanzada le permite acotar su búsqueda por idioma, categoría de la fuente de noticias (negocios, deportes, etc.), y la fecha en la que se añadió el material al índice. Inconveniente: escasa inclusión en el índice de publicaciones de prensa.

- Rocketinfo (`http://www.rocketnews.com/`): No utiliza las fuentes más exhaustivas del mundo, sino salidas menos conocidas de publicaciones de prensa (como PETA) y salidas muy técnicas (OncoLink, BioSpace, Insurance News Net). El mayor inconveniente de Rocketinfo es lo limitadas que son sus opciones de búsqueda y organización.

- Yahoo! Daily News (`http://dailynews.yahoo.com`): Muestra su lista de fuentes en la página de búsqueda avanzada. Un índice de 30 días hace que, a veces, pueda encontrar cosas que hayan sido eliminadas de otros motores. Proporciona avisos gratuitos de noticias para usuarios registrados de Yahoo!. Uno de los inconvenientes es que Yahoo! Daily News tiene pocas fuentes técnicas, lo que significa que, en ocasiones, las historias aparecen una y otra vez en los resultados de búsqueda.

- Northern Light News Search (`http://www.northernlight.com/news .html`): Realiza sin duda la mejor cobertura de publicaciones de prensa que he encontrado, y una buena selección de teletipos de noticias internacionales. Los resultados de búsquedas de noticias están organizados en carpetas de actualidad. Se puede acceder a avisos gratuitos. Inconvenientes: sólo dos semanas de fuentes, y el listado de fuentes no es particularmente extenso.

Las News de Google y el API de Google

El API de Google, en el momento de escribir este libro, no soportaba las News de Google.

Catálogos de Google

Rastree sus catálogos favoritos o examine una colección de más de 4.500 con los Catálogos de Google.

Cuando comenzó el boom del punto com, todos los minoristas se apresuraron a colocar sus catálogos online. Google observó y, tiempo después de que se calmara la situación, colocó los catálogos de una forma diferente. En lugar de diseñar un sitio Web que pareciera un catálogo, Google simplemente escaneó páginas procedentes de catálogos (más de 4.500) e hizo que estuvieran disponibles a través de un motor de búsqueda. Desde la página principal de Catálogos de Google (`http://catalogs.google.com`, en inglés), puede llevar a cabo simplemente una búsqueda por palabra clave, o navegar por un índice de temas de catálogos. Cada listado de catálogos le proporciona la opción de ver el catálogo, ver ediciones previas, o pulsar un enlace al sitio del catálogo (cuando esté disponible). Si decide navegar por el catálogo, se le mostrarán una serie de miniaturas de página. Las páginas del catálogo ofrecen también una barra de búsqueda que aparece en la parte derecha de la página y que le permite buscar sólo en ese catálogo.

Si está interesado en un tipo de artículo determinado (como electrónica, juguetes o lo que sea), cíñase a la navegación del catálogo por tema. Si busca un artículo en particular, utilice la búsqueda por palabra clave de la página principal. Si busca algo intermedio, utilice la página de búsqueda avanzada.

La Búsqueda Avanzada de catálogos (`http://catalogs.google.com/advanced_catalog_search`) le permite acotar su búsqueda por categorías (desde ropa y accesorios a juguetes y juegos, en inglés), especificar si quiere buscar sólo en los catálogos actuales o en todos los catálogos pasados y actuales y especificar si preferiría filtrar sus resultados utilizando SafeSearch.

 Por supuesto, cualquiera de las opciones de la página de Búsqueda Avanzada de Catálogos puede expresarse mediante modificaciones al URL.

Los resultados de búsqueda son muy diferentes del resto de las propiedades de Google. Incluyen el nombre del catálogo y la fecha de emisión, una imagen de la página principal del catálogo, la primera página en la que aparece su término de búsqueda (si lo hay, aparece un enlace a resultados adicionales de su término de búsqueda en la línea que incluye el nombre y la fecha del catálogo), y un primer plano del lugar en el que aparece su término de búsqueda en la página. En general, las páginas que aparecen en los resultados de búsqueda no son muy legibles, pero esto varía dependiendo del catálogo. Haga clic en la página si desea obtener una versión más grande de toda la página.

Sintaxis especiales

La búsqueda en el Catálogo de Google carece de sintaxis especiales.

Los Catálogos de Google y el API de Google

Cuando se escribió este libro, la búsqueda de Catálogos de Google no estaba soportada en el API de Google.

Froogle

Compre hasta caer rendido utilizando Froogle, el índice de compras online de Google.

Los Catálogos de Google son una forma fantástica de realizar compras offline, especialmente si le gusta navegar utilizando exclusivamente un par de palabras clave. Sin embargo, si es uno de esos tipos modernos que se empeña en llevar a cabo todas sus compras online, le interesará conocer Froogle (`http://froogle.google.com/`). Froogle, término que surge de la combinación de las palabras "Google" y "frugal", es un índice de compras susceptible de búsqueda que se parece mucho al Directorio de Google, y cuyo objetivo principal es hacerle llegar al punto de compra online correcto para que encuentre el artículo que le interesa. Este servicio apareció en el año 2002 y, en el momento de escribir este libro, estaba todavía en versión beta.

Hay dos formas de encontrar artículos en este directorio: navegando o buscando. De la misma forma que puede encontrar distintos resultados en Google dependiendo de si navega o realiza una búsqueda, igual ocurre con los productos que encontrará en Froogle, dependiendo del camino que tome.

Compras por navegación

En la página principal de Froogle aparece una lista de un conjunto de categorías de alto nivel, cada una de las cuales contiene una serie representativa de subcategorías. Para navegar en una determinada categoría, sólo tiene que hacer clic en el enlace. Se dará cuenta de que incluso después de llegar a la subcategoría que busca, todavía hay una gran cantidad de artículos. Por ejemplo, hay más de 2.500 resultados en la categoría de arreglos florales.

Los listados incluyen una imagen cuando la haya (y es el caso más frecuente), el precio, la tienda que vende el artículo, una breve descripción del mismo, y un vínculo que le lleva a todos los artículos de ese vendedor en particular en esa categoría. Puede acotar su búsqueda seleccionando ver sólo los artículos incluidos dentro de un determinado ámbito de precios. A menos que tenga mucho tiempo, y disfrute de verdad con las compras, la opción de navegación no es en absoluto la óptima. La búsqueda en Google funciona mucho mejor, especialmente cuando le corra prisa y tenga en mente algo específico.

Compras por búsqueda

Froogle proporciona una búsqueda básica por palabra clave pero, si desea sacar el máximo partido a su búsqueda, probablemente preferirá utilizar la Búsqueda Avanzada de Froogle (`http://froogle.google.com/froogle_advanced_search`).

Parte de esta búsqueda avanzada le resultará familiar si ya ha utilizado la **Búsqueda Avanzada** de Google estándar; puede especificar palabras, frases y palabras que desee excluir. Pero también puede especificar productos que estén por debajo de un determinado precio o dentro de unos márgenes de precios específicos. También puede especificar si las palabras clave deberían aparecer dentro del nombre del producto, en la descripción del producto, o en los dos; esto le proporciona un cierto control adicional del detalle. Finalmente, puede especificar la categoría en la que deberían aparecer los resultados.

Personalmente, no me gustan demasiado los formularios de búsqueda avanzada, por lo que prefiero utilizar las sintaxis especiales siempre que puedo, y Froogle guarda una serie de sintaxis especiales bajo la manga. `intitle:` restringe los resultados al título del artículo, mientras que `intext:` restringe los resultados a la descripción.

Puede utilizarlos combinados, de forma que la búsqueda `intitle:giraffe intext:figurine` funcionará de la forma que se espera. También puede utilizarse OR, especificado por el carácter `|`; por ejemplo, si desea encontrar una jirafa o un elefante de cristal la búsqueda que debería llevar a cabo sería: `glass (intitle: giraffe | intitle:elephant)`.

Añadir un comerciante a Froogle

Con la importancia de Google en el espacio normal de búsqueda, resulta razonable esperar que Froogle se convierta en un destino popular de compras. Si vende cosas online, quizá se esté preguntando cuánto cobra Google a un vendedor por formar parte de Froogle.

La respuesta es corta: ¡nada! Puede entrar en la lista de Froogle sin tener que pagar un céntimo. Sin embargo, hay una serie de limitaciones. Actualmente, Froogle sólo acepta sitios Web en inglés y productos con precios en dólares.

Los comerciantes que deseen ser incluidos en el sitio sólo tiene que enviar un cuestionario de datos, un archivo delimitado por tabulaciones y generado por su programa de hojas de cálculo favorito, sistema de gestión de contenido de la empresa, una base de datos de productos, o algo similar. Si desea obtener más información sobre cómo hacer que sus productos estén disponibles a través de Froogle, diríjase a `http://froogle.google.com/froogle/merchants.html`.

Froogle y el API de Google

Cuando se escribió este libro, Froogle no soportaba el API de Google.

Los Laboratorios de Google

TRUCO 35

Los Laboratorios de Google, como sugiere su nombre, muestran los experimentos de Google, los pequeños trucos divertidos, las utilizaciones inspiradoras del motor y la base de datos de Google.

Asegúrese de visitar los Laboratorios de Google (`http://labs.google.com`). Aquí, las cosas aparecen, desaparecen, cambian y hacen básicamente lo que quieren. En consecuencia, puede que sea distinto cuando lea esto pero, no obstante, merece la pena ver qué incluye ahora; puede que alguna de estas herramientas le resulte útil para provocar ideas. Cuando escribí este libro, había cuatro experimentos en marcha en el laboratorio:

- Google Glossary (`http://labs1.google.com/glossary`): Un motor de búsqueda de acrónimos y abreviaturas. Encontraba *TMTOWDI* y *Ventriculoperitoneal Shunt*, pero no encontraba *MST3K* ni *googlewhack*. Las entradas incluyen una breve definición, un enlace a una página informativa, enlaces de definición a Dictionary.com y Merriam-Webster, y frases relacionadas, si las hay.

- Google Sets (`http://labs1.google.com/sets`): Introduzca una serie de términos, y Google intentará mostrarle un grupo apropiado de frases. Por ejemplo, si escribe Amazon y Borders, Google le responderá con las frases Borders, Amazon, Barnes Noble, Buy Com, Media Play, Suncoast, Samgoody, etc. No siempre funciona como se espera. Escriba *vegan* (vegetariano estricto) y *vegetarian* y se le devolverán las palabras *veal* (ternera), *Valentine's Day* (día de San Valentín), *Tasmania* (se aleja bastante). Si hace clic en cualquiera de los artículos del listado del grupo, se llevará a cabo una búsqueda normal de Google.

- Google Voice Search (`http://labs1.google.com/gvs.html`): Marque el número que aparece en la página, y se le instará a que diga una búsqueda. Dígala y después haga clic en el vínculo especificado. Cada vez que diga una nueva palabra de búsqueda, la página de resultados se actualizará para mostrarle la nueva búsqueda. Debe tener activado el JavaScript para que esto funcione.

  Desgraciadamente, el sistema de búsqueda por voz de Google no siempre entiende sus peticiones. Cuando lo probé, entendió Eliot Ness perfectamente y George Bush sin problema, pero Fred se convirtió en *Friend* y Ethel Merman pasó a ser Apple Mountain. También va bastante rápido. Cuando lo utilice, no deje que la voz del ordenador le meta prisa.

- Google Keyboard Shortcuts (`http://labs1.google.com/keys/`): Si está utilizando un navegador alternativo, como Opera, puede que esto no funcione. Pruébelo con Mozilla, IE o Netscape. Los métodos abreviados de teclado de Google son una forma de moverse por los resultados de búsqueda utilizando sólo el teclado. En lugar de seguir al cursor, lo que se sigue es un pequeño grupo de bolas que aparecen en la parte derecha de su pantalla.

A partir de ahí, se navega utilizando el teclado. Las teclas I y K mueven en dirección arriba y abajo, mientras que las teclas J y L lo hacen hacia la derecha y hacia la izquierda.

- Google WebQuotes (`http://labs.google.com/cgi-bin/webquotes`): Muchas veces, puede aprender una gran cantidad de cosas sobre una página Web mediante lo que otras páginas Web dicen de ella. Las WebQuotes de Google se aprovechan de esto proporcionando una vista previa de lo que otros sitios dicen sobre un enlace en particular antes de que se dirija a dicha página.

Desde la página principal de Google WebQuotes, especifique el número de WebQuotes que le gustaría tener para una búsqueda determinada (la opción que aparece como predeterminada es 3, un número que me parece adecuado) e introduzca un término de búsqueda. Google WebQuotes muestra los 10 sitios principales (o, si añade al URL resultante el sufijo `&num=100`, los 100 sitios principales) con tantas citas (WebQuotes) por página como haya especificado. Observe, sin embargo, que no todas las páginas tienen un WebQuote.

Esto resulta bastante práctico cuando se llevan a cabo búsquedas generales y quiere saber de forma inmediata si el resultado de la búsqueda es o no relevante. Cuando busque gente famosa, puede encontrar información útil sobre ellos de esta forma, y todo sin tener que salir de la página de resultados.

- Google Viewer (`http://labs.google.com/gviewer.html`): Google Viewer presenta los resultados de búsqueda de Google en forma de proyección de diapositivas. Tendrá que utilizar uno de los navegadores más recientes para hacer que funcione; Google recomienda Internet Explorer 5 y posteriores o Netscape 6 y posteriores para usuarios de Mac y PC, y Mozilla para aquellos que utilicen una variante de Unix.

Para iniciar el Viewer de Google, lleve a cabo una búsqueda como lo hace normalmente, pero desde la página principal de Google Viewer (`http://labs.google.com/gviewer.html`) en lugar desde la página principal de Google. La página de resultados es igual que la página de resultados de las búsquedas estándar en Google, que ya conoce y que le encantan. Sin embargo, observe la barra de herramientas que aparece en la parte superior de la página. Utilice los botones de la barra de herramientas para ir hacia delante, hacia atrás o hacia el primer resultado, alterar la velocidad de la presentación o ejecutar otra búsqueda. La proyección de diapositivas debería empezar de forma automática; si no lo hace, haga clic en el botón verde triangular de reproducción que aparece en la barra de herramientas.

Google presentará el primer resultado de búsqueda junto con una imagen actual de la propia página. Aproximadamente cinco segundos después, aparecerá el segundo resultado, después el tercero, y así sucesivamente. Si necesita tomarse un descanso, detenga la proyección haciendo clic en el botón cuadrado de color rojo, que es el botón de **Stop**, y reanúdelo haciendo clic en el botón triangular verde de **Play**.

Desgraciadamente, no hay barra de desplazamiento en la página Web, así que tendrá que hacer clic en la imagen de la propia imagen mostrada, y arrastrar el ratón para moverse dentro de ella.

A menos que realice una búsqueda realmente satisfactoria (o con resultados verdaderamente limitados), este experimento de los laboratorios de Google tiene un uso restringido. Pero esté atento por si Google lo aplica alguna vez al Google Viewer o a las News.

Los laboratorios de Google y el API de Google

Cuando se escribió este libro, ninguna de las herramientas del laboratorio de Google habían sido integradas en el API de Google.

## CAPÍTULO 3

Servicios a terceros de Google

Trucos 36 a 40

Aquí tiene una pregunta de filosofía zen: ¿Es Google un motor de búsqueda o una tecnología?

Una extraña pregunta, ¿verdad? ¿Es Google sólo un motor de búsqueda? ¿No proporciona la capacidad de buscar en varias colecciones diferentes de datos? ¿O es más? ¿No es una tecnología que otras personas pueden aplicar a sus propios objetivos de búsqueda?

Gracias al API de Google, y al ingenio tradicional, resulta sencillo para los desarrolladores a terceros tomar la tecnología de Google y desarrollarla en aplicaciones que no tienen nada que ver con Google aparte de la aplicación de su tecnología.

De Google, pero no Google

En esta sección verá varios ejemplos de servicios terceros que integran la tecnología de Google pero que, a excepción de los proyectos de co-desarrollo anunciados en el sitio de Google, no están aprobados ni han sido creados por Google. Es probable que Google no pueda controlar directamente a los miles de personas que utilizan su API. Es más, a menos que un programa viole las condiciones de uso de Google, o las del API, Google, probablemente, no tomará ninguna medida respecto a una determinada aplicación.

Así, si ve una aplicación que no funciona como le dijeron, o no funciona en absoluto, hable el tema con el desarrollador, en lugar de dirigirse a Google. Si la aplicación viola las condiciones de uso de Google o de su API, ponga sobre aviso a Google.

Retocar la interfaz de usuario

El desarrollo de servicios a terceros (interfaces o programas que integran la tecnología de búsqueda de Google) no significa, necesariamente, grandes proyectos API. Uno de los trucos de esta sección es simplificador, y lo que hace es coger los URL de los Grupos de Google y hacer que sean más sencillos de manejar. No es la aplicación más complicada del mundo, pero está claro que, si es usted investigador o documentalista, le facilita el manejo de los URL de los Grupos de Google.

Por supuesto, puede ir incluso más allá con el API de Google, elaborando servicios que accedan a los resultados de búsqueda de Google desde el interior de otras aplicaciones.

Aumentar las opciones con el API de Google

Con el API de Google, puede salirse de la interfaz de búsqueda tradicional. Uno de los trucos de esta sección trata de la búsqueda de Google que se puede comprobar por correo electrónico. Otro le muestra cómo puede integrar las búsquedas de Google en aplicaciones de Flash. Es asombroso ver hasta dónde puede llegar la búsqueda de Google con su API.

Pensar en posibilidades que van más allá

Ni que decir tiene que hay una gran cantidad de personas que están desarrollando servicios de Google a una escala mucho mayor. Desde algo básico, como es el acceso a Google a través del teclado Logitech (`http://www.google.com/press/pressrel/logitech.html`) a la impresionante asociación con BMW para la búsqueda activada por voz en coches con acceso a Internet (`http://www.google.com/press/highlights.html`); quién sabe lo que nos depara el futuro de Google en años venideros.

 TRUCO 36

El API de Google en XML simple

Obtener los resultados de Google en XML utilizando el envoltorio XooMLe.

Cuando Google lanzó su API Web en abril del año 2002, todo el mundo estaba de acuerdo en que era fantástico, pero algunos consideraban que podría haber sido mejor. El API de Google iba a ser dirigido por el Protocolo de Acceso de Objeto Simple (SOAP), que no era exactamente lo que todos esperaban.

¿Cuál es el problema de SOAP? Google creó el mejor y más grande motor de búsqueda del mundo disponible como un verdadero servicio Web, por lo que debería ser algo bueno, ¿no? Claro, pero mucha gente argumentó que, al utilizar el SOAP, había hecho que el acceso al servicio de Google resultara innecesariamente difícil. Esas personas afirmaban que si se hubieran utilizado tecnologías basadas en HTTP simple, se habría proporcionado todo lo que se necesita y, a la vez, hubiera sido mucho más sencillo utilizar el servicio.

La ironía de esto no se le escapó a todo el mundo: Google, siendo tan famoso y tan extensamente utilizado, en parte debido a su simplicidad, estaba siendo atacado por hacer que los desarrolladores encontraran dificultades a la hora de acceder a su servicio.

La discusión estaba servida: SOAP era malo, Google necesitaba un respiro (REST). La transferencia de estado representativo (REST) es un modelo para servicios Web que utiliza protocolos y tecnologías existentes, tales como peticiones HTTP GET, URI y XML para proporcionar un acceso a los servicios Web basado en transacciones. El argumento era que REST ofrecía una forma mucho más simple de conseguir los mismos resultados, dada la matriz de funcionalidad limitada de Google.

Los defensores de REST afirmaban que Google debería haber hecho que su API estuviera disponible a través de un enfoque más simple de petición de un URI, incluyendo parámetros basados en cadenas de búsqueda tales como un término de búsqueda y la codificación de salida. La respuesta sería entonces un documento XML simple que incluiría los resultados o un error de algún tipo.

Después de experimentar con el API de Google, la exposición fue suficiente, al menos para manejarme con el WSDL y el resto de los componentes implicados en el trabajo con Google. Leí muchas de las sugerencias y proposiciones sobre cómo debería haberlo hecho Google y de hecho, acometí la tarea de realizarlo. El resultado fue XooMLe (`http://www.dentedreality.com.au/xoomle/`).

El primer paso fue crear una arquitectura sólida para acceder al API de Google. Estaba trabajando con el popular y poderoso lenguaje *script* PHP, por lo que resultó muy fácil cogiendo una copia de la clase de acceso SOAP de Dietrich Ayala llamada NuSOAP.

Una vez que esto estuvo en su lugar, se trataba de un proceso simple que consistía en escribir algunas funciones y partes para llamar a la clase SOAP, que hiciera una búsqueda en Google, y a continuación reformatear la respuesta en algo un poco más claro.

Elegí implementar un sistema que aceptara una petición para un único URL (porque, en esta etapa, todavía no me había familiarizado con la forma que tiene REST de hacer las cosas) que contenía algunos parámetros, dependiendo del método que se pedía desde Google. La información devuelta dependería del tipo de petición, como se explica a continuación:

Método de Google	Tipo de respuesta
doGoogleSearch	Documento XML que contiene información estructurada sobre los resultados y el proceso real de búsqueda
doGoogleSpellingSuggestion	Respuesta en texto plano que contiene una sugerencia de corrección ortográfica
doGetCachedPage	Fuente HTML para la página solicitada

Todos los métodos se devolverían además, de forma opcional, como un mensaje de error codificado en XML estándar si algo fuera mal, lo que permitiría a los desarrolladores determinar fácilmente si sus peticiones eran satisfactorias.

Proporcionar esta interfaz requería sólo una pequeña cantidad de procesamiento antes de devolver la información al usuario. En el caso de una llamada a doGoogleSearch, los resultados simplemente se mapeaban en la plantilla XML y después se devolvían; doSpellingSuggestion sólo tenía que hacerse con la sugerencia y devolverla, mientras que doGetCachedPage tenía que descodificar el resultado (de una codificación en base 64), y después deshacerse de las cinco primeras líneas de HTML, que contenían un encabezado de Google. Esto permitía a XooMLe devolver exactamente lo que el usuario había pedido; una copia clara y en caché de la página, una simple sugerencia de ortografía o un grupo de resultados que se adecuaran al término de búsqueda. La búsqueda fue el primer obstáculo de XooMLe (devolviendo los resultados codificados SOAP de Google como claras etiquetas XML personalizadas, sin incluir los elementos accesorios).

Elegí utilizar una plantilla XML en lugar de una complicada codificación de la estructura directamente en mi código. La plantilla mantiene la estructura básica de un grupo de resultados devueltos desde Google. Incluye cosas como la cantidad de tiempo que tardó en realizarse la búsqueda, el título de cada uno de los resultados, sus URL, y otras informaciones que Google encuentra. Esta plantilla XML se basa directamente en la estructura trazada en el WSDL y, obviamente, en la información que se devuelve desde Google. Se analiza sintácticamente y después se duplican y modifican varias de sus partes, según sea necesario, de forma que el documento XML contenga los resultados; a continuación, se envía al usuario. Si algo va mal, se codifica un mensaje de error en una plantilla XML diferente, que es lo que se envía en lugar del documento.

Una vez que la búsqueda estuvo operativa, añadimos rápidamente las sugerencias ortográficas, eliminado simplemente la sugerencia de su envoltorio SOAP y devolviéndola como texto plano. El desplazamiento a páginas en caché necesitaba una cierta manipulación, donde la información devuelta tenía que convertirse de nuevo en una cadena plana (originalmente, una cadena codificada en base 64 procedente de Google) y a continuación había que eliminar el encabezado de Google, que se añade automáticamente a las páginas en caché. Una vez hecho esto, se devolvía de nuevo la página al usuario, de forma que si se imprimieran los resultados de la búsqueda directamente en la pantalla, se mostraría directamente una copia en caché de la página Web.

Después de mandar los resultados de esta explosión de desarrollo al sitio Web, no ocurrió mucho más. Nadie conocía XooMLe, así que nadie lo utilizaba. Resulta que estaba leyendo Scripting News de Dave Winer's, así que le mandé un correo electrónico sobre XooMLe, simplemente sugiriendo que podría interesarle. Cinco minutos después (literalmente) había un enlace a éste en Scripting News en el que se describía como una "interfaz de estilo REST" y, a las doce horas, yo había recibido unas 700 notificaciones de utilización de este sitio. La cosa no se detuvo ahí; a la mañana siguiente, cuando abrí mi correo, tenía un mensaje de Paul Prescod con algunas sugerencias sobre cómo hacer que XooMLe estuviera más relacionado con REST y mejorara su funcionalidad general como servicio.

Después de intercambiar varios correos electrónicos directamente con Prescod, y de recibir algunos otros comentarios y sugerencias de las personas del grupo de discusión sobre REST de Yahoo! (al que me uní como miembro rápidamente), seguí adelante y llevé a cabo una revisión exhaustiva de XooMLe. Esta versión introdujo numerosos cambios:

- Eliminó el URI único para todos los métodos, introduciendo /search/, /cache/ y /spell/, de forma que hubiera un único URI para cada método.

- Se evitó el límite de Google de 10 resultados haciendo que XooMLe realizara un bucle por las peticiones de búsqueda, compilara los resultados, y los devolviera en un solo documento XML.

- Se añadió un elemento cachedVersion a cada resultado, que contenía un vínculo para recuperar una copia en caché de un documento a través de XooMLe.

- Si la información relacionada se encontraba disponible vía Google, se proporcionaba un vínculo adicional que recuperaba esas páginas.

- Se añadió un XLink al URL, elementos relatedInformation y cachedVersion de cada resultado devuelto, lo que podría utilizarse para crear automáticamente un vínculo a través de las tecnologías XML.

- Se añadió la capacidad de especificar un XSLT cuando se llevara a cabo una búsqueda, facilitando la utilización de tecnologías XML puras para formatear la salida en un formulario legible para los seres humanos.

Y así nació un servicio Web con REST. XooMLe implementa toda la funcionalidad del API de Google (y de hecho la aumenta en algunos detalles), utilizando una interfaz y un formato de salida mucho más simples. Se puede añadir a Favoritos un conjunto de resultados de XooMLe, se puede obtener fácilmente una sugerencia ortográfica a través del *bookmarklet*, se pueden analizar sintácticamente los resultados en prácticamente cualquier lenguaje de programación utilizando funciones simples y nativas y las páginas en caché pueden ser utilizadas de forma inmediata cuando se recuperan.

XooMLe demuestra que era realmente bastante viable para Google implementar su API utilizando la arquitectura REST, y proporciona un envoltorio a la funcionalidad SOAP que han decidido exponer. Actualmente se está utilizando como un ejemplo de "REST bien hecho" por un número de defensores del modelo, entre los que se incluyen algunos servicios vinculados Amazon/Google que están siendo desarrollados por uno de los miembros del debate sobre REST.

Por sí mismo, XooMLe puede que no resulte particularmente útil, pero combinado con la imaginación y la destreza de la comunidad de servicios Web, sin duda ayudará a crear una nueva ola de juguetes, herramientas y puntos de conversación.

Cómo funciona

Básicamente, para utilizar XooMLe sólo se necesita una página Web de "petición" y, a continuación, hacer algo con el resultado que le sea reenviado. Algunas personas denominan a esto arquitectura petición-respuesta; siempre que le pida algo a XooMLe, éste le pedirá a Google lo mismo y, después, formateará los resultados de una cierta forma para proporcionárselos a usted; a partir de ese momento, puede hacer con él lo que quiera. Resumiendo, todo lo que le pueda pedir al API SOAP de Google, puede pedírselo a XooMLe.

Método de Google: doGoogleSearch

- URI de XooMLe: `http://xoomle.dentedreality.com.au/search/`

- Formato de respuesta exitoso: Devuelve una respuesta formateada como XML que contiene los resultados de la búsqueda de Google que haya especificado.

- Respuesta de error: Un mensaje de error basado en XML, en el que se incluyen todos los argumentos que envió a XooMLe (aquí tiene un ejemplo: `http://www.dentedreality.com.au/xoomle/sample_error.xml`). Este mensaje cambiará, dependiendo de lo que haya fallado, como veremos más adelante.

Características extra

- maxResults: También soporta la configuración de maxResults por encima del límite de 10 de Google, llevando a cabo búsquedas en bucle para reunir los resultados y devolverlos después como uno solo.

- cachedVersion: Cada resultado incluirá un elemento denominado "cachedVersion", que es un URI utilizado para recuperar la versión en caché de un determinado resultado.

- xsl: Puede especificar una variable denominada "xsl" además de otras en la cadena de búsqueda. El valor de esta variable se utilizará como referencia para una hoja de estilo XSLT externa, y se utilizará para formatear la salida XML del documento.

- relatedInformation: Si se detecta que hay información relacionada disponible para un resultElement determinado, ese elemento contendrá un vínculo para recuperar aquellos elementos relacionados desde XooMLe.

- xlink: Existe ahora un atributo xlink añadido a los elementos cachedVersion y relatedInformation de cada resultado.

Método de Google: doSpellingSuggestion

- URI de XooMLe: http://xoomle.dentedreality.com.au/spell/

- Formato de respuesta exitoso: Devuelve una respuesta sólo de texto que contiene la corrección sugerida para la frase que ha pasado a Google (a través de XooMLe). También obtendrá encabezados HTTP y cosas así pero, si asumimos que está accediendo a XooMLe a través de HTTP en primer lugar, el cuerpo de la respuesta es sólo texto.

- Respuesta de error: Un mensaje de error basado en XML, en el que se incluyen todos los argumentos que se enviaron a XooMLe. Este mensaje cambiará, dependiendo de lo que haya fallado.

Método de Google: doGetCachedPage

- XooMLe URI: http://xoomle.dentedreality.com.au/cache/

- Formato de respuesta exitoso: Devuelve todos los contenidos de una página en caché requerida, sin la información de Google, el encabezado. El encabezado que Google añade, que informa de que se trata de una página en caché, se elimina antes de devolverle la página, así que no espere verlo. Debería recibir exclusivamente el HTML necesario para mostrar la página.

- Respuesta de error: Un mensaje de error basado en XML, en el que se incluyen todos los argumentos que se enviaron a XooMLe.

Pedir algo a XooMLe (elaboración de peticiones)

Pedir algo a XooMLe es realmente sencillo; puede hacerlo en un hipervínculo, un elemento de favoritos o lo que sea. Una petición a XooMLe existe como un URL, que contiene cierta información especial. Tiene más o menos el siguiente aspecto:

```
http://xoomle.dentedreality.com.au/search/
?key=YourGoogleDeveloperKey&q=dented+reality
```

¡Basta de ejemplos genéricos! Si está hablando con XooMLe, ésta es la dirección que necesita:

```
http://xoomle.dentedreality.com.au/<palabra clave método>/
```

Sus peticiones pueden parecerse al ejemplo anterior o pueden desarrollarse por completo, de la siguiente forma:

```
http://xoomle.dentedreality.com.au/search/
?key=Su Clave
&q=dented+realty
&maxResults=1
&start=0
&hl=en
&ie=ISO-8859-1
&filter=0
&restrict=countryAU
&safeSearch=1
&lr=en
&ie=latin1
&oe=latin1
&xsl=myxsl.xsl
```

Observe que cada opción está en una línea diferente para que sea más fácil de leer; si se formatearan de forma adecuada, estarían en una única cadena larga.

Todos los parámetros disponibles están definidos en la documentación de Google, pero para refrescarle la memoria:

key se refiere a su Google Developer Key (clave de desarrollador de Google; consiga una si no la tiene ya y recuerde codificarla en el URL cuando la pase en una cadena de búsqueda).

Otra cosa que quizá le gustaría saber es que XooMLe utiliza elaborados bucles para permitirle una búsqueda de más de los 10 resultados por defecto. Si le pide a XooMLe que consiga, por ejemplo, 300 resultados, llevará a cabo múltiples búsquedas en Google y le enviará los 300 resultados en formato XML. Recuerde que esto se puede utilizar también hasta un límite (1.000 búsquedas al día) en bloques de 10 por lo que, en este caso, obtendría 30 búsquedas en cada resultado (y le costará un rato devolver tal cantidad de resultados).

Mensajes de error

Si hace algo mal, XooMLe se lo comunicará en un pequeño y agradable paquete XML. Los errores tendrán ese aspecto, pero el mensaje de error será distinto y contendrán esa matriz de argumentos que incluye todo lo que usted pidió. A continuación veremos todos los mensajes de error que puede recibir y la razón por la que los recibe.

- *Google API key not supplied*: Olvidó proporcionarle a XooMLe su clave API de Google. Tiene que hacerlo para que XooMLe pueda comunicarse con Google en su nombre. Especifíquela de la forma siguiente: `key=su clave aquí` y consiga una en Google si todavía no la tiene.

- *Search string not specified*: Fue lo suficientemente inteligente para especificar que quería llevar a cabo una búsqueda (utilizando `method =doGoogleSearch`) pero olvidó decirle a Google qué es lo que estaba buscando. Arregle esto añadiendo algo como `q=Sus+términos+búsqueda` (su frase de búsqueda debería ser codificada en el URL, y se verá sujeta a las mismas limitaciones que el API de Google).

- *Invalid Google API key supplied*: Algo no es correcto en su clave de API de Google (¿la codificó en el URL como le dije?).

- *Your search found no results*: Ésta es bastante obvia, no se han encontrado resultados.

- *Phrase not specified*: Si pidió una sugerencia ortográfica (utilizando `method=doSpellingSuggestion`), debería decirle también a XooMLe qué es lo que pretende corregir, utilizando `phrase=estuupida+frasse+aquí`. (Codifíquela en el URL.)

- *No suggestion available*: Google no es perfecto. A veces, los intentos de corrección ortográfica ni siquiera garantizan una respuesta (o es posible que Google no pueda descifrar su mala ortografía).

- *URL not specified*: ¿Desea una página en caché de Google? Lo menos que puede hacer es pedirla utilizando `url=http://lapaginaaqui.com`.

- *Cached page not available*: Algo ha ido mal con la página en caché devuelta por Google (o no la ha podido encontrar en la base de datos). No todos los listados de Google tienen disponibles páginas en caché.

- *Couldn't contact Google server*: Hubo un problema a la hora de contactar con el servidor de Google, por lo que no se pudo procesar su petición.

Hacer que XooMLe funcione: un módulo de sustitución SOAP::Lite

XooMLe no es sólo una forma práctica de obtener resultados de Google en XML, es también una forma práctica de reemplazar el módulo SOAP::Lite requerido que muchos ISP no soportan. XooMLe.pm es un pequeño módulo de Perl que es mejor guardar en el mismo directorio que sus trucos.

```perl
# XooMLe.pm
# XooMLe es un sustituto para el SOAP::Lite diseñado para utilizar
# el XML simple en el puente de SOAP de Google proporcionado por el servicio
# XooMLe.

package XooMLe;
use strict;
use LWP::Simple; use XML::Simple;

sub new {
 my $self = {};
 bless($self);
 return $self;
}

sub doGoogleSearch {
 my($self, %args); ($self, @args{qw/ key q start maxResults
 filter restrict safeSearch lr ie oe /}) = @_;
 my $xoomle_url = 'http://xoomle.dentedreality.com.au';

 my $xoomle_service = 'search';
 # Buscar en Google utilizando XooMLe

 my $content = get(
 "$xoomle_url/$xoomle_service/?" .
 join '&', map { "$_=$args{$_}" } keys %args
 );
 # Analizar sintácticamente el XML my $results = XMLin($content);
 # Normalizar

 $results->{GoogleSearchResult}->{resultElements} =
 $results->{GoogleSearchResult}->{resultElements}->{item};

 foreach (@{$results->{GoogleSearchResult}->{'resultElements'}}) {
 $_->{URL} = $_->{URL}->{content};
 ref $_->{snippet} eq 'HASH' and $_->{snippet} = '';
 ref $_->{title} eq 'HASH' and $_->{title} = '';
 }
```

```
    return $results->{GoogleSearchResult};

}
1;
```

Utilización del módulo de XooMLe

Aquí tiene un pequeño *script* para mostrar nuestro módulo casero de XooMLe
en acción. No es diferente, en realidad, del resto de los trucos que se incluyen en
este libro. Las pequeñas modificaciones necesarias para utilizar XooMLe en lugar
de SOAP::Lite están destacadas en negrita.

```perl
#!/usr/bin/perl
# xoomle_google2csv.pl
# Resultados de búsqueda Web de Google mediante el servicio Web a
# terceros de XooMLe
# exportado a un CSV adecuado para ser importado en Excel
# Uso: xoomle_google2csv.pl "{búsqueda}" [> results.csv]

# Su clave de desarrollador API de Google API
my $google_key = 'insert key here';

use strict;

# Utilizar nuestro módulo casero Perl de XooMLe
# utilizar SOAP::Lite
use XooMLe;

$ARGV[0] or die qq{usage: perl xoomle_search2csv.pl "{query}"\n};

# Crear un nuevo objeto XooMLe en lugar de utilizar SOAP::Lite
# my $google_search = SOAP::Lite->service("file:$google_wdsl");
my $google_search = new XooMLe;

my $results = $google_search -> doGoogleSearch(
 $google_key, shift @ARGV, 0, 10, "false", "",
 "false", "", "latin1", "latin1"
);

@{$results->{'resultElements'}} or warn 'No results';

print qq{"title","url","snippet"\n};

foreach (@{$results->{'resultElements'}}) {
 $_->{title} =~ s!"!""!g;
 # double escape " marks
 $_->{snippet} =~ s!"!""!g;
 my $output = qq{"$_->{title}","$_->{URL}","$_->{snippet}"\n};
 # drop all HTML tags
 $output =~ s!<.+?>!!g;
```

```
    print $output;
}
```

Ejecución del truco

Ejecute el *script* de la línea de comando, que proporciona una búsqueda y manda la salida a un archivo CSV que desee crear o al que desee agregar los resultados adicionales. Veamos un ejemplo utilizando *"restful* SOAP" como búsqueda y `results.csv` como salida:

```
$ perl xoomle_google2csv.pl "restful SOAP" > results.csv
```

Si elimina el signo > y el nombre del archivo CSV, los resultados se enviarán a la pantalla para que los examine.

Aplicabilidad

De la misma forma, puede adaptar prácticamente cualquiera de los trucos basados en SOAP::Lite que aparecen en este libro, o aquellos que se haya inventado para utilizar el módulo de XooMLe.

1. Coloque XooMLe.pm en el mismo directorio que el truco en cuestión.

2. Sustituya `SOAP::Lite;` por `use XooMLe;`.

3. Sustituya `my $google_search = SOAP::Lite->service("file: $google_wdsl");` por `my $google_search = new XooMLe;`.

En general, tenga siempre en cuenta que sus posibilidades pueden variar, y no tenga miedo a realizar cambios .

Beau Lebens and Rael Dornfest

TRUCO 37

Google por correo electrónico

Acceda a los resultados de Google de diez en diez vía correo electrónico.

Mucho antes de que la Web existiera, existía el correo electrónico. Ahora, gracias al API de Google, existe el correo de Google. Creado por el equipo de Cape Clear (`http://capescience.capeclear.com/google/`), CapeMail realiza las búsquedas de Google a través del correo electrónico. Envíe un correo a `google@capeclear.com` con la búsqueda que desee llevar a cabo en el apartado del asunto. Recibirá un mensaje con el recuento estimado de resultados y los primeros diez resultados. Aquí tiene un pasaje de una búsqueda utilizando la palabra Frankenstein:

```
Estimated Total Results Number = 505000
URL = "http://www.nlm.nih.gov/hmd/Frankenstein/frankhome.html"
Title = "Frankenstein Exhibit Home Page"
Snippet = "Table of Contents Introduction The Birth of Frankenstein,
The Celluloid Monster. Promise and Peril, Frankenstein: The Modern
Prometheus. ... "
URL = "http://www.literature.org/authors/shelley-mary/Frankenstein/"
Title = "Online Literature Library - Mary Shelley - Frankenstein"
Snippet = "Next Back Contents Home Authors Contact, Frankenstein. Mary
Shelley. Preface; Chapter 1; Chapter 2; Chapter 3; Chapter 4;
Chapter 5; Chapter ... "
```

Como ocurre con muchas otras aplicaciones del API de Google, CapeMail sólo puede ser utilizado 1.000 veces al día; el API de Google sólo permite el uso de la clave API 1.000 veces al día. No considere esto como una manera de excluir el resto de las formas de acceso a Google. Sin embargo, si se encuentra en una situación en la que realizar una búsqueda Web no resulta tan sencillo como el correo electrónico (por ejemplo, si está utilizando un teléfono móvil o una PDA), ésta es una forma rápida y sencilla de conectar con Google.

Ventajas de CapeMail

CapeMail resulta práctico en combinación con una aplicación de correo electrónico y una forma de automatizar el envío de imágenes (cron, por ejemplo). Digamos que está realizando una investigación sobre un tema determinado que sea relativamente oscuro pero que genere resultados de páginas Web. Podría configurar su planificador (o incluso su programa de correo electrónico si tiene la capacidad de enviar mensajes a horas determinadas) para enviar un mensaje a CapeMail una vez al día, y reunir y archivar los resultados de búsqueda. Lo que es más, podría utilizar las reglas de filtrado de su correo electrónico para desviar las páginas de CapeMail a su propia carpeta, para poder navegar por ellas sin estar conectado. Sin embargo, tiene que asegurarse de que su búsqueda es lo suficientemente restringida porque CapeMail devuelve sólo 10 resultados cada vez.

 ## Simplificar los URL de los Grupos de Google

Si los URL de los Grupos de Google resultan demasiado complicados de manejar, el Google Groups Simplifier reducirá su tamaño.

Los Grupos de Google pueden producir URL bastante abominables para envíos individuales. Un mensaje puede generar un URL del tipo:

```
http://groups.google.com/groups?q=0%27reilly+%22mac+os+x%22
&hl=en&lr=&ie=UTF-8&oe=utf-8&scoring=d
&selm=ujaotqldn50o04%40corp.supernews.com&rnum=37
```

Se trata de un URL difícil de guardar y consultar, por no mencionar si tuviera que mandarlo por correo electrónico a un colega.

El Google Groups Simplifier de Andrew Flegg (`http://www.bleb.org/google/`) reescribe los URL de los **Grupos**, reduciéndolos para que sean más manejables pero manteniendo su función.

Es una herramienta práctica. Para utilizarla copie el URL que desee reducir y péguelo en el formulario de la página del Google Groups Simplifier. El URL que hemos mencionado previamente se simplificaría de la siguiente forma:

```
http://groups.google.com/groups?selm=ujaotqldn50o04%40
corp.supernews.com
```

Observe que este URL procede de un mensaje visualizado de forma individual y no de una cadena de mensajes (esto es, varios mensajes en una página con marco). Si trata de simplificar un URL de una cadena, obtendrá un mensaje de error procedente del Google Groups Simplifier.

¿Cómo funciona? El Google Groups Simplifier corta todo excepto la parte `&selm=`. No es muy difícil de hacer, y los URL son tan largos que resulta práctico contar con una forma automatizada de reducirlos, de forma que no se eliminen más partes del URL de las necesarias.

Si tiene intención de utilizar mucho esta herramienta, el Simplifier ofrece también un *bookmarklet* desde su página principal.

Otras formas de acortar los URL

El Google Groups Simplifier es práctico porque acorta el URL de forma que sigue quedando claro de dónde procede dicho URL. Si le echa un vistazo verá que procede de los **Grupos** de Google. Sin embargo, hay casos en los que el URL sigue siendo demasiado largo y a lo mejor necesita acortarlo todavía más. En ese caso, quizá le gustaría utilizar uno de los servicios de reducción de URL.

Los servicios de reducción de URL generan códigos únicos para cada URL proporcionado, lo que permite que URL extremadamente largos puedan comprimirse en URL únicos mucho más cortos. Por ejemplo, los URL de Yahoo! *News* pueden ser terriblemente largos pero con TinyURL pueden ser reducidos a algo como `http://tinyurl.com/2ph8`. (Observe que estos URL no son privados, así que no los trate como tales. Los intentos de TinyURL (`http://marnanel.org/`

`writing/tinyurl-whacking`) incluyen confeccionar TinyURL para encontrar sitios que otras personas han incluido en el sistema.)

 No utilice estos servicios a menos que sea absolutamente necesario; oscurecen el origen del URL, haciendo que resulte difícil seguir la pista de los URL cuando se lleva a cabo una investigación. Son prácticos si tiene que hacer referencia a una página que Google tiene en caché. Por ejemplo, hay un URL para una versión en caché de Anaya: `http://www.google.es/search?q=cache:vk39CbHivpcJ:www.anaya.es/+anaya&hl=es&ie=UTF-8`. Aunque no es tan largo como un URL de mensaje de Grupos típico de Google, es lo suficientemente largo como para que resulte difícil de pegar en un correo electrónico o ser distribuido de otra forma.

TinyURL (`http://www.tinyurl.com`) acorta los URL a 23 caracteres. Ofrece un *bookmarklet*. Este servicio convirtió el URL de Grupos de Google mencionado al principio de este truco en `http://tinyurl.com/180q`.

MakeAShorterLink (`http://www.makeashorterlink.com/`) reduce los URL a aproximadamente 40 caracteres de forma que, cuando se hace clic sobre ellos, llevan al navegador a las páginas de entrada con detalles sobre dónde van a ser enviadas; después de esto se redirecciona el navegador al URL deseado. MakeAShorterLink convirtió el URL de Grupos de Google en `http://makeashorterlink.com/?A2FD145A1`.

Shorl (`http://www.shorl.com`), además de reducir el tamaño de los URL a aproximadamente 35 caracteres, sigue la pista de las estadísticas de clics en URL generado.

Sólo la persona que creó el URL Shorl puede acceder a estas estadísticas, utilizando una contraseña generada en el momento. Shorl convirtió el URL de Grupos anterior en `http://www.shorl.com/jasomykuprystu`, con la página de estadísticas en `http://shorl.com/stat.php?id=jasomykuprystu&amp;pwd=jirafryvukomuha`. Observe la contraseña incrustada (`pwd=jirafryvukomuha`).

TRUCO 39 ## Qué piensa Google de...

¿Qué piensa Google de usted, de sus amigos, de su vecindario o de su película favorita?

Si alguna vez se ha preguntado lo que piensa la gente de su ciudad natal, de su grupo de música favorito, de sus snacks preferidos o incluso de usted, Googlism (`http://www.googlism.com/`) puede serle de utilidad.

La interfaz

La interfaz es sencilla. Introduzca su búsqueda y haga clic en el botón adecuado para especificar si está buscando una persona (Who), una cosa (What), un lugar (Where) o una fecha (When). También puede utilizar las etiquetas para ver qué otros objetos busca la gente y qué objetos son los más populares de buscar. Una advertencia: algunos de éstos no son seguros.

¿Qué se obtiene?

Googlism le responderá con una lista de cosas que Google cree respecto a la búsqueda que se ha realizado, sea una persona, un lugar, una cosa o un momento en el tiempo. Por ejemplo, si realiza una búsqueda en Google para Perl y *"What"* devuelve, además de otras cosas, lo siguiente:

```
Perl is a fairly straightforward
Perl is aesthetically pleasing
Perl is just plain fun
```

Entre los resultados cómicos que se obtienen para *Stev Jobs* y *"Who"* encontramos:

```
steve jobs is my new idol
steve jobs is at it again
steve jobs is apple's focus group
```

Para entender de qué página procede una determinada sentencia, simplemente cópiela y péguela en una búsqueda normal de Google. La última sentencia, por ejemplo, procede de un artículo denominado "Innovation: How Apple does it" situado en http://www.gulker.com/ra/appleinnovation.html.

Usos prácticos

En su mayor parte es un truco divertido, un truco muy divertido. Es una forma amena de agregar sentencias relacionales en una lista tonta (y ocasionalmente profunda).

Pero eso es sólo en su mayor parte. Googglism funciona también como una práctica aplicación de referencia inmediata, que le permite encontrar rápidamente respuestas a preguntas simples o enunciadas de forma simple. Sólo tiene que preguntarlas de forma que puedan terminar con la palabra *is*. Por ejemplo, si desea saber cuál es la capital de Virginia, introduzca la oración *"The capital of Virginia"*. Para descubrir cuál es la razón por la que el cielo es azul, escriba *"The reason the sky is blue"*. A veces, no funciona bien; pruebe con la persona más vieja del mundo ("*The oldest person in the world*") e inmediatamente se verá enfrentado a una variedad de información contradictoria. Tendría que visitar cada una de las páginas representadas por el resultado y ver qué respuesta, si la hay, se adecua mejor a sus necesidades de investigación.

Expandir la aplicación

Esta aplicación es muy divertida, pero puede expandirse. El truco está en determinar cómo generan las sentencias los creadores de páginas Web.

Por ejemplo, cuando describen inicialmente un acrónimo, muchos escritores utilizan las palabras (en inglés) "*stands for*". Así, podría añadir un Googlism que buscara su palabra clave y la frase "*stands for*". Lleve a cabo una búsqueda para "SETI *stands for*" y "DDR *stands for*" y verá lo que quiero decir.

Cuando se hace referencia a animales, plantas o incluso rocas, se suele utilizar la frase "*are found*", de forma que podría añadir un Googlism que localice las cosas. Lleve a cabo una búsqueda de Google utilizando "*sapphires are found*" y "*jaguars are found*" y verá lo que encuentra.

Intente pensar en frases que se utilicen normalmente y compruebe después esas frases en Google para ver el número de resultados que tiene cada frase. Podría conseguir usted mismo algunas ideas para una herramienta de Googlism específico por asunto.

TRUCO 40 GooglePeople

La gente que necesita GooglePeople son las personas más afortunadas del mundo.

A veces resulta difícil separar la señal del ruido en la Web. También es difícil separar la información sobre personas de la información sobre cualquier otra cosa. Aquí es donde entra GooglePeople (`http://www.avaquest.com/demos/GooglePeople/GooglePeople.cgi`). GooglePeople utiliza una lista de "*Who Is*" (quién es) o "*Who Was*" (quién era) (por ejemplo, "*Who was the first man on the moon?*" (¿quién fue el primer hombre en la luna?) o "*Who was the fifth president of the United States?*" (¿Quién fue el quinto presidente de los Estados Unidos?) y ofrece una lista de posibles candidatos. Funciona bien para algunas preguntas, pero con otras se equivoca.

Cómo utilizar GooglePeople

GooglePeople es simple: introduzca una pregunta "*Who Is*" o "*Who Was*" en el recuadro de búsqueda. GooglePeople lo pensará un minuto o dos y le proporcionará una lista de posibles candidatos que respondan a su pregunta, colocando en la parte superior los candidatos más posibles y el resto por debajo; también están clasificados por relevancia con una serie de asteriscos.

Haga clic en el nombre de uno de los candidatos si desea llevar a cabo una búsqueda de Google que integre su búsqueda original y el nombre del candidato; esto proporciona un rápido test de validez y utilidad de la búsqueda que se está llevando a cabo en GooglePeople.

Trucos para utilizar GooglePeople

Comprobé que para algunas preguntas GooglePeople funcionaba muy bien. *"Who was the first African American woman in space?"* (¿Quién fue la primera mujer africana americana en el espacio?) fue respondida perfectamente. Pero algunas de las preguntas dejaban perplejo a GooglePeople.

- **Libros y autores:** GooglePeople parece tener algún problema a la hora de identificar autores de libros de ficción. Por ejemplo, si se le pregunta quién es el autor de "Galahad at Blandings", GooglePeople no le dará una respuesta con seguridad, pero le sugerirá que la persona más probable es Bertie Wooster. Está cerca, pero no es correcto; es un personaje de ficción creado por el mismo autor que escribió "Galahad at Blandings", P. G. Wodehouse, pero está lejos de ser su autor. GooglePeople fue capaz de afirmar con confianza que Mark Twain fue el autor de "Huckleberry Finn".

- **Números:** Hay veces en las que expresar números como números en lugar de hacerlo en letra, crea una gran diferencia en los resultados. Si le pregunta a GooglePeople cuál fue la primera (*first*) persona en hacer algo frente a la 1ª (1st) persona en hacer algo observará que los resultados pueden ser muy diferentes; asegúrese de probar las dos versiones.

- **Cuidado con las preguntas:** Para finalizar, no pruebe con preguntas subjetivas si realmente espera una buena respuesta. Si le pregunta a GooglePeople *"Who's the most popular singer?"* (¿quién es el cantante más popular?) o *"Who is the smartest person in the world?"* (¿quién es la persona más inteligente del mundo?) obtendrá respuestas disparatadas.

Utilizar GooglePeople

Aunque GooglePeople parece un juguete resulta ser práctico para preguntas de referencia sencilla. Obviamente, debería asegurarse de comprobar las respuestas que obtenga en la lista de respuestas Web a su pregunta. Y recuerde, el hecho de que esté en la Web no significa que sea verosímil.

## CAPÍTULO 4

Aplicaciones de Google sin API

Trucos 41 a 49

Como hemos visto hasta ahora en este libro, se pueden hacer cosas sorprendentes con el acceso a datos de Google, sin ni siquiera utilizar el API de Google. Esta sección del libro trata de las aplicaciones de Google que importan del HTML (*scrape*) de Google para acceder a sus datos en lugar de utilizar el limitado API de Google.

Importar del HTML frente al API

¿Qué es *scrape*? y ¿cómo se diferencia de la utilización del API de Google? *Scrape* es el acto de utilizar un programa para importar información de una página HTML.

El API de Google, por otra parte, le permite realizar búsquedas en los datos de búsqueda de Google de forma directa, en lugar de obtener la información de un HTML guardado, como hacen los *scrapers* de esta sección.

¿Por qué importar del HTML los datos de Google?

De todas formas, ¿por qué incluir los *scrapers* en este libro? ¿No se puede hacer todo con el API de Google? Pues no. El API de Google es una forma fantástica de buscar en el cuerpo principal de páginas Web de Google, pero no va mucho más allá. Incluso está limitado en lo que puede obtener de la búsqueda Web principal de Google. Por ejemplo, el API de Google no puede llevar a cabo una búsqueda de directorio telefónico. Y no puede acceder a datos procedentes de las

News de Google, los catálogos de Google y la mayor parte del resto de las propiedades de búsqueda especializada de Google.

Esto es bastante malo, porque las mejores cosas pueden hacerse con los datos procedentes de esas búsquedas. ¿Necesita localizar artículos de prensa sobre un determinado tema? Es mucho más sencillo acceder a varias búsquedas compiladas desde una hoja de cálculo que escanear manualmente páginas HTML. Además, una vez que la información está cargada en una hoja de cálculo, puede recurrir a los datos y manipularlos prácticamente de la forma que quiera.

Cosas que hay tener en cuenta mientras importa del HTML

Aunque los programas proporcionados en esta sección le ofrecerán horas de divertida importación HTML en Google, hay una serie de cosas que debería tener en cuenta.

- **Ruptura de *Scrapers***: Estos *scrapers* están construidos basándose en el formato de los resultados de Google en el momento de escribir este libro. Si el formato de los resultados cambia de forma significativa, los *scrapers* pueden dejar de funcionar y, de hecho, lo harán.

- **No automatice su proceso de importar del HTML (*scraping*)**: Puede resultar tentador ir un paso más allá y crear programas que automaticen la recuperación e importación del HTML de páginas de Google.

  No lo haga. La recuperación de páginas Web utilizando cualquier método automatizado que no sea el API de Google va en contra de los condiciones de uso de Google. ¿Y qué?, podría pensar. Después de todo, no pueden localizarlo, ¿verdad? Puede que no sean capaces de encontrarle de forma específica, pero pueden prohibir el acceso desde un bloque entero de direcciones IP basándose en su dirección de IP, que le afecte a usted y a otras personas que se encuentren a su alrededor. ¿Podrían hacer esto? Podrían y, en realidad, ya lo han hecho. Diríjase a `http://news.com.com/2100-1023-883558.html` donde encontrará información sobre un bloqueo a Comcast que tuvo lugar a principios del año 2002.

- **Los resultados de búsqueda tienen límites**: Recuerde que aunque esté importando del HTML páginas de resultados guardadas, sigue sometido a las limitaciones de búsqueda de Google (no puede obtener más de 1.000 resultados para una búsqueda Web, por ejemplo). Una vez dicho esto, asegúrese de que ha configurado su búsqueda Web para sacar el máximo partido de cada página importada. Asegúrese de que está obteniendo 100 resultados por página.

Utilización de archivos de datos importados

Una vez que haya conseguido algunos resultados, los haya importado y los haya guardado en un archivo delimitado por comas, ¿de qué sirven?

La mayor parte del tiempo piensa en los archivos delimitados por comas como archivos de hojas de cálculo, pero son más versátiles que todo eso. Los archivos delimitados por comas pueden cargarse en bases de datos y diferentes programas de manipulación de datos. Incluso podría escribir un programa Perl que hiciera algo interesante con los archivos delimitados por comas (o hacer que un amigo experto en informática se lo escriba).

Pero lo mejor de los archivos delimitados por comas es que maduran bien. Son sólo archivos de texto. Puede utilizarlos con distintos programas, no tiene que preocuparse sobre temas de compatibilidad y, además, son pequeños.

No es muy elaborado, pero es práctico

Las aplicaciones de importación del HTML de Google no son tan complicadas como las aplicaciones API, ni son en absoluto tan glamorosas. Pero si está tratando de guardar resultados de búsqueda procedentes de una variedad de propiedades de Google, resultan realmente prácticas.

TRUCO 41

No pruebe esto en casa

Herramientas de Google que violan las condiciones de uso de Google.

A pesar de todo lo que hace el API de Google, hay personas (entre las que me incluyo) a las que les gustaría que hiciera más. Después están aquellos que empezaron a elaborar un acceso de programación automatizado a Google mucho antes de que el API estuviera disponible. Este sondeo habla de algunos de ellos.

Los presentamos aquí por dos razones: para darle una idea del software que no debe utilizar si le preocupa la posibilidad de ser vetado por Google, y para inspirarle. Este software no fue escrito porque alguien se sentó y trató de violar las condiciones de uso de Google; fue escrito porque alguien simplemente quería hacer algo. Son creativos y pragmáticos y merecen que les echemos un vistazo.

Las condiciones de uso prohíben la búsqueda automática de la base de datos excepto en conjunción con el API de Google. La búsqueda automática por la razón que sea está totalmente prohibida. Google puede reaccionar a esto de forma muy expeditiva; de hecho, han prohibido temporalmente bloques enteros de direcciones IP basándose en acciones de unos pocos, así que cuidado con lo que utiliza para buscar en Google.

No pruebe esto en casa

Aquí tiene una lista de herramientas que debe evitar, a menos que no le importe que le desautoricen:

- Gnews2RSS (`http://www.voidstar.com/gnews2rss.php?q=news&num =15`)

  Convierte una búsqueda en las News de Google en un formulario adecuado para la distribución.

- WebPosition Gold (`http://www.webposition.com/`)

  Realiza una variedad de tareas para los navegadores profesionales de la Web, entre las que se incluyen el diseño de páginas más sencillas para el motor de búsqueda, el soporte de los envíos de URL automatizados y el análisis del tráfico del motor de búsqueda en un sitio. Desgraciadamente, su característica de comprobación del ranking viola las condiciones de uso de Google. Sin embargo, este programa hace tantas cosas que podría considerar utilizarlo sólo para tareas de comprobación de posición.

- AgentWebRanking (`http://www.agentwebranking.com/`)

  Comprueba el ranking de su página Web con docenas de importantes motores de búsqueda de todo el mundo. Esta lista de motores de búsqueda también incluye a Google, aunque el programa viola las condiciones de uso de Google por funcionar en torno al API de Google.

Otros programas de los que preocuparse

Cuando examine herramientas de motores de búsqueda, tenga cuidado con los que:

- Ofrecen una comprobación automática de los rankings en Google sin pedir una clave de desarrollador.

- Ofrecen una búsqueda y recuperación de colecciones especiales que no estén cubiertas por el API de Google, como las News o los catálogos de Google.

- Ofrecen marcos, metabúsquedas o cualquier otro uso del contenido de Google sin ningún acuerdo o asociación aparente con Google.

TRUCO 42 Elaborar un formulario de búsqueda personalizado por ámbito de fechas

Busque sólo las páginas de Google que se hayan añadido al índice hoy, ayer, en los últimos siete días o durante los últimos 30 días.

Google tiene una búsqueda basada en fechas pero utiliza fechas julianas. La mayoría de la gente no puede convertir de fecha gregoriana a fecha juliana de memoria. Sin embargo, con una fórmula de conversión y un poco de *scripting* en Perl puede conseguir un formulario de búsqueda de Google que ofrece a los usuarios buscar páginas añadidas al índice hoy, ayer, en los últimos siete días o durante los últimos 30 días.

El formulario

La parte principal para el *script* es un formulario HTML simple:

```
<form action="http://path/to/cgi-bin/goofresh.cgi"
method="get">
Search for:<br />
<input type="text" name="query" size="30" />
<p />
Search for pages indexed how many days back?<br />
<select name="days_back">
<option value="0">Today</option>
<option value="1">Yesterday</option>
<option value="7">Last 7 Days</option>
<option value="30">Last 30 Days</option>
</select>
<p />
<input type="submit" value="Search">
</form>
```

El formulario pregunta por dos entradas de usuario. La primera es una búsqueda de Google, repleta de soporte para sintaxis especiales y mezcla de sintaxis; después de todo, simplemente vamos a pasar su búsqueda al mismo Google. La segunda entrada, una lista desplegable, ofrece los días de búsqueda que deberían ser considerados por el formulario.

Este truco requiere un módulo adicional, `Time::JulianDay`, (`http://search.cpan.org/search?query= Time%3A%3AJulianDay`).

El código

Observe que este *script* simplemente hace un par de traducciones de datos en Perl y redirige el navegador a Google, alterando la búsqueda sobre la marcha. Es simplemente una búsqueda normal en lo que respecta a Google y, en consecuencia, no necesita una clave API de desarrollador.

```perl
#!/usr/local/bin/perl
# goofresh.cgi
# búsqueda en Google de archivos recientemente añadidos
# uso: se realiza una llamada a goofresh, como un CGI con entrada de
# formulario,
# redireccionando el navegador a Google, alterando la búsqueda sobre la
# marcha

use CGI qw/:standard/;
use Time::JulianDay;

# construye una búsqueda de URL
(my $query = param('query')) =~ s#(\W)#sprintf("%%%02x", ord($1))#ge;

# ¿cuántos días atrás?
my $days_back = int param('days_back') || 0;

# ¿cuál es la fecha juliana actual?
my $julian_date = int local_julian_day(time);

# redireccionar el navegador a Google con la búsqueda en marcha
print redirect(
    'http://www.google.com/search?num=100' .
    "&q=$query" .
    "+daterange%3A" . ($julian_date - $days_back) . "-$julian_date"
);
```

Truco dentro del truco

Si no le gusta que aparezcan ámbitos de fechas difíciles de codificar en el formulario, sólo tiene que inventar los suyos propios y ajustar el formulario en consecuencia:

```html
<form action="http://path/to/cgi-bin/goofresh.cgi"
method="get">
Search for:<br />
<input type="text" name="query" size="30" />
<p />
Search for pages indexed how many days back?<br />
<select name="days_back">
<option value="0">Today</option>
<option value="30">Around 1 Month</option>
<option value="60">Around 2 Months</option>
<option value="90">Around 3 Months</option>
<option value="365">1 Year</option>
</select>
```

```
<p />
<input type="submit" value="Search">
</form>
```

O simplemente deje que el usuario especifique cuántos días pasados desea considerar en un campo de texto:

```
<form action="http://path/to/cgi-bin/goofresh.cgi"
method="get">
Search for:<br />
<input type="text" name="query" size="30" />
<p />
Search for pages indexed how many days back?<br />
<input type="text" name="days_back" size="4"
maxlength="4" />
<p />
<input type="submit" value="Search">
</form>
```

TRUCO
43

Elaborar varios URL del Directorio de Google

Este truco utiliza información de categoría ODP para elaborar varios URL para el Directorio de Google.

El Directorio de Google (`http://directory.google.com/`; `http://www.google.es/dirhp?tab=wd&q=&ie=UTF-8&oe=UTF-8&hl=es&meta=`) solapa la ontología del Open Directory Project (u "ODP" o "DMOZ", `http://www.dmoz.org/`) en el índice principal de Google. El resultado es una jerarquía parecida a la del directorio Yahoo! de los resultados de búsqueda y sus categorías asociadas con la magia añadida de los algoritmos de popularidad de Google.

El ODP abre toda su base de datos de listados a cualquiera, siempre y cuando esté dispuesto a descargar un archivo de 205 MB (¡y eso que está comprimido!). Lo más probable es que no le interesen todos los listados individuales, sino ciertas categorías ODP. O puede que le interese ver los nuevos listados que fluyen en determinadas categorías.

Desgraciadamente, el ODP no ofrece una forma de búsqueda por sitios de palabra clave añadidos dentro de un periodo de tiempo reciente. (Yahoo! sí ofrece esto.) Así que, en lugar de buscar sitios recientemente añadidos, la forma más fácil de obtener información procedente del ODP de un sitio nuevo es observar las categorías.

Como el Directorio de Google construye su directorio basándose en la información del ODP, puede utilizar la información de jerarquías por categorías de ODP para generar varios URL del Directorio de Google. Este truco busca en la información de jerarquía por categoría de ODP las palabras clave que especifica, después elabora varios URL del **Directorio** de Google y los comprueba, para asegurarse de que están activos.

Tendrá que descargar la información de jerarquía de categorías desde el ODP para hacer que este truco funcione. El archivo comprimido que contiene esta información está disponible en `http://dmoz.org/rdf.html`. El archivo específico que busca es `http://dmoz.org/rdf/structure.rdf.u8.gz`. Antes de utilizarlo debe descomprimirlo, utilizando una aplicación de descompresión específica para su sistema operativo. En el entorno de Unix, tiene el aspecto siguiente:

```
% gunzip structure.rdf.u8.gz
```

Recuerde que la jerarquía de categorías completa tiene un tamaño de más de 35 MB. Si simplemente desea experimentar con la estructura, puede conseguir un fragmento en `http://dmoz.org/rdf/structure.example.txt`. Esta versión es un archivo de texto simple y no necesita descompresión.

El código

```perl
#!/usr/bin/perl
# google_dir.pl
# Utiliza información de las categorías ODP para elaborar diversos URL
# en el Directorio de Google.
# Uso: perl google_dir.pl "palabras clave" < structure.rdf.u8

use strict;

use LWP::Simple;

# Desactivar el buffer de salida
$|++;

my $directory_url = "http://directory.google.com";

$ARGV
   or die qq{usage: perl google_dir.pl "{query}" < structure.rdf.u8\n};

# Coja esas palabras clave especificadas en la línea de comando y
# construya una expresión habitual
my $keywords = shift @ARGV;
$keywords =~ s!\s+!\|!g;

# Un lugar donde almacenar temas
my %topics;

# Haga un bucle en el archive de categoría DMOZ, imprimiendo resultados
# coincidentes
```

```
while (<>) {
  /"(Top\/.*$keywords.*)"/i and !$topics{$1}++
    and print "$directory_url/$1\n";
}
```

Ejecución del truco

Ejecute el *script* desde la línea de comando, junto con una búsqueda y los contenidos incluidos en el archivo de la categoría DMOZ:

```
% perl googledir.pl "palabras clave" < structure.rdf.u8
```

Si está utilizando el fragmento de categoría más corto, structure.example .txt, utilice:

```
% perl googledir.pl "palabras clave" < structure.example.txt
```

Los resultados

Si incluimos en este truco la palabra clave *mosaic*, éste sería el resultado:

```
% perl googledir.pl "mosaic" < structure.rdf.u8
http://directory.google.com/Top/Arts/Crafts/Mosaics
http://directory.google.com/Top/Arts/Crafts/Mosaics/Glass
http://directory.google.com/Top/Arts/Crafts/Mosaics/
Ceramic_and_Broken_China
http://directory.google.com/Top/Arts/Crafts/Mosaics/
Associations_and_Directories
http://directory.google.com/Top/Arts/Crafts/Mosaics/Stone
http://directory.google.com/Top/Shopping/Crafts/Mosaics
http://directory.google.com/Top/Shopping/Crafts/Supplies/Mosaics
...
```

Truco dentro del truco

No se puede sacar mucho más partido a este truco; está diseñado para coger datos ODP, crear URL de Google y verificar esos URL. Lo bien que pueda hacer que funcione depende de los tipos de palabras de búsqueda que elija.

Elija palabras que sean más generales. Por ejemplo, si está interesado en un estado determinado de los Estados Unidos, seleccione el nombre del estado y de las ciudades principales, pero no elija el nombre de una ciudad pequeña o del gobernador.

Elija el nombre de una compañía, y no el de su director. Una buena regla general es elegir palabras clave que pueda encontrar como entradas en una enciclopedia o anuario. Seguro que puede imaginar con facilidad encontrar el nombre de una compañía como entrada de una enciclopedia, pero es raro que un directivo aparezca por sí mismo como entrada en una enciclopedia.

TRUCO 44 Importar los resultados del HTML de Google

Importar los resultados de una búsqueda de Google en un archivo delimitado por comas.

Como puede utilizar el API de Google para obtener resultados o para ponerlos en el formato que desee, ¿por qué molestarse en hacer una búsqueda manual de resultados en Google, guardar los resultados e importarlos después en Perl? Puede que no quiera o de hecho no sea capaz de hacer algo tan elaborado como lo que permite hacer el API de Google; quizá simplemente quiera tomar los resultados, soltarlos en una hoja de cálculo y seguir adelante.

Puede guardar los resultados de búsqueda Web de Google en un archivo y procesarlos posteriormente en un archivo de texto delimitado por comas con un corto *script* de Perl.

Asegúrese de configurar sus preferencias en 100 resultados por página para sacar el máximo partido a este truco.

El código

```perl
#!/usr/bin/perl
# google2csv.pl # Resultados de búsqueda Web de Google exportados a un
# archivo CSV
# adecuado para ser importado en Excel
# Uso: perl google2csv.pl < results.html > results.csv

print qq{"title","url","size","domain suffix"\n};

my($results) = (join '', <>) =~
  m!<div>(.*?)</div>!mis;

while ( $results =~
m!<p><a href="?(.+?)"?>(.+?)</a>.+?\s+-\s+(\d+k)?!mgis
) {
  my($url,$title, $size) = ($1||'',$2||'',$3||'');
  my($suffix) = $url =~ m!\.(\w+)/!;
  $title =~ s!"!""!g;         # double escape " marks
  $title =~ s!<.+?>!!g; # drop all HTML tags print
  qq{"$title","$url","$size","$suffix"\n};
}
```

Ejecutar el *script*

Ejecute el *script* desde la línea de comando, especificando el nombre del archivo HTML del resultado y el nombre del archivo CSV que desee crear o al que desee agregar resultados adicionales. Por ejemplo, utilice `results.html` como entrada y `results.csv` como salida:

```
$ perl google2csv.pl < results.html > results.csv
```

Si elimina el signo > y el nombre del archivo CSV, los resultados se enviarán a la pantalla para que los examine:

```
$ perl google2csv.pl < results.html
```

Los resultados

Aquí tiene una ejecución de muestra sobre los resultados de una búsqueda para Mac OS X:

```
$ perl google2csv.pl < results.html
"title","url","size","domain suffix"
"Apple - Mac OS X","http://www.apple.com/macosx/","","com"
"Apple - Software - Mac OS X Server","http://www.apple.com/server/",
"29k","com"
"Mac OS X Development","http://developer.apple.com/macosx/","28k","com"
"Mac OS X Hints - Get the most from X!","http://www.macosxhints.com/",
"","com"
"Mac OS X Apps - The Source For Mac OS X Software",
"http://www.macosxapps.com/","39k","com"
"VersionTracker.com - free Macintosh software downloads for Mac
OS ... ","http://www.versiontracker.com/macosx/","101k","com"
"O'Reilly Mac OS X Conference",
"http://conferences.oreillynet.com/macosx2002/","25k","com"
"MacNN | OS X","http://osx.macnn.com/","94k","com"
"???? - Mac OS X","http://www.apple.co.jp/macosx/","43k","jp"
"Apple - Support - Mac OS X",
"http://www.info.apple.com/usen/macosx/","36k","com"
```

Verá que el programa deja constancia de cuatro atributos del archivo CSV: el título, el URL, el tamaño (cuando está disponible) y un dominio de alto nivel. El *snippet* de la página Web que normalmente se incluye con un resultado de Google se omitió porque resulta difícil de leer en un formato de hoja de cálculo.

Entonces, ¿por qué incluir el tamaño de página y el dominio? Investigación. Si está generando un conjunto de resultados a los que referirse más tarde, resulta práctico ser capaz de ordenarlos por sufijo. Los resultados "edu" tienden a diferenciarse de los resultados "org", que tienden a diferenciarse asimismo de los resultados "com", y así sucesivamente. Por no mencionar la diferenciación de grupos de resultados por país, `.uk` frente a `.jp`, por ejemplo. Y, si está generando vínculos para contactar más tarde (para pedir un vínculo recíproco, por ejemplo), resulta práctico ser capaz de apartar los sufijos menos comerciales, como `.edu` y `.org`.

Importar del HTML los anuncios (AdWords) que aparecen en Google

Importar los anuncios de la página de resultados guardada de Google en un formulario adecuado para ser importado en una hoja de cálculo o en una base de datos.

Los AdWords de Google (los anuncios textuales que aparecen en la parte derecha de los resultados normales de búsqueda) se entregan sobre una base de coste por clic, y se permite a los compradores de estos anuncios que pongan un tope en la cantidad de dinero que gastan en su anuncio. Esto significa que, incluso si ejecuta una búsqueda para la misma palabra de búsqueda múltiples veces, no recibirá necesariamente el mismo conjunto de anuncios cada vez.

Si está considerando la posibilidad de utilizar los AdWords de Google para ejecutar anuncios, quizá le gustaría reunir y guardar los anuncios que se estén ejecutando para las palabras de búsqueda que le interesen. Los AdWords de Google no están soportados por el API de Google; por supuesto, no puede importar automáticamente resultados fuera del API de Google porque va en contra de las condiciones de uso de Google.

Este truco le permitirá importar los AdWords de una página de resultados guardada de Google y exportarlos a un archivo CSV (valor separado por comas), que puede importar después en Excel o en su hoja de cálculo favorita.

Este truco necesita un módulo Perl adicional, `HTML::TokeParser` (`http://search.cpan.org/search?query=htmL%3A%3Atokeparser&mode=all`). Tendrá que instalarlo antes de ejecutar el truco.

El código

```
#!/usr/bin/perl
# uso: perl adwords.pl results.html

use strict;
use HTML::TokeParser;
```

```perl
die "I need at least one file: $!\n"
    unless @ARGV;
my @Ads;
for my $file (@ARGV){
  # saltar si el archive no existe
  # puede añadir aquí más pruebas de archivos.
  # los errores van a STDERR así que no
  # corromperán nuestro archive csv
    unless (-e $file) {
        warn "What??: $file -- $! \n-- skipping --\n";
        next;
    }
    #ahora analizaremos sintácticamente el archivo
    my $p = HTML::TokeParser->new($file);
    # $p es un tipo de iterador y todo lo que
    # se proporciona en ese archivo es una expresión. Vamos a
    # iterar a través de todos ellos pero los eliminaremos
    # si no son lo que buscamos.
    # ejecutamos esto: perldoc HTML::TokeParser
    while(my $token = $p->get_token) {
        # busca una expresión inicial cuyo nombre es 'td'
        # y que tenga un atributo denominado 'id' y que el
        # valor de ese atributo es 'taw' seguido de uno
        # o más dígitos.
        next unless $token->[0] eq 'S'
            and $token->[1] eq 'td'
            and $token->[2]{id} =~ /taw\d+/;
        # $ad es una referencia numérica que soportará nuestros
        # datos para ese anuncio.
        my $ad;
      #si estamos aquí es porque encontramos la etiqueta td. También tiene
        # el url que queremos
        # elimina lo referente a 'go to'
        ($ad->{url}) = $token->[2]{onmouseover} =~ /go to ([^']+)'/;
        # ahora va directamente a la siguiente etiqueta de anclaje
        my $link = $p->get_tag('a');
        # coge el atributo href y lo limpia
        $ad->{href} = $link->[1]{href};
        $ad->{href} =~ s|/url\?q=||;
        # los anuncios son el texto justo hasta la etiqueta de cierre </a>
        $ad->{adwords} = $p->get_trimmed_text('/a');
        # Ahora observa cada expresión en busca de texto.
        # A menos que el texto coincida con 'Interest:' es
        # texto descriptivo, así que se añade a la descripción.
        # Si es la expresión 'Interest:' entonces
        # se desplaza a la siguiente expresión img
        # y coge el valor del atributo 'width'
        while( my $token = $p->get_token ) {
            # esto se salta todas las etiquetas <br> y <font>
            next unless $token->[0] eq 'T';
            unless($token->[1] =~ /Interest:/) {
                $ad->{desc} .= ' ' . $token->[1];
```

```
                    next;
                }
                my $img = $p->get_tag('img');
                $ad->{interest} = $img->[1]{width};
                last; # listo
            }
            # el url está también en esta descripción
            # pero no se necesita. Ya lo hemos encontrado.
            $ad->{desc} =~ s/$ad->{url}.*//;
            # cambia dos o más espacios en blanco a uno solo.
            $ad->{desc} =~ s/\s{2,}/ /g;
            # no hay nada más que buscar así que
            # se añade este anuncio a nuestra lista de anuncios.
            push(@Ads,$ad);
        }
}
print quoted( qw( AdWords HREF Description URL Interest ) );
for my $ad (@Ads) {
    print quoted( @$ad{qw( adwords href desc url interest )} );
}
# se busca un archivo csv (valores separados por comas)
# que excel pueda abrir sin preguntar
# nada. Así que se deben colocar comillas
sub quoted {
    return join( ",", map { "'$_'" } @_ )."\n";
}
```

Cómo funciona

Llame a este *script* en la línea de comando, proporcionando el nombre de la página de resultados guardada de Google y un archivo CSV en el que poner los resultados:

```
% perl adword input.html > output.csv
```

input.html es el nombre de la página de resultados de Google que ha guardado. output.csv es el nombre del archivo delimitado por comas en el que quiere guardar sus resultados.

También puede proporcionar múltiples archivos de entrada en la línea de comando, si lo desea:

```
% perl adword input.html input2.html > output.csv
```

Los resultados

Los resultados aparecerán en un formato delimitado por comas, que tendrá el aspecto siguiente:

```
"AdWords","HREF","Description","URL","Interest"
"Free Blogging Site","http://www.1sound.com/ix",
" The ultimate blog spot Start your journal now ","www.1sound.com/ix","40"
"New Webaga Blog","http://www.webaga.com/blog.php",
" Fully customizable. Fairly inexpensive. ","www.webaga.com","24"
"Blog  this","http://edebates.e-thepeople.org/a-national/article/10245/
view&",
" Will online diarists rule the Net strewn with failed dotcoms? ",
"e-thePeople.org","26"
"Ford - Ford Cars","http://quickquote.forddirect.com/FordDirect.jsp",
" Build a Ford online here and get a price quote from your local dealer! ",
"www.forddirect.com","40"
"See Ford Dealer's Invoice","http://buyingadvice.com/search/",
" Save $1,400 in hidden dealership profits on your next new car. ",
"buyingadvice.com","28"
"New Ford Dealer Prices","http://www.pricequotes.com/",
" Compare Low Price Quotes on a New Ford from Local Dealers and Save! ",
"www.pricequotes.com","25"
```

(Se partió de forma deliberada cada una de las líneas a efectos de la publicación.)

Verá que el truco devuelve el titular del AdWords, el vínculo URL, la descripción que aparece en el anuncio, el URL del anuncio (esto es, el URL que aparece en el texto del anuncio, mientras que el HREF es aquello donde vincula el URL), y el Interest, que es el tamaño de la barra de interés en el texto del anuncio. Esta barra da una idea de cuántos clics se han hecho sobre un anuncio, lo que muestra su índice de popularidad.

Truco dentro del truco

Puede considerar que el truco, tal como esta escrito, proporciona demasiada información. En lugar de la información que hemos mostrado arriba, puede preferir tener un poco menos de información o quizá organizarla de forma diferente. El código que necesita cambiar se encuentra en una sección.

```
my @headers = qw( AdWords HREF Description URL Interest );
print '"',join('","',@headers),'"',"\n";
for my $ad (@Ads) {
    print '"', join('","',
            $ad->{adwords},
            $ad->{href},
            $ad->{desc},
            $ad->{url},
            $ad->{interest}),'"',"\n";
```

La primera parte que tendrá que cambiar es la parte inferior, la que comienza con print "", join. Como puede ver, cada línea corresponde a la parte de los datos escrita en el archivo delimitado por comas. Sólo tiene que cambiar el orden de las líneas al orden que quiera, omitiendo la información que no considere necesaria.

Por ejemplo, quizá quiera el título del Adwords, el URL y la descripción, en ese orden. Su código debería parecerse a éste:

```
print '"',join('","',@headers),'"',"\n";
for my $ad (@Ads) {
    print '"', join('","',
            $ad->{adwords},
            $ad->{url},
            $ad->{desc}),'"',"\n";
```

Una vez que haya realizado estos cambios, tendrá que cambiar la línea de encabezado que le dice a Excel qué es cada campo. Ésta se encuentra en la parte superior del *snippet* de código:

```
my @headers = qw( AdWords HREF Description URL Interest );
```

Tendrá que cambiar el orden de las palabras que aparecen entre paréntesis para que se adecuen a la información que esté enviando al archivo CSV. En el caso anterior, en el que sólo estoy guardando el título del AdWords, el URL y la descripción, la línea sería algo así como:

```
my @headers = qw( AdWords URL Description );
```

Tara Calishain y Tim Allwine

TRUCO 46 Importar del HTML los Grupos de Google

Obtener resultados procedentes de búsquedas en Grupos de Google en un archivo delimitado por comas.

Resulta sencillo mirar Internet y decir que se trata de páginas Web, ordenadores o redes. Pero intente llegar un poco más allá, y descubrirá que el centro de Internet son los debates: listas de correo, foros online e incluso sitios Web en los que la gente habla sin cesar en glorioso HTML, esperando que otras personas pasen por ahí, consideren sus filosofías, se pongan en contacto y compren sus productos y servicios. No hay ningún sitio en que Internet, como idea de conversación, sea más frecuente que en los grupos de noticias de Usenet. Los Grupos de Google tienen un archivo de más de 700 millones de mensajes acumulados a lo largo de los años de tráfico de Usenet. Si está llevando a cabo una investigación en un momento temporal determinado, buscar y guardar los punteros de mensajes de los Grupos de Google resulta realmente práctico.

Como no se puede proceder a buscar en los Grupos de Google en la versión actual del API de Google, no puede construir una herramienta de búsqueda automatizada en los Grupos de Google sin violar las condiciones de uso de Google. Sin embargo, puede importar el HTML de una página que visite personalmente y guardarlo en su disco duro.

Guardar páginas

Lo primero que tiene que hacer es ejecutar una búsqueda en los Grupos de Google.

Lo mejor es poner las páginas que vaya a importar en orden por fecha; de esta forma, si va a importar más páginas después, es sencillo mirarlas y comprobar la última fecha en la que cambiaron los resultados. Digamos que está intentando mantenerse al día con los usos de Perl en lo que respecta a la programación del API de Google; su búsqueda sería algo así como:

```
perl group:google.public.web-apis
```

En la parte derecha de la página de resultados se le ofrece la opción de organizarlos bien por importancia o bien por fecha. Organícelos por fecha. La página de resultados que obtenga debería ser similar a la que aparece en la figura 4.1.

Guarde esta página en su disco duro, poniéndole un nombre del que pueda acordarse, como `groups.html`.

Advertencias sobre la importación

Hay un par de cosas que debe recordar cuando importe del HTML de páginas, sea o no en Google:

- **Scraping es frágil:** Un *scraper* se basa en la forma en la que está formateada una página en el momento de escribir el *scraper*. Esto representa que al menor cambio en la página, las cosas se estropean con bastante rapidez.

- **Hay una enorme cantidad de formas de importar cualquier página:** Ésta es sólo una de ellas, así que ¡experimente!

El código

```
# groups2csv.pl
# resultados de los Grupos de Google exportados a un CSV adecuado para
# su importación en Excel
# Uso: perl groups2csv.pl < groups.html > groups.csv
```

```
# El encabezado del archive CSV
print qq{"title","url","group","date","author","number of articles"\n};

# El URL base para los Grupos de Google
my $url = "http://groups.google.com";

# saca estos resultados
my($results) = (join '', <>);

# Lleva a cabo una coincidencia con una expresión normal que recoge
# resultados individuales
while ( $results =~ m!<p><a href="?(.+?)"?>(.+?)</a><font size=-
1(.+?)<br>
<font color=green><a href=.+?>(.+?)</a>\s+-\s+(.+?)\s+by\s+(.+?)\s+-
.+?\((\d+) articles!mgis ) {
    my($path, $title, $snippet, $group, $date, $author, $articles) =
        ($1||'',$2||'',$3||'',$4||'',$5||'',$6||'',$7||'');
    $title =~ s!"!""!g; # elimina las comillas " sobrantes
    $title =~ s!<.+?>!!g; # omite todas las etiquetas HTML
    print
qq{"$title","$url$path","$group","$date","$author","$articles"\n};
}
```

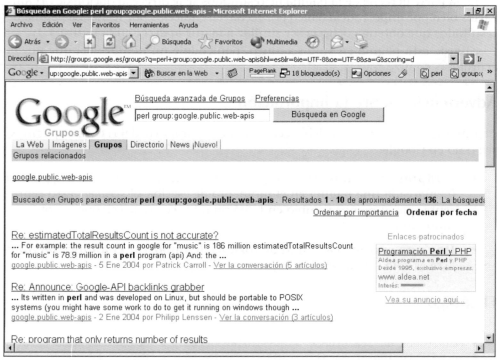

Figura 4.1. Resultados de una búsqueda en los Grupos de Google.

Ejecutar el truco

Ejecute el *script* desde la línea de comando, especificando el nombre de archivos de resultados de los Grupos de Google que guardó previamente y el nombre del archivo CSV que desee crear o al que desee agregar los resultados adicionales. Por ejemplo, se podría hacer utilizado `groups.html` como entrada y `groups.csv` como salida:

```
$ perl groups2csv.pl < groups.html > groups.csv
```

El hecho de eliminar el signo > y el nombre del archivo CSV envía los resultados a la pantalla para que los examine.

Si utiliza un doble signo >> antes del nombre del archivo CSV, lo que hará será agregar el grupo actual de resultados al archivo CSV, creándolo si es que no existe todavía.

Esto resulta útil para combinar más de un grupo de resultados, representados por más de una página de resultados guardada:

```
$ perl groups2csv.pl < results_1.html > results.csv
$ perl groups2csv.pl < results_2.html >> results.csv
```

Los resultados

Importar los resultados de una búsqueda para `perl group:google.public.web-apis`, cualquier cosa que mencione el lenguaje de programación de Perl en el foro de discusión de los API de Google, tiene este aspecto:

```
$ perl groups2csv.pl < groups.html > groups.csv
"title","url","group","date","author","number of articles"
"Re: Perl Problem?",
"http://groups.google.com/groups?q=perl+group:google.public.
web-apis&hl=en&lr=&ie=UTF-8&output=search&selm=5533bb12.0208230215.
365a093d%40po sting.google.com&rnum=1",
"google.public.web-apis","Aug. 23, 2002","S Anand","2"
"Proxy usage from Perl script",
"http://groups.google.com/groups?q=perl+group:goo
gle.public.web-apis&hl=en&lr=&ie=UTF-8&output=search&selm=575db61f.
0206290446.1d fe4ea7%40posting.google.com&rnum=2",
"google.public.web-apis","Jun. 29, 2002","Varun","3"
...
"The Google Velocity",
"http://groups.google.com/groups?q=perl+group:google.public.web-apis&hl
=en&lr=&ie=UTF-8&output=search&selm=18a1ac72.0204221336.47fdee71%
40posting.google.com&rnum=29",
"google.public.web-apis","Apr. 22, 2002","John Graham-Cumming","2"
```

Importar del HTML las News de Google

Importar los resultados de búsqueda en las News de Google para llegar a las últimas de las miles de fuentes de noticias agregadas.

Como Google añade miles de fuentes al motor de búsqueda de sus News, se ha convertido en una fuente excelente para cualquier investigador. Sin embargo, como no puede acceder a las News de Google a través del API de Google, tendrá que importar sus resultados a partir del HTML de una página de resultados de las News de Google. Este truco hace justo eso, reunir los resultados en un archivo delimitado por comas adecuado para cargarse en una hoja de cálculo o base de datos. Para cada historia de noticias, extrae el título, el URL, la fuente (esto es, la agencia de noticias), la fecha de publicación o la antigüedad de la noticia y una breve descripción.

Como las condiciones de uso de Google prohíben el acceso automatizado de motores de búsqueda excepto a través del API de Google, este truco realmente no tiene conexión con Google. Más bien funciona en una página de resultados que haya guardado de una búsqueda realizada en las News de Google ejecutada por usted mismo. Simplemente guarde la página de resultados como fuente HTML utilizando el comando Archivo>Guardar como de su navegador.

Asegúrese de que los resultados aparecen organizados por fecha y no por importancia. Cuando los resultados se ordenan por importancia, se pierden algunas de las descripciones, porque se agrupan historias similares. Puede organizar los resultados por fecha haciendo clic en el vínculo Ordenar por fecha que encontrará en la página de resultados o añadiendo la cadena &scoring=d al final del URL de resultados. Debe asegurarse también de que está obteniendo el número máximo de resultados, añadiendo &num=100 al final del URL de resultados. Por ejemplo, la figura 4.2 muestra los resultados de una búsqueda para *Monk Detective*, tratando de descubrir más cosas sobre el nuevo y famoso programa de detectives, "Monk".

El código

```
#!/usr/bin/perl
# news2csv.pl
# Resultados de las News de Google exportados a un archivo CSV
# susceptible de ser importado en Excel
# Uso: perl news2csv.pl < news.html > news.csv

print qq{"title","link","source","date or age", "description"\n};

my %unescape = ('&lt;'=>'<', '&gt;'=>'>', '&amp;'=>'&',
   '&quot;'=>'"', ' '=>' ');
```

```
my $unescape_re = join '|' => keys %unescape;
my($results) = (join '', <>) =~ m!(.*?)!mis;
$results =~ s/($unescape_re)/$unescape{$1}/migs; # unescape HTML
$results =~ s![\n\r]! !migs; # drop spurious newlines

while ( $results =~ m!(.+?)(.+?) - (.+?)(.+?)!migs ) {
  my($url, $title, $source, $date_age, $description) =
    ($1||'',$2||'',$3||'',$4||'', $5||'');
  $title =~ s!"!""!g; # elimina las comillas " sobrantes
  $description =~ s!"!""!g;
  my $output =
    qq{"$title","$url","$source","$date_age","$description"\n};
  $output =~ s!!!g; # omite todas las etiquetas HTML
  print $output;
}
```

Figura 4.2. Resultados en las News de Google para "Monk Detective".

Ejecutar el Script

Ejecute el *script* desde la línea de comando, especificando el nombre del archivo HTML de los resultados de las News de Google y el nombre del archivo CSV que desee crear o al que desee añadir los resultados adicionales. Por ejemplo, puede utilizar news.html como entrada y news.csv como salida:

```
$ perl news2csv.pl < news.html > news.csv
```

Si elimina el signo > y el nombre del archivo CSV, los resultados se enviarán a la pantalla para que los examine.

Los resultados

A continuación aparecen algunos de los 70 resultados devueltos por Google News para *Monk Detective*, utilizando la página de resultados HTML que aparece en la figura 4.2.

```
"title","link","source","date or age", "description"
"ON TV : That Was Then is already gone",
"http://www.nwanews.com/adg/story_style.php?storyid=9127",
"Arkansas Democrat Gazette, AR",
"12 hours ago",
" ... The daffy detective series began life on cable<92>s USA Network,
where it does well ... USA will air the season finale,"" Mr. Monk ... "
"`Miami' and WB shows are hot; UPN is not; and `Push, Nevada' is, ... ",
"http://www.bayarea.com/mld/bayarea/entertainment/television/...",
"Piedmonter, CA",
"14 Oct 2002",
" ... Remember the note I had that ``Monk'' -- the refreshingly quirky
USA detective dramarepeated on ABC -- would air Thursdays ... "
...
"Indie Film Fest hits New Haven",
"http://www.yaledailynews.com/article.asp?AID=19740",
"Yale Daily News",
"20 Sep 2002",
" ... The Tower of Babble,"" directed by Beau Bauman '99, and
""Made-Up,"" which was directed by Tony Shalhoub DRA '80, who
also stars in the USA detective show ""Monk."". ... "
```

(Cada elemento del listado aparece de hecho en su propia línea; hemos partido las líneas y ocasionalmente las hemos acortado a efectos de publicación.)

Truco dentro del truco

No querrá meterse en la mayor parte de este programa. Ha sido elaborado para que el formateo de las News de Google tenga sentido. Pero si no le gusta la forma en la que el programa organiza la información que se saca de la página de resultados, puede cambiarla. Sólo tiene que reorganizar las variables en la línea siguiente, colocándolas de la forma que desee. Asegúrese de mantener una coma entre cada uno de ellos.

```
my $output =
  qq{"$title","$url","$source","$date_age","$description"\n};
```

Por ejemplo, pongamos que sólo quiere el URL y el título. La línea debería tener este aspecto:

```
my $output =
  qq{"$url","$title"\n};
```

\n especifica una nueva línea y los caracteres $ especifican que $url y $title son nombres de variables; no los modifique.

Por supuesto, ahora su salida no corresponderá con el encabezado que aparece en la parte superior del archivo CSV predeterminado:

```
print qq{"title","link","source","date or age", "description"\n};
```

Como ocurrió antes, sólo tiene que cambiar esto para que coincida, de la forma siguiente:

```
print qq{"url","title"\n};
```

TRUCO 48 Importar del HTML los catálogos de Google

Importe y guarde resultados de búsqueda de catálogo en un archivo delimitado por comas.

Las compras navideñas sólo se dan una vez al año, pero la compra por catálogo es una alegría que dura todo el año. Y los catálogos de Google hacen que sea más sencillo que nunca.

Por supuesto, sólo porque pueda pasar una tarde lluviosa de invierno tratando de encontrar el chal perfecto para la tía Sole, no significa que tenga que reproducir la búsqueda cuando la necesite. O quizá quiera llevar a cabo una búsqueda para varias cosas y mirarlas después cuando le venga bien.

Como los catálogos de Google no están soportados por el API de Google, este truco importa hallazgos del HTML de una página de resultados de catálogos de Google. Guarda el título del catálogo, la fecha o la estación, el número de página e incluso un vínculo a una imagen de la propia página en Google. Los resultados se guardan en formato CSV, listo para importarse en una base de datos o en una aplicación de hoja de cálculo.

Como las condiciones de uso de Google prohíben el acceso automatizado de sus motores de búsqueda excepto cuando se hace a través del API de Google, este truco no está realmente conectado con Google. En lugar de eso, funciona en una página de resultados que haya guardado procedente de la búsqueda de catálogos de Google que haya ejecutado. Simplemente guarde los resultados de la página como fuente HTML utilizando el comando Archivo>Guardar como de su navegador.

Como pasaba con el truco de las News de Google, puede optimizar la efectividad de este truco cambiando el URL de resultados incluso tan ligeramente como para cambiar el orden y los datos que se muestren. Si añade &num=100 al final del URL de resultados de búsqueda de catálogo, obtendrá hasta 100 resultados en lugar de sólo los primeros.

Por ejemplo, la figura 4.3 muestra los resultados de una búsqueda para encontrar el chal perfecto (*perfect shawl*) para la tía de la que hablábamos.

Figura 4.3. Resultados de búsqueda en catálogos de Google para "*perfect shawl*".

El código

```
#!/usr/bin/perl
# catalogs2csv.pl
# Resultados de los catálogos de Google exportados a un archivo CSV
# susceptible de ser importado en Excel
```

```perl
# Uso: perl catalogs2csv.pl < catalogs.html > catalogs.csv

print qq{"title","link","date","page"\n};

my($results) = join '', <>;
while ( $results =~ m!<td>(.+?)   <font size=-1>(.+?) - Pa
ge (\w+?) -.+?<a href="(/catalogs.+?)"><img src=.+?></
a>  !migs ) {
    my($title, $date, $page, $url) = ($1||'',$2||'',$3||'',$4||'');
    $title =~ s!"!""!g;  # elimina las comillas " sobrantes
    my $output = qq{"$title","$url","$date","$page"\n};
    $output =~ s! ! !g;  # limpia espacios
    print $output;
}
```

Ejecutar el script

Ejecute el *script* desde la línea de comando, especificando el nombre del archivo HTML de los resultados de los catálogos de Google y el nombre del archivo CSV que desee crear o al que desee agregar resultados adicionales. Por ejemplo, podría utilizar `catalogs.html` como entrada y `catalogs.csv` como salida:

```
$ perl catalogs2csv.pl < catalogs.html > catalogs.csv
```

Si elimina el signo > y el nombre del archivo CSV se enviarán los resultados a la pantalla para que los examine.

Los resultados

Usted (y su tía) parecen estar de suerte; existe una gran cantidad de chales perfectos que pueden encontrarse en los catálogos de Google:

```
"title","link","date","page"
"Isabella","http://catalogs.google.com/catalogs?num=100
&hl=en&lr=&ie=UTF-8&issue=13655&catpage=cover","Fall 2002","3"
"Sovietski Collection","http://catalogs.google.com/catalogs?num=100
&hl=en&lr=&ie=UTF-8&issue=9447&catpage=cover","Summer 2002","37"
"Rego","http://catalogs.google.com/catalogs?num=100&hl=en
&lr=&ie=UTF-8&issue=12484&catpage=cover","2002","21"
"Crazy Crow Trading Post","http://catalogs.google.com/catalogs?num=100
&hl=en&lr=&ie=UTF-8&issue=12346&catpage=cover","2002","39"
"Winter Silks - Sale","http://catalogs.google.com/catalogs?num=100
&hl=en&lr=&ie=UTF-8&issue=10002&catpage=cover","Summer 2002","11"
...
"Previews","http://catalogs.google.com/catalogs?num=100
&hl=en&lr=&ie=UTF-8&issue=14468&catpage=cover","Oct 2002","381"
```

(Cada elemento del listado aparece en realidad en su propia línea; las líneas se separan y ocasionalmente se acortan a efectos de la publicación.)

Truco dentro del truco

Se puede alterar el formato de salida para adaptarlo a su gusto.

Importar del HTML el directorio telefónico de Google

Cree un archivo delimitado por comas a partir de una lista de números de teléfonos devuelta por Google.

Sólo porque el API de Google no soporte la sintaxis `phonebook:`, no quiere decir que no pueda utilizar los datos del directorio telefónico de Google.

Este simple *script* de Perl coge una página de los resultados de `phonebook:` de Google y produce un archivo de texto delimitado por comas adecuado para importarse a Excel o a su aplicación normal de base de datos. Sin embargo, el *script* no utiliza el API de Google, porque el API todavía no soporta búsquedas de directorio telefónico. En lugar de eso, tendrá que ejecutar la búsqueda en su navegador Web de confianza y guardar los resultados en el disco duro de su ordenador como archivo HTML. Utilice el *script* con el archivo HTML y hará lo que tenga que hacer. ¿Qué resultados debería guardar? Tiene dos opciones, dependiendo de la sintaxis que esté utilizando:

- Si está utilizando la sintaxis `phonebook:`, guarde la segunda página de los resultados, a los que accederá haciendo clic en los vínculos *"More business listings..."* o *"More residential listings..."* en la página de resultados inicial.

- Si está utilizando la sintaxis `bphonebook:` o `rphonebook:`, simplemente guarde la primera página de resultados. Dependiendo del número de páginas de resultados que tenga, quizá necesite ejecutar el programa varias veces.

Como este programa es tan simple, a lo mejor se siente tentado de colocar este código en un programa que utilice `LWP::Simple` para obtener automáticamente páginas de resultados procedentes de Google, automatizando todo el proceso. Debería saber que el acceso a Google con búsquedas automatizadas procedentes de un sitio distinto del API de Google va en contra de las condiciones de uso.

El código

```
#!/usr/bin/perl
# phonebook2csv
```

```
# Resultados del directorio telefónico de Google en un CSV adecuado para
# importarse en Excel
# Uso: perl phonebook2csv.pl < results.html > results.csv

# Encabezado CSV
print qq{"name","phone number","address"\n};

my @listings = split /<hr size=1>/, join '', <>;

foreach (@listings[1..($#listings-1)]) {
        s!\n!!g; # elimina nuevas líneas falsas
        s!<.+?>!!g; # omite todas las etiquetas HTML
        s!"!""!g; # elimina las comillas " sobrantes
        print '"' . join('","', (split /\s+-\s+/)[0..2]) . "\"\n";
}
```

Ejecutar el truco

Ejecute el *script* desde la línea de comando, especificando el nombre del archivo HTML de los resultados del directorio telefónico y el nombre del archivo CSV que desee crear o al que desee agregar los resultados adicionales. Por ejemplo, utilice results.html como entrada y results.csv como salida:

```
$ perl phonebook2csv.pl < results.html > results.csv
```

Si elimina el signo > y el nombre del archivo CSV enviará los resultados a la pantalla para que los examine:

```
$ perl phonebook2csv.pl < results.html > results.csv
"name","phone number","address"
"John Doe","(555) 555-5555","Wandering, TX 98765"
"Jane Doe","(555) 555-5555","Horsing Around, MT 90909"
"John and Jane Doe","(555) 555-5555","Somewhere, CA 92929"
"John Q. Doe","(555) 555-5555","Freezing, NE 91919"
"Jane J. Doe","(555) 555-5555","1 Sunnyside Street, "Tanning, FL 90210""
"John Doe, Jr.","(555) 555-5555","Beverly Hills, CA 90210"
"John Doe","(555) 555-5555","1 Lost St., Yonkers, NY 91234"
"John Doe","(555) 555-5555","1 Doe Street, Doe, OR 99999"
"John Doe","(555) 555-5555","Beverly Hills, CA 90210"
```

Si utiliza un signo >> doble antes del nombre del archivo CSV agregará el conjunto actual de resultados al archivo CSV, creándolo si no existe todavía. Esto resulta útil para combinar más de un grupo de resultados, representados por más de una página de resultados guardada:

```
$ perl phonebook2csv.pl < results_1.html > results.csv
$ perl phonebook2csv.pl < results_2.html >> results.csv
```

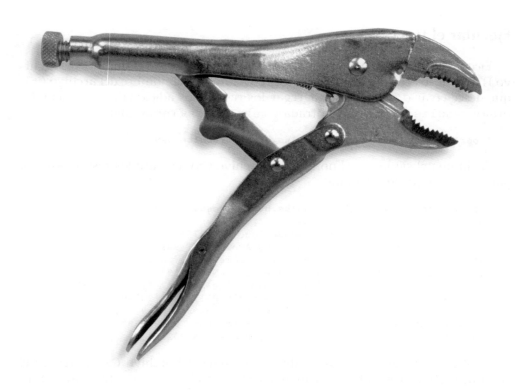

## CAPÍTULO 5

Introducción al API Web de Google

Trucos 50 a 59

Un primer vistazo al API de Google y cómo darse de alta

¿Por qué un API?

Cuando los motores de búsqueda aparecieron en escena por primera vez, eran más abiertos a tener arquitectura de red, y ser importados y agregados. Sitios como Excite y AltaVista no se preocupaban demasiado sobre la extraña navegación que utilizaba Perl para tomar un fragmento de un página, o los motores de metabúsqueda que incluían sus resultados en sus resultados de búsqueda añadidos. Seguramente los eminentes cazadores de datos podrían quedarse fuera, pero los motores de búsqueda no estaban preocupados por compartir su información a una escala menor. Google nunca tomó esa postura. En su lugar, ha prohibido regularmente a los motores de metabúsqueda que utilizaran su contenido sin una licencia y trata de hacerlo lo mejor posible en lo que se refiere a agentes Web no identificados como el módulo LWP::Simple de Perl o incluso wget en la línea de comando. Además, se ha sabido que Google ha bloqueado cadenas de direcciones IP por ejecutar búsquedas automatizadas.

Google tiene todo el derecho a hacer esto; después de todo, es su tecnología de búsqueda, su base de datos y su poder informático. Sin embargo, desgraciadamente, estas políticas han dado lugar a que investigadores ocasionales y fanáticos de Google, como usted y yo, no tengamos la capacidad de jugar con su rico conjunto de datos de ninguna forma automatizada.

En la primavera del año 2002, Google cambió todo esto con el lanzamiento del API Web de Google (http://api.google.com/). El API Web de Google no le permite realizar cualquier tipo de búsqueda posible, por ejemplo, no soporta la sintaxis phonebook:, pero sí hace que la mejor parte de la rica y masiva base de datos de Google esté a disposición de los desarrolladores para que creen sus propias interfaces y utilicen los resultados de búsqueda de Google como deseen.

 API son las siglas para "Application Programming Interface" (interfaz de programación de aplicación), una entrada al acceso programático a un recurso o aplicación particular, en este caso, el índice de Google.

Así que, ¿cómo puede participar en toda esta bondad del API de Google?

Tendrá que registrarse para obtener una clave de desarrollador, un login para el API de Google. Cada clave le permite a su propietario realizar 1.000 búsquedas en el API de Google al día; una vez utilizadas, se le ha acabado la suerte hasta el día siguiente. De hecho, incluso si no planea escribir ninguna aplicación, resulta útil tener una clave a su disposición. Hay varias aplicaciones a terceros elaboradas sobre el API de Google que quizá le apetezca visitar y probar; algunas de ellas le piden que utilice su propia clave y le asignan 1.000 búsquedas.

Inscripción y condiciones de Google

Inscribirse para obtener una clave de desarrollador del API de Google es sencillo. Primero tendrá que crear una cuenta de Google, que en este momento es buena sólo para los API Web de Google y las Google Answers. Google promete proporcionar más aplicaciones asociadas con las cuentas de Google en el futuro. Los requisitos son simplemente una dirección válida de correo electrónico y una contraseña inventada. Por supuesto, tendrá que aceptar los términos y condiciones de Google (http://www.google.com/apis/download.html) antes de poder proceder. A grandes rasgos, se trata de lo siguiente:

- Google no ejerce control editorial sobre los sitios que aparecen en su índice. El API de Google podría devolverle resultados que quizá le resulten ofensivos.

- El API de Google puede utilizarse sólo para uso personal. No puede utilizarse para vender un producto o servicio o para conducir el tráfico a un sitio en beneficio de ventas de publicidad.

- No puede improvisar con las marcas de propiedad intelectual que aparecen dentro del API.

- Google no acepta ningún tipo de responsabilidad en relación con la utilización de su API. Se trata de un programa en versión beta.

- Puede indicar que el programa que usted cree utiliza el API de Google, pero no si la aplicación o aplicaciones "(1) manchan, infringen o diluyen las marcas registradas de Google, (2) violan cualquier legislación aplicable o (3) infringen los derechos de cualquier tercero". Cualquier otra utilización de la marca registrada o el logo de Google requieren un consentimiento por escrito.

Una vez que haya introducido su dirección de correo electrónico, haya creado una contraseña y haya aceptado las condiciones de uso, Google le envía un correo electrónico para confirmar la legitimidad de su dirección de correo. El mensaje incluye un vínculo para la activación final de su cuenta. Haga clic en el vínculo para activar su cuenta y Google le enviará un correo electrónico con su propia clave de licencia. Se ha inscrito, ha generado una clave, ¡lo ha hecho todo! ¿y ahora qué? Si no pretende llevar a cabo ningún tipo de programación, simplemente pare aquí. Guarde la clave en un lugar seguro y a mano, para poder utilizarla con fantásticos servicios a terceros basados en el API de Google con los que pueda encontrarse.

El kit del desarrollador del API Web de Google

Si está interesado en realizar programación, descargue el kit del desarrollador del API Web de Google (Google Web APIs Developer's Kit; `http://www.google.com/apis/download.html`). Aunque no es estrictamente necesario para cualquier programación de API de Google que puede hacer, este kit contiene muchas cosas que son útiles:

- Un archivo WSDL de multiplataforma.

- Una biblioteca de envoltorio Java que resume parte de la instalación de SOAP.

- Un ejemplo de una aplicación .NET.

- Documentación, incluyendo ejemplos de JavaDoc y SOAP XML.

Sólo tiene que hacer clic en el vínculo de descarga, descomprimir el archivo y echar un vistazo al archivo `README.txt` para ponerse en marcha.

Utilizar la clave en un truco

Cada vez que envíe una petición al servidor Google en un programa, tendrá que enviar su clave con ella. Google comprueba la clave y determina si es válida y si está dentro del límite de 1.000 búsquedas diarias; si es así, Google procesa la petición.

Todos los programas de este libro, sea cual sea el idioma y la plataforma, proporcionan un lugar en el que poner su clave. La clave es simplemente una cadena de caracteres con aspecto de haber sido reunidos al azar (por ejemplo, 12BuCK13mY5h0E/34KN0cK@ttH3Do0R).

Un truco de Perl normalmente incluye una línea como la que aparece a continuación:

```
...
# Su clave de desarrollador del API de Google
my $google_key='insert key here';
...
```

La GoogleAPIDemo de Java incluida en el kit de desarrollador del API Web de Google se evoca en la línea de comando de la forma siguiente:

```
% java -cp googleapi.jar com.google.soap.search.GoogleAPIDemo
insert_key_here search ostrich
```

En ambos casos, insert key here o insert_key_here debería ser sustituída por su propia clave de API Web de Google. Por ejemplo, colocaría mi clave inventada en el *script* de Perl de esta forma:

```
...
# Su clave de desarrollador del API de Google
my $google_key='12BuCK13mY5h0E/34KN0cK@ttH3Do0R';
...
```

¿Qué es WSDL?

Las siglas WSDL significan "Web Services Description Language" (idioma de descripción de los servicios Web), un formato XML para describir servicios Web. La parte más útil del kit del desarrollador del API de Google es GoogleSearch .wsdl, un archivo WSDL que describe los servicios disponibles, los nombres de los métodos y los argumentos supuestos del API de Google en relación con el lenguaje de programación que elija.

En su mayor parte, lo más sencillo es mantener simplemente el archivo GoogleSearch.wsdl en el mismo directorio que los *scripts* que esté escribiendo. Esto es, en la mayor parte de los casos, lo que se asume en los trucos de este libro. Si prefiere guardarlo en un sitio diferente, asegúrese de modificar la ruta de acceso en el *script* correspondiente. Un truco de Perl especifica normalmente la ubicación del archivo WSDL de la forma siguiente:

```
...
# Ubicación del archivo GoogleSearch WSDL
my $google_wdsl = "./GoogleSearch.wsdl";
...
```

Me gusta mantener estos archivos juntos en un directorio de librerías y, de esta forma, llevaría a cabo el ajuste siguiente al *snippet* del código anterior:

```
...
# Ubicación del archivo GoogleSearch WSDL
my $google_wdsl = "/home/me/lib/GoogleSearch.wsdl";
...
```

Comprender la búsqueda API de Google

La parte principal de una aplicación de Google es la búsqueda. Sin la búsqueda, no hay datos de Google y, sin ellos, la aplicación no sirve para mucho. A causa de su importancia, merece la pena tomarse un poco de tiempo para analizar la anatomía de una búsqueda tipo.

Puntos fundamentales de la búsqueda

El comando de una aplicación típica basada en Perl de la aplicación API de Google que envía una búsqueda tiene este aspecto:

```
my $results = $google_search ->
  doGoogleSearch(
    key, query, start, maxResults,
    filter, restrict, safeSearch, lr,
    ie, oe
  );
```

Normalmente, los elementos que aparecen entre paréntesis son variables, números o valores booleanos (verdadero o falso). En el ejemplo anterior, he incluido los nombres de los propios argumentos, en lugar de valores de muestra, de forma que pueda ver aquí las definiciones:

- `key`

  Aquí es donde pone su clave de desarrollador del API de Google. Sin una clave, su búsqueda no llegará muy lejos.

- `query`

  Se trata de su búsqueda, compuesta por palabras clave, frases o sintaxis especiales.

- `start`

  También conocido como *offset*, este valor de número entero especifica en qué resultado hay que empezar a contar cuando determine qué diez resultados devolver. Si este número fuera 16, el API de Google devolvería los resultados 16-25. Si fuera 300, devolvería los resultados 300-309 (asumiendo, claro está, que su búsqueda encontrara una gran cantidad de resultados). Se trata de lo que se conoce como "índice basado en cero"; se empieza a contar desde 0, no desde 1. El primer resultado es el resultado 0, y el 999, es el 998. Hay que admitir que es un poco extraño, pero se acostumbrará rápidamente, especialmente si va a continuar llevando a cabo programación. Los valores aceptables van de 0 a 999, porque Google devuelve sólo un máximo de mil resultados por búsqueda.

- `maxResults`

  Este número entero especifica el número de resultados que le gustaría que devolviera el API. El API devuelve resultados en grupos de hasta diez, por lo que los valores aceptables van de 1 a 10.

- `filter`

  Puede que piense que la opción `filter` tiene que ver con el filtro SafeSearch para contenidos para adultos. No es así. Este valor booleano (verdadero o falso) especifica si sus resultados atraviesan un filtrado de búsqueda automático, eliminando contenidos casi repetidos (títulos y *snippets* que son muy similares) y resultados múltiples (más de dos) del mismo dominio o sitio. Cuando el filtrado está activado, sólo se incluyen los dos primeros resultados de cada dominio en el conjunto de resultados.

- `restrict`

  No, `restrict` tampoco tiene nada que ver con SafeSearch. Permite la restricción de la búsqueda a una de las búsquedas por asunto de Google o a un país determinado. Google tiene cuatro restricciones por tema: el gobierno de los EEUU (`unclesam`), Linux (`linux`), Macintosh (`mac`) y FreeBSD (`bsd`). Encontrará la lista completa de países en la documentación del API Web de Google. Si desea llevar a cabo una búsqueda sin restricción, deje en blanco esta opción (normalmente se expresa mediante comillas vacías, `""`).

- `safeSearch`

  Ahora existe una opción de filtrado SafeSearch. Este booleano (verdadero o falso) especifica si los resultados devueltos serán filtrados para encontrar contenido cuestionable (es decir, para adultos).

- `lr`

  Son las iniciales de "*language restrict*" (restricción de idioma) y es una opción un poco complicada. Google tiene una lista de idiomas en su documentación de API a la que puede restringir sus resultados de búsqueda, o simplemente puede dejar en blanco esta opción y no tener ningún tipo de restricciones de idiomas.

  Hay varias formas de limitarse a un idioma. En primer lugar, puede simplemente incluir un código de idioma. Si quisiera restringir los resultados a inglés, por ejemplo, utilizaría `lang_en`. Pero también puede restringir los resultados a más de un idioma, separando cada código de idioma con un signo |, que significa OR. En consecuencia, `lang_en|lang_de`, limita los resultados a aquellos que estén "en inglés o en alemán". Puede omitir idiomas en los resultados colocando delante un signo -. `-lang_` devuelve todos los resultados excepto aquellos que sean en inglés.

- `ie`

  Significa "*input encoding*" (codificación de entrada), y le permite especificar el carácter de codificación que se utiliza en la búsqueda que está llevando a cabo en el API. La documentación de Google dice: "los clientes deberían codificar todos los datos de petición en UTF-8 y deberían esperar que los resultados estuvieran en UTF-8". En la primera iteración del programa API de Google, la documentación del API de Google ofrecía una tabla con las opciones de codificación (`latin1`, `cyrillic`, etc.) pero ahora todo está en UTF-8. De hecho, las peticiones para algo que no sea UTF-8 son sumariamente ignoradas.

- `oe`

  Estas iniciales hacen referencia a "*output encoding*" (codificación de salida). Como ocurre con la codificación de entrada, todo está en UTF-8.

Un ejemplo

Basta de marcadores de posición; ¿qué aspecto tiene una búsqueda real?

Tomemos por ejemplo una búsqueda que utilice variables para la clave y para la búsqueda, pida 10 resultados que comiencen en el resultado número 100 (realmente el resultado ciento uno), y especifique que el filtrado y SafeSearch estén activados. Esta búsqueda en Perl tendría el aspecto siguiente:

```
my $results = $google_search ->
doGoogleSearch(
$google_key, $query, 100, 10,
```

```
"true", "", "true", "",
"utf8", "utf8"
);
```

Observe que la clave y la búsqueda podrían haberse expresado de la misma forma como cadenas de caracteres delimitadas por comillas:

```
my $results = $google_search ->
doGoogleSearch(
"12BuCK13mY5h0E/34KN0cK@ttH3Do0R", "+paloentology +dentistry" , 100, 10,
"true", "", "true", "",
"utf8", "utf8"
);
```

Aunque las cosas parecen un poco más complicadas cuando se empieza a tocar las restricciones de idioma y de tema, la búsqueda principal permanece de la misma forma en su mayor parte, sólo cambian los valores de las opciones.

Cruzar las restricciones de país y de tema

Puede que haya veces en las que desee limitar sus resultados a un idioma determinado en un determinado país, o a un determinado idioma en un determinado país y a un tema en particular. Aquí es donde las cosas empiezan a parecer estar un poco en el lado extraño.

Éstas son las reglas:

- Omita algo añadiéndole delante un signo menos (-).

- Separe las restricciones mediante puntos (.); no se permite la utilización de espacios.

- Especifique una relación de OR entre dos restricciones utilizando un signo |.

- Agrupe restricciones utilizando paréntesis.

Digamos que quiere realizar una búsqueda para obtener resultados en francés, extraídos sólo de sitios canadienses y centrándose exclusivamente en el tema Linux.

Su búsqueda tendría el siguiente aspecto:

```
my $results = $google_search ->
  doGoogleSearch(
    $google_key, $query, 100, 10,
    "true", "linux.countryCA", "true", "lang_fr",
    "utf8", "utf8"
  );
```

Si quisiera obtener resultados de Canadá o de Francia, tendría que utilizar:

```
"linux.(countryCA|countryFR)"
```

O quizá lo que quiere obtener son resultados en francés pero procedentes de cualquier lugar excepto de Francia.

```
"linux.(-countryFR)"
```

Hacer uso de los elementos de la búsqueda

Puede utilizar los diferentes elementos de la búsqueda de la siguiente forma:

- **Utilización de SafeSearch:** Si está construyendo un programa familiar de uso sencillo probablemente tendrá que tener SafeSearch activado por norma. Pero también puede utilizarlo para comparar resultados seguros y no seguros. Podría crear un programa que tomara una palabra de un formulario Web y comprobara sus cómputos en búsquedas filtradas y sin filtrar, proporcionándole un "ranking malo" de dicha palabra en base a dichos cómputos.

- **Configuración de números de resultados de búsqueda:** Tanto si pide uno como si pide 10 resultados, está utilizando una de sus dosis diarias de mil búsquedas del API Web de Google de su clave de desarrollador. ¿No tendría entonces sentido pedir siempre diez? No necesariamente; si sólo utiliza el resultado más importante (para llevar al navegador a otra página, para generar una cadena de búsqueda aleatoria para obtener una contraseña, o para lo que sea), podría incluso añadir también la cantidad mínima de ralentización de velocidad a su aplicación no pidiendo resultados que simplemente va a eliminar o ignorar.

- **Buscar temas diferentes:** Si tenemos en cuenta los cuatro temas especializados disponibles para realizar búsquedas a través del API de Google, las docenas de idiomas diferentes y las docenas de países, existen miles de combinaciones de restricciones tema/idioma/país que podría probar.

  Considere una aplicación de "país de código abierto". Podría crear una lista de palabras clave muy específicas para el código abierto (como `linux`, `perl`, etc.) y crear un programa que hiciera círculos por una serie de búsquedas que restringieran la búsqueda a un tema de código abierto (como `linux`) y un país en particular. Así, podría descubrir que `perl` se mencionó 15 veces en Francia dentro del tema `linux`, en Alemania 20 veces, etc.

  También podría concentrarse menos en el programa en sí mismo y más en la interfaz para acceder a esas variables. ¿Qué opina de un formulario con menús desplegables que le permitieran restringir sus búsquedas por continente (en lugar de por país)? Podría especificar en la variable el continente que se pasa a la búsqueda. ¿O qué me dice de una interfaz que le permita al usuario especificar un tema y desplazarse por una lista de países e idiomas, obteniendo recuentos de resultados para cada uno de ellos?

Comprender la respuesta API de Google

Aunque el API de Google le concede el acceso programático a la mejor parte del índice de Google, no proporciona toda la funcionalidad que está disponible a través de la interfaz de búsqueda del sitio Web `Google.com`.

Lo que puede hacer

El API de Google, además de soportar búsquedas de palabras clave simples, soporta también las siguientes sintaxis especiales:

```
site:
daterange:
intitle:
inurl:
allintext:
allinlinks:
filetype:
info:
link:
related:
cache:
```

Lo que no puede hacer

El API de Google no soporta las siguientes sintaxis especiales:

```
phonebook:
rphonebook:
bphonebook:
stocks:
```

Aunque las búsquedas de este tipo no proporcionan resultados individuales, a veces se devuelven datos de resultados globales y pueden resultar bastante útiles.

El límite de 10 resultados

Aunque las búsquedas a través de la página principal de `Google.com` pueden afinarse para que devuelvan 10, 20, 30, 50, ó 100 resultados por página, el API

Web de Google limita este número a 10 por búsqueda. Sin embargo, cuidado, esto no significa que el resto no esté a su disposición, pero le llevará un poco de tiempo crear un programa que implique la realización de bucles por los resultados, 10 cada vez.

Qué se incluye en los resultados

El API de Google proporciona tanto datos globales como datos por resultados en su conjunto de resultados.

Datos globales

Los datos globales, la información sobre la propia búsqueda y sobre el tipo y la cantidad de resultados procedentes de dicha búsqueda, están compuestos por:

`<documentFiltering>`

Un valor booleano (verdadero/falso) que especifica si los resultados fueron o no filtrados para detectar resultados muy similares o aquellos que proceden del mismo dominio Web.

`<directoryCategories>`

Una lista de categorías de directorio, si las hay, asociadas con la búsqueda.

Datos de resultados de búsqueda individuales

Las "tripas" de un resultado de búsqueda (los URL, los títulos de página y los *snippets*) se devuelven en una lista `<resultElements>`. Cada resultado consta de los siguientes elementos:

`<summary>`

El resumen del directorio de Google, si está disponible.

`<URL>`

El URL del resultado de búsqueda; sistemáticamente empieza con `http://`.

`<snippet>`

Un pequeño pasaje de la página con los términos de búsqueda destacados en negrita (etiquetas HTML `<b> </b>`)

`<title>`

El título de la página en HTML.

```
<cachedSize>
```

El tamaño en kilobytes (K) de la versión en caché de la página en Google, cuando esté disponible.

Observará la notoria ausencia de PageRank. Google sólo ofrece el ranking de página a través de su barra de herramientas oficial. Puede hacerse una idea general de la popularidad de una determinada página observando las barras de popularidad en el Directorio de Google.

TRUCO 50 Programar el API Web de Google con Perl

Un *script* simple que ilustra los fundamentos de la programación del API Web de Google con Perl y que sienta las bases para la mejor parte de los trucos siguientes.

La gran mayoría de los trucos de este libro están escritos en Perl. Aunque los detalles varían de un truco a otro, la mayor parte del trabajo duro de realizar la búsqueda en el API de Google y hacer bucles sobre los resultados es básicamente el mismo en todos. Este truco es realmente básico y proporciona la base sobre la que construiremos aplicaciones más complejas e interesantes. Si no ha hecho antes algo de este tipo, este truco es un buen punto de partida para la experimentación. Simplemente envía una búsqueda a Google e imprime los resultados.

El código

```perl
#!/usr/local/bin/perl
# googly.pl
# Un típico script Perl del API Web de Google
# Uso: perl googly.pl <query>

# Su clave de desarrollador del API de Google
my $google_key='insert key here';

# Ubicación del archivo WSDL GoogleSearch
my $google_wdsl = "./GoogleSearch.wsdl";

use strict;

# Se utiliza el módulo de Perl SOAP::Lite
use SOAP::Lite;

# Se toma la búsqueda desde la línea de comando
my $query = shift @ARGV or die "Usage: perl googly.pl <query>\n";

# Se crea una nueva instancia SOAP::Lite, añadiéndole GoogleSearch.wsdl
my $google_search = SOAP::Lite->service("file:$google_wdsl");
```

```
# Se busca en Google
my $results = $google_search ->
    doGoogleSearch(
      $google_key, $query, 0, 10, "false", "",  "false",
      "", "latin1", "latin1"
    );

# ¿No hay resultados?
@{$results->{resultElements}} or exit;

# Se realiza un bucle a través de los resultados
foreach my $result (@{$results->{resultElements}}) {
 # Se imprimen los fragmentos principales de cada resultado
 print
   join "\n",
   $result->{title} || "no title",
   $result->{URL},
   $result->{snippet} || 'no snippet',
   "\n";
}
```

Ejecutar el truco

Ejecute este *script* desde la línea de comando, escribiendo las palabras de búsqueda que desee:

```
$ perl googly.pl "palabras clave de búsqueda"
```

Los resultados

Aquí tiene una ejecución de muestra. El primer intento no especifica una búsqueda, así que crea un mensaje de uso y no va más allá. El segundo busca learning perl (aprender perl) y hace bucles por los resultados.

```
% perl googly.pl
Usage: perl googly.pl <query>
% perl googly.pl "learning perl"
oreilly.com -- Online Catalog: Learning
Perl, 3rd Edition
http://www.oreilly.com/catalog/lperl3/
... learning perl, 3rd Edition Making Easy Things Easy and Hard Things
Possible By Randal L. Schwartz, Tom Phoenix 3rd Edition July
2001 0-596-00132-0
...
Amazon.com: buying info: learning perl (2nd Edition)
http://www.amazon.com/exec/obidos/ASIN/1565922840
... learning perl takes common programming idioms and expresses them
in "perlish"<br> terms. ... (learning perl,
Programming Perl, Perl Cookbook).
```

TRUCO
51
Realización de bucles alrededor del límite de 10 resultados

Si desea obtener más de 10 resultados tendrá que llevar a cabo bucles.

El API de Google devuelve sólo 10 resultados por búsqueda. Diez resultados son mucho para algunas búsquedas pero, para la mayoría de las aplicaciones, con 10 resultados apenas se puede arañar la superficie. Si desea obtener más de 10 resultados tendrá que realizar bucles, llevando a cabo búsquedas para el grupo siguiente de 10 resultados cada vez. La primera búsqueda devuelve los diez primeros. La siguiente, del 11 al 20, y así sucesivamente. Este truco se basa en la búsqueda básica que hemos visto en el truco anterior. Para conseguir más de los 10 resultados principales, sea cual sea el lenguaje de programación que esté utilizando, tendrá que crear un bucle. El ejemplo está en Perl, puesto que la mayor parte de los trucos de este libro están escritos en dicho lenguaje. Las modificaciones realizadas para soportar el bucle aparecen en negrita.

El código

```perl
#!/usr/local/bin/perl
# looply.pl
# Un típico script Perl del API Web de Google
# Uso: perl looply.pl <query>

# Su clave de desarrollador del API Web de Google
my $google_key='insert key here';

# Ubicación del archivo WSDL GoogleSearch
my $google_wdsl = "./GoogleSearch.wsdl";

# Número de bucles a realizar, recuperando 10 resultados cada vez
my $loops = 3; # 3 loops x 10 results per loop = top 30 results

use strict;

# Se utiliza el módulo de Perl SOAP::Lite
use SOAP::Lite;

# Se toma la búsqueda desde la línea de comando
my $query = shift @ARGV or die "Usage: perl looply.pl <query>\n";

# Se crea una nueva instancia de SOAP::Lite, añadiéndole
GoogleSearch.wsdl

my $google_search = SOAP::Lite->service("file:$google_wdsl");

# Se lleva la cuenta del número de resultados
```

```
my $number = 0;

for (my $offset = 0; $offset <= ($loops-1)*10; $offset += 10) {
# Búsqueda Google
my $results = $google_search ->
 doGoogleSearch(
   $google_key, $query, $offset, 10, "false", "", "false",
   "", "latin1", "latin1"
 );

# No tiene sentido continuar a menos que haya más resultados
last unless @{$results->{resultElements}};

# Se realiza un bucle a través de los resultados
foreach my $result (@{$results->{'resultElements'}}) {

 # Se imprimen los fragmentos principales de cada resultado
 print
  join "\n",
  ++$number,
  $result->{title} || "no title",
  $result->{URL},
  $result->{snippet} || 'no snippet',
  "\n";

 }
}
```

Observe que el *script* le indica a Google de qué grupo de 10 resultados se encuentra detrás, pasando un desplazamiento (`$offset`). El desplazamiento aumenta en 10 cada vez (`$offset += 10`).

Ejecutar el script

Ejecute este *script* desde la línea de comando, especificando la búsqueda que quiera:

```
$ perl looply.pl "búsqueda"
```

Los resultados

```
% perl looply.pl
Usage: perl looply.pl <query>
% perl looply.pl "learning perl"
1
oreilly.com -- Online Catalog: Learning Perl, 3rd Edition
http://www.oreilly.com/catalog/lperl3/
... Learning Perl, 3rd Edition Making Easy Things
```

```
Easy and Hard Things Possible By Randal<br> L. Schwartz, Tom Phoenix
3rd Edition July 2001 0-596-00132-0, Order Number ...

...
29
Intro to Perl for CGI
http://hotwired.lycos.com/webmonkey/98/47/index2a.html
... Some people feel that the benefits of learning
Perl scripting are few.<br> But ... part. That's right.
Learning Perl is just like being a cop. ...
30
WebDeveloper.com ®: Where Web Developers and Designers Learn How ...
http://www.webdeveloper.com/reviews/book6.html
... Registration CreditCard Processing Compare Prices.
Learning Perl. Learning<br> Perl, 2nd Edition.
Publisher: O'Reilly Author: Randal Schwartz ...
```

TRUCO 52 El módulo de Perl SOAP::Lite

Instalación del módulo de Perl SOAP::Lite, columna vertebral de la gran mayoría de los trucos de este libro.

SOAP::Lite (`http://www.soaplite.com`) es el estándar de facto para funcionar en conjunto con los servicios Web de Perl basados en SOAP. Como tal, se utiliza de forma extensiva a lo largo de todo este libro; prácticamente todos los trucos de la sección de aplicaciones API Web de Google están escritos en Perl utilizando SOAP::Lite.

SOAP y su ISP

Desgraciadamente, no es tan común que los proveedores de servicios de Internet (ISP) hagan que SOAP::Lite esté disponible para sus usuarios. En muchos casos, los ISP son bastante restrictivos en general en lo que respecta a los módulos que ponen a disposición del usuario y a los *scripts* que permitirán sean ejecutados por dichos usuarios. Otros son bastante más complacientes y están más que dispuestos a instalar módulos Perl cuando se les pide. Antes de invertir tiempo y esfuerzo mental en instalar el SOAP::Lite, hable con su proveedor de servicios.

Instalación de SOAP::Lite

Probablemente, la forma más sencilla de instalar SOAP::Lite es mediante otro módulo de Perl, CPAN, incluido en prácticamente todas las distribuciones modernas de Perl. El módulo CPAN automatiza la instalación de los módulos de Perl, incluyendo los componentes y los pre-requisitos de la red exhaustiva de archivos de Perl (cuyas iniciales en inglés corresponden a CPAN) y elaborando todo el kit y el *kaboodle* sobre la marcha.

 CPAN instala los módulos en localizaciones estándar del sistema y, en consecuencia, asume que lo está ejecutando como administrador (*root*). Si tiene más de un acceso de usuario normal, tendrá que instalar SOAP::Lite y sus pre-requisitos a mano.

Instalación en Unix y Mac OS X vía CPAN

Asumiendo que tenga el módulo CPAN, tenga un acceso *root* y esté conectado a Internet, la instalación no debería ser más complicada que:

```
% su
Password:
# perl -MCPAN -e shell
cpan shell -- CPAN exploration and modules installation (v1.52)
ReadLine support available (try ``install Bundle::CPAN'')
cpan> install SOAP::Lite
```

O, si lo prefiere en una sola línea:

```
% sudo perl -MCPAN -e 'install SOAP::Lite'
```

En cualquiera de los casos, tómese una taza de café, vaya a darse un paseo por el jardín, lea el periódico y vuelva a comprobarlo de vez en cuando. Seguro que su terminal se ve acribillado por palabrería incomprensible que puede ignorar en su mayor parte. Puede que se le haga una pregunta o dos; en la mayoría de los casos bastará con pulsar la tecla **Intro** para aceptar la respuesta que se ofrece como predeterminada.

Instalación en Unix a mano

Si la instalación de CPAN no funcionó como esperaba puede instalar SOAP::Lite a mano. Descargue la última versión desde SOAPLite.com (http://www.soaplite.com/), descomprímala, y elabórela de la siguiente forma:

```
% tar xvzf SOAP-Lite-latest.tar.gz
SOAP-Lite-0.55
SOAP-Lite-0.55/Changes
...
SOAP-Lite-0.55/t/37-mod_xmlrpc.t
SOAP-Lite-0.55/t/TEST.pl
% cd SOAP-Lite-0.55
% perl Makefile.PL
We are about to install SOAP::Lite and for your convenience will
```

```
provide you with list of modules and prerequisites, so you'll be able
to choose only modules you need for your configuration.
XMLRPC::Lite, UDDI::Lite, and XML::Parser::Lite are included by default.
Installed transports can be used for both SOAP::Lite and XMLRPC::Lite.
Client HTTP support (SOAP::Transport::HTTP::Client)        [yes]
Client HTTPS support (SOAP::Transport::HTTPS::Client...    [no]
...
SSL support for TCP transport (SOAP::Transport::TCP)       [no]
Compression support for HTTP transport (SOAP::Transport... [no]
Do you want to proceed with this configuration? [yes]
During "make test" phase we may run tests with several SOAP servers
that may take long and may fail due to server/connectivity problems.
Do you want to perform these tests in addition to core tests? [no]
Checking if your kit is complete...
Looks good
...
% make
mkdir blib
mkdir blib/lib
...
% make test
PERL_DL_NONLAZY=1 /usr/bin/perl -Iblib/arch -Iblib/lib
-I/System/Library/Perl/darwin -I/System/Library/Perl -e 'use
Test::Harness qw(&runtests $verbose); $verbose=0; runtests @ARGV;'
t/01-core.t t/02-payload.t t/03-server.t t/04-attach.t t/05-customxml.t
t/06-modules.t t/07-xmlrpc_payload.t t/08-schema.t t/01-core...........
...
% su
Password:
# make install
Installing /Library/Perl/XMLRPC/Lite.pm
Installing /Library/Perl/XMLRPC/Test.pm
...
```

Si durante la fase `perl Makefile.PL`, se encuentra advertencias respecto a la instalación de pre-requisitos, tendrá que instalarlos uno por uno antes de volver a intentar instalar SOAP::Lite. Una advertencia típica de pre-requisitos tiene más o menos este aspecto:

```
Checking if your kit is complete...
Looks good
Warning: prerequisite HTTP::Daemon failed to load: Can't locate
HTTP/Daemon.pm in @INC (@INC contains: /System/Library/Perl/darwin
/System/Library/Perl /Library/Perl/darwin /Library/Perl /Library/Perl
/Network/Library/Perl/darwin /Network/Library/Perl
/Network/Library/Perl .) at (eval 8) line 3.
```

Si tiene algo más que un acceso de usuario al sistema y sigue insistiendo en instalar usted mismo SOAP::Lite, tendrá que instalar dicho módulo y todos los pre-requisitos en algún sitio de su directorio principal. `~/lib`, un directorio `lib` en su directorio principal es un sitio tan bueno como cualquier otro. Informe a Perl de cuál es su preferencia de la forma siguiente:

```
% perl Makefile.PL LIB=/home/login/lib
```

Sustituya /home/login/lib por su ruta de acceso adecuada.

Instalación en Windows vía PPM

Si está ejecutando Perl en Windows, las opciones están en el ActivePerl de ActiveState (http://www.activestate.com/Products/ActivePerl/). Afortunadamente, ActivePerl incluye una utilidad de instalación de módulos similar a CPAN. El Programmer's Package Manager o PPM (http://aspn.activestate .com/ASPN/Downloads/ActivePerl/PPM/) toma conjuntos de módulos empaquetados procedentes del archivo ActiveState y los coloca en el lugar correspondiente en su sistema de Windows con muy poca necesidad de ayuda.

Simplemente arranca el PPM desde una ventana del símbolo de sistema y le dice que instale el conjunto SOAP::Lite.

```
C:\>ppm
PPM interactive shell (2.1.6) - type 'help' for available commands.
PPM> install SOAP::Lite
```

Si está ejecutando una elaboración razonablemente reciente probablemente se llevará una agradable sorpresa:

```
C:\>ppm
PPM interactive shell (2.1.6) - type 'help' for available commands.
PPM> install SOAP::Lite
Version 0.55 of 'SOAP-Lite' is already installed.
```

Alternativas a SOAP::Lite

¿Tiene problemas? Quizá su ISP no considera SOAP::Lite respetable. ¿Los intentos de proceder a la instalación por sí mismo han acabo desquiciándole?

SOAP::Lite es el método preferido para conectar con el API Web de Google y, de hecho, con los servicios Web en general. Una vez dicho esto, no sería justo por nuestra parte dejarle en la estacada, incapaz de acceder a esta exhaustiva colección de trucos de Google.

No tema, hay más planes en marcha. PoXML, nuestro ligero módulo de Perl casero, trata el SOAP de Google como XML simple, utilizando el módulo LWP::UserAgent para hacer peticiones HTTP y XML::Simple para analizar sintácticamente la respuesta XML. Si vamos un paso más allá, nuestro NoXML ni siquiera necesita un analizador sintáctico XML, puesto que lleva a cabo toda su tarea con expresiones normales. Y, después, está XooMLe, un servicio a terceros que ofrece una interfaz intermediaria de XML simple para el API Web de Google. Cualquiera de estas alternativas proporciona un sustituto para SOAP::Lite con poco más de una modificación de dos líneas en el truco.

TRUCO 53 XML simple, una alternativa a SOAP::Lite

PoXML es un sustituto agregado, en cierto modo, para los que no tienen SOAP::Lite.

PoXML es un truco casero para aquellos que no tienen a su disposición el módulo de Perl SOAP::Lite. Quizá ha tenido suficientes problemas al instalarlo por usted mismo.

Cualquier gurú de Perl insistirá en que la instalación del módulo es realmente sencilla. Dicho esto, cualquier otro gurú de Perl tendrá que admitir que se trata de una experiencia contradictoria y a menudo más complicada de lo que debería.

PoXML es un sustituto, hasta un punto bastante decente, para SOAP::Lite. Trata al SOAP de Google como XML simple, utilizando el módulo LWP::UserAgent para hacer peticiones HTTP y XML::Simple para analizar sintácticamente la respuesta XML. Y, lo mejor de todo, requiere poco más de una modificación de dos líneas en el truco destino.

El código

El núcleo de este truco es PoXML.pm, un pequeño módulo de Perl que donde mejor está es guardado en el mismo directorio que sus trucos.

```
# PoXML.pm
# PoXML [pronunciado "plain old xml"] es un sustituto extremamente
# necesario para SOAP::Lite diseñado por el equipo del API Web de Google.

package PoXML;

use strict;
no strict "refs";

# LWP para realizar peticiones HTTP, XML para analizar sintácticamente
# el SOAP de Google
use LWP::UserAgent;
use XML::Simple;
# Se crea un nuevo PoXML
```

```perl
 sub new {
 my $self = {};
 bless($self);
 return $self;
}

# Se sustituye por el método doGoogleSearch basado en SOAP::Lite
sub doGoogleSearch {
   my($self, %args);
  ($self, @args{qw/ key q start maxResults filter restrict
  safeSearch lr ie oe /}) = @_;

  # Se toma la petición SOAP de __DATA_ _
  my $tell = tell(DATA);
  my $soap_request = join '', ;
  seek(DATA, $tell, 0);
 $soap_request =~ s/\$(\w+)/$args{$1}/ge; #interpolate variables

  # Se crea (POST) una petición a Google basada en SOAP
  my $ua = LWP::UserAgent->new;
  my $req = HTTP::Request->new(
    POST => 'http://api.google.com/search/beta2');
  $req->content_type('text/xml');
  $req->content($soap_request);
  my $res = $ua->request($req);
  my $soap_response = $res->as_string;

  # Se eliminan los encabezados HTTP y demás hasta el elemento xml
  # inicial
  $soap_response =~ s/^.+?(<\?xml)/$1/migs;

  # Se eliminan los espacios de nombres de elementos para la tolerancia
  # de futuros cambios de prefijo
  $soap_response =~ s!(<\/?)[\w-]+?:([\w-]+?)!$1$2!g;

  # Se analiza sintácticamente el XML
  my $results = XMLin($soap_response);

  # Se normaliza y eliminan los fragmentos de código innecesarios
  my $return = $results->{'Body'}->{'doGoogleSearchResponse'}->{return};
  foreach ( keys %{$return} ) {
    $return->{$_}->{content} and
    $return->{$_} = $return->{$_}->{content} || '';
  }

  my @items;
  foreach my $item ( @{$return->{resultElements}->{item}} ) {
    foreach my $key ( keys %$item ) {
      $item->{$key} = $item->{$key}->{content} || '';
    }
    push @items, $item;
  }
```

```
    $return->{resultElements} = \@items;

    my @categories;
    foreach my $key ( keys %{$return->{directoryCategories}->{item}} ) {
      $return->{directoryCategories}->{$key} =
      $return->{directoryCategories}->{item}->{$key}->{content} || '';
    }

    # Devuelve resultados claros y útiles
    return $return;
}

1;

# Ésta es una plantilla de mensaje SOAP enviada a api.google.com. Las
# variables expresadas con $variablename se sustituyen por los valores
# de sus homólogos enviados a la subrutina doGoogleSearch.

__DATA__
<?xml version='1.0' encoding='UTF-8'?>
<SOAP-ENV:Envelope
 xmlns:SOAP-ENV="http://schemas.xmlsoap.org/soap/envelope/"
 xmlns:xsi="http://www.w3.org/1999/XMLSchema-instance"
 xmlns:xsd="http://www.w3.org/1999/XMLSchema">
  <SOAP-ENV:Body>
   <ns1:doGoogleSearch xmlns:ns1="urn:GoogleSearch"
    SOAP-ENV:encodingStyle="http://schemas.xmlsoap.org/soap/encoding/">
     <key xsi:type="xsd:string">$key</key>
     <q xsi:type="xsd:string">$q</q>
     <start xsi:type="xsd:int">$start</start>
     <maxResults xsi:type="xsd:int">$maxResults</maxResults>
     <filter xsi:type="xsd:boolean">$filter</filter>
     <restrict xsi:type="xsd:string">$restrict</restrict>
     <safeSearch xsi:type="xsd:boolean">$safeSearch</safeSearch>
     <lr xsi:type="xsd:string">$lr</lr>
     <ie xsi:type="xsd:string">$ie</ie>
     <oe xsi:type="xsd:string">$oe</oe>
   </ns1:doGoogleSearch>
</SOAP-ENV:Body>
</SOAP-ENV:Envelope>
```

Aquí tiene un pequeño *script* para ver a PoXML en acción. Realmente no es diferente de cualquier truco de este libro. Las únicas pequeñas alteraciones necesarias para utilizar PoXML en lugar de SOAP::Lite están destacadas en negrita.

```
#!/usr/bin/perl
# poxml_google2csv.pl
# El módulo de resultados de búsqueda Web de Google vía PoXML ("plain
# old xml")
# exportado a un CSV adecuado para su importación en Excel
# Uso: poxml_google2csv.pl "{query}" [> results.csv]
```

```
# Su clave de desarrollador API de Google
my $google_key = 'insert key here';

use strict;

# use SOAP::Lite;
use PoXML;

$ARGV[0]
  or die qq{usage: perl poxml_search2csv.pl "{query}"\n};

# my $google_search = SOAP::Lite->service("file:$google_wdsl");
my $google_search = new PoXML;

my $results = $google_search ->
  doGoogleSearch(
    $google_key, shift @ARGV, 0, 10, "false",
    "", "false", "", "latin1", "latin1"
  );

@{$results->{'resultElements'}} or die('No results');

print qq{"title","url","snippet"\n};

foreach (@{$results->{'resultElements'}}) {
  $_->{title} =~ s!"!""!g; # double escape " marks
  $_->{snippet} =~ s!"!""!g;
  my $output = qq{"$_->{title}","$_->{URL}","$_->{snippet}"\n};
  $output =~ s!<.+?>!!g; # drop all HTML tags
  print $output;
}
```

Ejecutar el truco

Ejecute el *script* desde la línea de comando, proporcionando una búsqueda en la línea de comando y llevando la salida a un archivo CSV que desee crear o al que desee agregar los resultados adicionales. Por ejemplo, utilice *"plain old xml"* como búsqueda y `results.csv` como salida:

```
$ perl poxml_google2csv.pl "plain old xml" > results.csv
```

Si elimina el signo > y el nombre del archivo CSV enviará los resultados a la pantalla para que los examine.

Los resultados

```
% perl poxml_google2csv.pl "plain old xml"
"title","url","snippet"
"XML.com: Distributed XML [Sep. 06, 2000]",
```

```
"http://www.xml.com/pub/2000/09/06/distributed.html",
" ... extensible. Unlike plain old XML, there's no sense of
constraining what the document can describe by a DTD or schema.
This means ... "
...
"Plain Old Documentation",
"http://axkit.org/wiki/view/AxKit/PlainOldDocumentation",
" ... perlpodspec - Plain Old Documentation: format specification
and notes. ... Examples: =pod This is a plain Pod paragraph. ...
encodings in Pod parsing would be as in XML ... "
```

Aplicabilidad y limitaciones

De la misma forma, puede adaptar prácticamente cualquier truco de este libro que se base en SOAP::Lite y aquellos que se haya inventado para utilizar
PoXML.

1. Coloque PoXML.pm en el mismo directorio que el truco con el que esté
   trabajando.

2. Sustituya use `SOAP::Lite;` por use `PoXML;`.

3. Sustituya my `$google_search = SOAP::Lite->service("file:
   $google_wdsl");` por my `$google_search = new PoXML;`.

Sin embargo, hay algunas limitaciones. A pesar de que PoXML funciona muy
bien para extraer resultados y agregar resultados como ``, fracasa a la hora de recoger algunos de los elementos de resultados más avanzados como `<directoryCategories />`, una matriz de
categorías revelada por la búsqueda.

En general, recuerde que sus posibilidades pueden variar, y no tenga miedo de
experimentar.

TRUCO 54 NoXML, otra alternativa a SOAP::Lite

**NoXML es un analizador sintáctico gratuito XML basado en expresiones
normales, una alternativa al SOAP::Lite**

Puede que los partidarios de XML quieran apartar los ojos en este truco. Lo
que se sugiere aquí es algo tan absurdo que simplemente puede probar su valía,
y de hecho lo hace. NoXML es una alternativa a SOAP::Lite. Este módulo casero
no utiliza un analizador sintáctico XML de ningún tipo; en lugar de esto, se basa
en algunas expresiones normales extremadamente simples y otras partes de la
magia programática. Si sólo tiene a su disposición una instalación básica de Perl
y le faltan los módulos de Perl SOAP::Lite y XML::Parser Perl, NoXML funcionará

si es necesario, haciendo bien su función con casi todos los trucos de Perl de este libro.

 Como cualquier gurú de XML atestigua, simplemente no hay sustituto para un honesto analizador sintáctico XML. Y están en lo cierto. Existen asuntos de codificación y de jerarquía que un analizador sintáctico basado en una expresión normal simplemente no puede comprender. NoXML es realmente simplista. Sin embargo, hace lo que tiene que hacer, la esencia de truco.

Lo mejor de todo es que NoXML puede reemplazar a SOAP::Lite con no más de una modificación de dos líneas en el truco objetivo.

El código

El núcleo de este truco es NoXML.pm, que debería guardarse en el mismo directorio que los propios trucos.

```
# NoXML.pm
# NoXML [pronunciado "no xml"] es un sustituto extremamente
# necesario para SOAP::Lite diseñado por el equipo del API Web de Google.

package NoXML;

use strict;
no strict "refs";

# LWP para realizar peticiones HTTP, XML para analizar sintácticamente
# el SOAP de Google
use LWP::UserAgent;
use XML::Simple;

# Se crea un nuevo NoXML
sub new {
  my $self = {};
  bless($self);
  return $self;
}

# Se sustituye por el método doGoogleSearch basado en SOAP::Lite
sub doGoogleSearch {
  my($self, %args);
  ($self, @args{qw/ key q start maxResults filter restrict
  safeSearch lr ie oe /}) = @_;

  # Se toma la petición SOAP de _ _DATA_ _
  my $tell = tell(DATA);
```

```perl
my $soap_request = join '', ;
seek(DATA, $tell, 0);
$soap_request =~ s/\$(\w+)/$args{$1}/ge; #interpolate variables

# Se crea (POST) una petición a Google basada en SOAP
my $ua = LWP::UserAgent->new;
my $req = HTTP::Request->new(POST => 'http://api.google.com/search/
beta2');
$req->content_type('text/xml');
$req->content($soap_request);
my $res = $ua->request($req);
my $soap_response = $res->as_string;

# Se eliminan los encabezados HTTP y demás hasta el elemento xml
# inicial
$soap_response =~ s/^.+?(<\?xml)/$1/migs;

# Se eliminan los espacios de nombres de elementos para la tolerancia
# de futuros cambios de prefijo
$soap_response =~ s!(<\/?)[\w-]+?:([\w-]+?)!$1$2!g;

# Se configura un conjunto de datos de respuesta
my $return;

# Se desomite HTML omitido en el grupo de resultados
my %unescape = ('<'=>'<', '>'=>'>', '&'=>'&', '"'=>'"',
'&apos;'=>"'");
my $unescape_re = join '|' => keys %unescape;

# Se divide la respuesta SOAP en resultados y otros metadatos
my($before, $results, $after) = $soap_response =~
  m#(^.+)(.+?)(.+$)#migs ;
my $before_and_after = $before . $after;

# Se recogen tantos metadatos como sea posible (siendo siempre algo
# perezoso ;-)
while ($before_and_after =~ m#([^<]*?)<#migs) {
  $return->{$1} = $3; # pack the metadata into the return dataset
}

# Se recogen los resultados
my @results;
while ($results =~ m#(.+?)#migs) {
  my $item = $1;
  my $pairs = {};
  while ( $item =~ m#([^<]*)#migs ) {
    my($element, $value) = ($1, $2);
    $value =~ s/($unescape_re)/$unescape{$1}/g;
    $pairs->{$element} = $value;
  }
  push @results, $pairs;
}
```

```
    # Se colocan los resultados en un conjunto de datos de respuesta
    $return->{resultElements} = \@results;

    # Devuelve resultados claros y útiles
    return $return;
}

1;

# Ésta es una plantilla de mensaje SOAP enviada a api.google.com. Las
# variables expresadas con $variablename se sustituyen por los valores
# de sus homólogos enviados a la subrutina doGoogleSearch.

_  _DATA_  _
<?xml version='1.0' encoding='UTF-8'?>
<SOAP-ENV:Envelope
 xmlns:SOAP-ENV="http://schemas.xmlsoap.org/soap/envelope/"
 xmlns:xsi="http://www.w3.org/1999/XMLSchema-instance"
 xmlns:xsd="http://www.w3.org/1999/XMLSchema">
  <SOAP-ENV:Body>
   <ns1:doGoogleSearch xmlns:ns1="urn:GoogleSearch"
    SOAP-ENV:encodingStyle="http://schemas.xmlsoap.org/soap/encoding/">
     <key xsi:type="xsd:string">$key</key>
     <q xsi:type="xsd:string">$q</q>
     <start xsi:type="xsd:int">$start</start>
     <maxResults xsi:type="xsd:int">$maxResults</maxResults>
     <filter xsi:type="xsd:boolean">$filter</filter>
     <restrict xsi:type="xsd:string">$restrict</restrict>
     <safeSearch xsi:type="xsd:boolean">$safeSearch</safeSearch>
     <lr xsi:type="xsd:string">$lr</lr>
     <ie xsi:type="xsd:string">$ie</ie>
     <oe xsi:type="xsd:string">$oe</oe>
   </ns1:doGoogleSearch>
  </SOAP-ENV:Body>
</SOAP-ENV:Envelope>
```

Aquí tiene un pequeño *script* que muestra a NoXML en acción. No se diferencia, en realidad, de cualquier otro truco que aparece en este libro. Las únicas pequeñas modificaciones necesarias para utilizar NoXML en lugar de SOAP::Lite están destacadas en negrita.

```
#!/usr/bin/perl
# noxml_google2csv.pl
# El módulo de resultados de búsqueda Web de Google vía NoXML ("no xml")
# exportado a un CSV adecuado para su importación en Excel
# Uso: noxml_google2csv.pl "{query}" [> results.csv]

# Su clave de desarrollador API de Google
my $google_key='insert key here';

use strict;
```

```
# use SOAP::Lite;
use NoXML;

$ARGV[0]
  or die qq{usage: perl noxml_search2csv.pl "{query}"\n};

# my $google_search = SOAP::Lite->service("file:$google_wdsl");
my $google_search = new NoXML;

my $results = $google_search ->
  doGoogleSearch(
    $google_key, shift @ARGV, 0, 10, "false",
    "", "false", "", "latin1", "latin1"
  );
@{$results->{'resultElements'}} or die('No results');

print qq{"title","url","snippet"\n};

foreach (@{$results->{'resultElements'}}) {
  $_->{title} =~ s!"!""!g; # double escape " marks
  $_->{snippet} =~ s!"!""!g;
  my $output = qq{"$_->{title}","$_->{URL}","$_->{snippet}"\n};
  $output =~ s!<.+?>!!g; # drop all HTML tags
  print $output;
}
```

Ejecutar el truco

Ejecute el *script* desde la línea de comando, proporcionando una búsqueda en la línea de comando y conduciendo la salida a un archivo CSV que desee crear o al que desee agregar los resultados adicionales. Por ejemplo, utilice "no xml" como búsqueda y results.csv como salida:

```
$ perl noxml_google2csv.pl "no xml" > results.csv
```

Si elimina el signo > y el nombre del archivo CSV se enviarán los resultados a la pantalla para que los examine.

Los resultados

```
% perl noxml_google2csv.pl "no xml"
"title","url","snippet"
"site-comments@w3.org from January 2002: No XML specifications",
"http://lists.w3.org/Archives/Public/site-comments/2002Jan/0015.html",
"No XML specifications. From: Prof. ... Next message: Ian B. Jacobs:
&quot;Re: No XML specifications&quot;; Previous message: Rob Cummings:
&quot;Website design...&quot;; ...   "
...
```

```
"Re: [xml] XPath with no XML Doc",
"http://mail.gnome.org/archives/xml/2002-March/msg00194.html",
" ... Re: [xml] XPath with no XML Doc. From: &quot;Richard Jinks&quot;
<cyberthymia yahoo co uk>; To: <xml gnome org>; Subject:
Re: [xml] XPath with no XML Doc; ... "
```

Aplicabilidad y limitaciones

De la misma forma, pueda adaptar prácticamente cualquier truco basado en SOAP::Lite que aparece en este libro y aquellos que se haya inventado para utilizar NoXML.

1. Coloque NoXML.pm en el mismo directorio que el truco que esté utilizando.

2. Sustituya `use SOAP::Lite;` por `use NoXML;`.

3. Sustituya `my $google_search = SOAP::Lite->service("file: $google_wdsl");` por `my $google_search = new NoXML;`.

Sin embargo, existen una serie de limitaciones. Aunque NoXML funciona bien para extraer resultados y agregar resultados del tipo `<estimatedTotalResultsCount />`, fracasa a la hora de recoger algunos de los elementos de resultados más avanzados como `<directoryCategories />`, una matriz de categorías revelada por la búsqueda. En general, recuerde que sus posibilidades pueden variar, y no tenga miedo de experimentar.

TRUCO
55

Programar el API Web de Google con PHP

Un ejemplo sencillo de programación del API Web de Google con PHP y el módulo NuSOAP.

PHP (`http://www.php.net/`), un acrónimo recursivo para "PHP Hypertext Processing" (procesamiento de hipertexto PHP), ha sido ampliamente utilizado como lenguaje de *script* incrustado en el HTML para el desarrollo Web. Añada esto al módulo NuSOAP PHP para la creación y el consumo de servicios Web basados en SOAP (`http://dietrich.ganx4.com/nusoap`) y se encontrará con una poderosa combinación. En este truco ilustraremos la utilización básica de PHP y NuSOAP en conjunto para interactuar con el API Web de Google.

El código

```
<!--
# googly.php
```

```php
# Un script php típico del API Web de Google
# Uso: googly.php?query=<query>
-->
<html>
<head>
<title>googly.php</title>
</head>
<body>
<?
# Se utiliza la librería php NuSOAP
require_once('nusoap.php');

# Se configuran los parámetros
$parameters = array(
  'key'=>'insert key here',
  'q' => $HTTP_GET_VARS['query'],
  'start' => '0',
  'maxResults' => '10',
  'filter' => 'false',
  'restrict' => '',
  'safeSearch' => 'false',
  'lr' => '',
  'ie' => 'latin',
  'oe' => 'latin'
);

# Se crea un nuevo cliente SOAP, introduciéndole GoogleSearch.wsdl en el
# sitio de Google
$soapclient = new soapclient('http://api.google.com/GoogleSearch.wsdl',
'wsdl');

# búsqueda Google
$results = $soapclient->call('doGoogleSearch',$parameters);

# ¿Resultados?
if ( is_array($results['resultElements']) ) {
  print "<p>Your Google query for '" . $HTTP_GET_VARS['query'] . "'
found " . $results['estimatedTotalResultsCount'] . " results, the top
ten of which are:</p>";
  foreach ( $results['resultElements'] as $result ) {
    print
      "<p><a href='" . $result['URL'] . "'>" .
      ( $result['title'] ? $result['title'] : 'no title' ) .
      "</a><br />" . $result['URL'] . "<br />" .
      ( $result['snippet'] ? $result['snippet'] : 'no snippet' ) .
      "</p>";
  }
}

# ¿Sin resultados?
else {
  print "Your Google query for '" . $HTTP_GET_VARS['query'] . "'
```

```
returned no results";
}
?>
</body>
</html>
```

Ejecutar el truco

Invoque este truco desde su navegador de la misma forma que lo haría con un *script* CGI. Acepta un argumento definido, `query`, con su búsqueda de Google.

```
http://localhost/googly.php?query=your google query
```

Los resultados

Una búsqueda para php tendría resultados similares a los que aparecen en la figura 5.1.

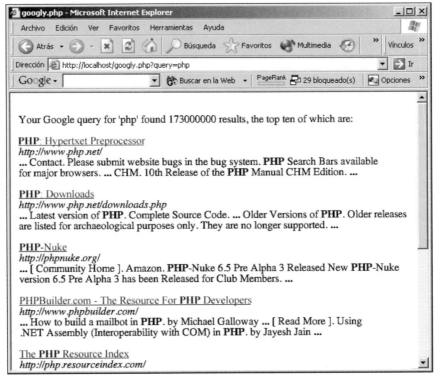

Figura 5.1. Página de resultados para PHP.

TRUCO 56

Programar el API Web de Google con Java

Programar el API Web de Google en Java es facilísimo gracias a toda la funcionalidad incluida en el kit del desarrollador del API Web de Google.

Gracias al archivo Java (JAR) incluido en el kit del desarrollador del API Web de Google, programar el API de Google en Java no podría ser más sencillo. El archivo `googleapi.jar` incluye `com.google.soap.search`, un agradable y claro envoltorio (*wrapper*) alrededor del subyacente SOAP de Google, junto con el analizador XML de código abierto Crimson de Apache Software Foundation (`http://xml.apache.org/crimson`) y la pila Apache SOAP (`http://xml.apache.org/soap/`), entre otros.

Necesitará una copia de Java 2 Platform, Standard Edition (J2SE, `http://java.sun.com/downloads/`) para compilar y ejecutar este truco.

El código

```
// Googly.java
// Se trae el envoltorio SOAP de Google
import com.google.soap.search.*;
import java.io.*;
public class Googly {
  // Su clave de desarrollador del API de Google
  private static String googleKey = "insert key here";
  public static void main(String[] args) {
    // Nos aseguramos de que hay una búsqueda de Google en la línea de
    // comando
    if (args.length != 1) {
    System.err.println("Usage: java [-classpath classpath] Googly <query>");
      System.exit(1);
    }
    // Se crea un nuevo objeto GoogleSearch
    GoogleSearch s = new GoogleSearch(  );
    try {

      s.setKey(googleKey);
      s.setQueryString(args[0]); // Google query from the command-line
      s.setMaxResults(10);
      // Búsqueda Google
      GoogleSearchResult r = s.doSearch(  );
      // Se reúnen los resultados
      GoogleSearchResultElement[] re = r.getResultElements(  );

      // Salida
      for ( int i = 0; i < re.length; i++ ) {
```

```
      System.out.println(re[i].getTitle(  ));
      System.out.println(re[i].getURL(  ));
      System.out.println(re[i].getSnippet(  ) + "\n");
       }

    // ¿Ha fallado algo?
    } catch (GoogleSearchFault f) {
      System.out.println("GoogleSearchFault: " + f.toString(  ));
    }
  }

}
```

Asegúrese de poner su clave de desarrollador de Google (por ejemplo, 12BuCK13mY5h0E/34KN0cK@ttH3Do0R) en lugar de "insert key here".

```
// Su clave de desarrollador del API de Google
private static String googleKey = "12BuCK13mY5h0E/34KN0cK@ttH3Do0R";
```

Compilar el código

Para compilar la aplicación Googly de forma satisfactoria, necesitará el archivo googleapi.jar. Preferí guardarlo en el mismo directorio que mi archivo fuente Googly.java; si lo ha colocado en un sitio diferente, ajuste la ruta de acceso después de -classpath en consecuencia.

```
% javac -classpath googleapi.jar Googly.java
```

Esto debería dejarle con un flamante archivo Googly.class, preparado para ser ejecutado.

Ejecutar el truco

Ejecute Googly en la línea de comando, pasándole su búsqueda de Google de la forma siguiente:

```
% java -classpath .:googleapi.jar Googly "query words"
```

Los resultados

```
% java -classpath .:googleapi.jar Googly "Learning Java"
oreilly.com -- Online Catalog: Learning Java
http://www.oreilly.com/catalog/learnjava/
For programmers either just migrating to Java or already working
steadily in the forefront of Java development, Learning Java gives
a clear, systematic   ...
oreilly.com -- Online Catalog:   Learning    Java  , 2nd Edition
```

```
http://www.oreilly.com/catalog/learnjava2/
This new edition of Learning Java has been expanded and updated for
Java 2 Standard Edition SDK 1.4. It comprehensively addresses ...
...
Java Programming...From the Grounds Up / Web Developer
http://www.webdeveloper.com/java/java_programming_grounds_up.html
... WebDeveloper.com. Java Programming... From the Grounds Up. by
Mark C. Reynolds ... Java Classes and Methods. Java utilizes the
basic object technology found in C++. ...
```

TRUCO 57 Programar el API Web de Google con Python

Programar el API Web de Google con Python es sencillo y claro, como demuestran estos *scripts* y ejemplos interactivos.

Programar el API Web de Google desde Python es pan comido, gracias al módulo envoltorio PyGoogle de Mark Pilgrim (`http://diveintomark.org/projects/pygoogle/`). PyGoogle compendia gran parte del SOAP, XML y capas de petición/respuesta subyacentes, dejándole libertad para que emplee su tiempo con los propios datos.

Instalación de PyGoogle

Descargue una copia de PyGoogle y siga las instrucciones que aparecen a continuación (`http://diveintomark.org/projects/pygoogle/readme.txt`). Asumiendo que todo se desarrolle como se espera, no debería ser más complicado que:

```
% python setup.py install
```

Como alternativa, si desea darle un giro a esto sin instalar PyGoogle o no tiene permiso para instalarlo de forma global en su sistema, simplemente coloque los archivos `SOAP.py` y `google.py` incluidos en el mismo directorio que el propio *script* `googly.py`.

El código

```
#!/usr/bin/python
# googly.py
# Un típico script Python del API Web de Google utilizando el envoltorio
# PyGoogle de Mark Pilgrim del API Web de Google
# [http://diveintomark.org/projects/pygoogle/]
# Uso: python googly.py <query>

import sys, string, codecs
```

```
# Se utiliza el módulo PyGoogle
import google

# Se toma la búsqueda de la línea de comando
if sys.argv[1:]:
  query = sys.argv[1]
else:
  sys.exit('Usage: python googly.py <query>')

# Su clave de desarrollador API de Google
google.LICENSE_KEY = 'insert key here'

# Búsqueda Google
data = google.doGoogleSearch(query)

# Enseñe a la salida estándar a enfrentarse a la codificación utf-8 en
# los resultados
sys.stdout = codecs.lookup('utf-8')[-1](sys.stdout)

# Salida
for result in data.results:
  print string.join( (result.title, result.URL, result.snippet), "\n"),
"\n"
```

Ejecutar el truco

Invoque el *script* en la línea de comando de la forma siguiente:

```
% python googly.py "palabras de búsqueda"
```

Los resultados

```
% python googly.py "learning python"
oreilly.com -- Online Catalog: <b>Learning</b>
<b>Python</b>
http://www.oreilly.com/catalog/lpython/
<b>Learning</b> <b>Python</b> is an
introduction to the increasingly popular interpreted programming
language that's portable, powerful, and remarkably easy to use in both
<b>...</b>
...
Book Review: <b>Learning</b> <b>Python</b>
http://www2.linuxjournal.com/lj-issues/issue66/3541.html
<b>...</b> Issue 66: Book Review: <b>Learning</b>
<b>Python</b> <b>...</b> Enter
<b>Learning</b> <b>Python</b>. My executive summary
is that this is the right book for me and probably for many others
as well. <b>...</b>
```

Truco dentro del truco

Python tiene una interfaz maravillosa para trabajar de forma activa con el intérprete. Es un buen lugar para experimentar con módulos tales como PyGoogle, realizando una búsqueda en el API de Google sobre la marcha e investigando las estructuras de datos que devuelve.

Aquí tiene un ejemplo interactivo de una sesión PyGoogle que demuestra el uso de las funciones doGoogleSearch, doGetCachedPage y doSpelling-Suggestion.

```
% python
Python 2.2 (#1, 07/14/02, 23:25:09)
[GCC Apple cpp-precomp 6.14] on darwin
Type "help", "copyright", "credits" or "license" for more information.
>>> import google
>>> google.LICENSE_KEY = 'insert key here'
>>> data = google.doGoogleSearch("Learning Python")
>>> dir(data.meta)
['_ _doc_ _', '_ _init_ _', '_ _module_ _', 'directoryCategories',
'documentFiltering', 'endIndex', 'estimateIsExact',
'estimatedTotalResultsCount', 'searchComments', 'searchQuery',
'searchTime', 'searchTips', 'startIndex']
>>> data.meta.estimatedTotalResultsCount
115000
>>> data.meta.directoryCategories
[{u'specialEncoding': '', u'fullViewableName': "Top/Business/Industries/
Publishing/Publishers/Nonfiction/Business/O'Reilly_and_Associates/
Technical_Books/Python"}]
>>> dir(data.results[5])
['URL', '_ _doc_ _', '_ _init_ _', '_ _module_ _', 'cachedSize',
'directoryCategory', 'directoryTitle', 'hostName',
'relatedInformationPresent', 'snippet', 'summary', 'title']
>>> data.results[0].title
'oreilly.com -- Online Catalog: <b>Learning</b> <b>Python'
>>> data.results[0].URL
'http://www.oreilly.com/catalog/lpython/'
>>> google.doGetCachedPage(data.results[0].URL)
'<meta http-equiv="Content-Type" content="text/html; charset=ISO-8859-1">\n
<BASE HREF="http://www.oreilly.com/catalog/lpython/"><table border=1
...
>>> google.doSpellingSuggestion('lurn piethon')
'learn python'
```

TRUCO 58 Programar el API Web de Google con C# y .NET

Crear un GUI (interfaz gráfica del usuario) y una consola en aplicaciones de búsqueda de Google con C# y el marco de trabajo .NET.

El kit de desarrollador del API de Google incluye una muestra del proyecto C# Visual Studio .NET (http://msdn.microsoft.com/vstudio/) para una apli-

cación simple GUI de búsqueda de Google (eche un vistazo a la carpeta `dotnet/`
`CSharp`). Las partes funcionales que son las que probablemente encontrará más
interesantes se encuentran en el código `Form1.cs`. Este truco proporciona el código básico para una modificación de la aplicación de búsqueda de Google similar
en función (y en el caso de Java también en la forma) a las explicadas para Perl,
Python y otros.

 Para compilar y ejecutar este truco necesitará tener instalado el marco
de trabajo .NET (`http://msdn.microsoft.com/library/default`
`.asp?url=/nhp/default.asp?contentid=28000519`).

El código

```
// googly.cs
// Una aplicación de consola en C# del API Web de Google
// Uso: googly.exe <query>
// Copyright (c) 2002, Chris Sells.
// Sin ninguna garantía. Utilícelo bajo su propia responsabilidad.
using System;
class Googly {
  static void Main(string[] args) {
    // Su clave de desarrollador del API de Google
    string googleKey = "insert key here";
    // Se toma la búsqueda desde la línea de comando
    if( args.Length != 1 ) {
      Console.WriteLine("Usage: google.exe <query>");
      return;
    }
    string query = args[0];
    // Se crea un cliente proxy del SOAP de Google, generado por:
    // c:\> wsdl.exe http://api.google.com/GoogleSearch.wsdl
    GoogleSearchService googleSearch = new GoogleSearchService( );
    // Búsqueda Google
    GoogleSearchResult results = googleSearch.doGoogleSearch(googleKey,
query, 0, 10, false, "", false, "", "latin1", "latin1");
    // ¿Sin resultados?
    if( results.resultElements == null ) return;
    // Se realiza un bucle por los resultados
    foreach( ResultElement result in results.resultElements ) {
      Console.WriteLine( );
      Console.WriteLine(result.title);
      Console.WriteLine(result.URL);
      Console.WriteLine(result.snippet);
      Console.WriteLine( );
    }
  }
}
```

Recuerde insertar su clave de desarrollador de Google (por ejemplo, 12BuCK13mY5h0E/34KN0cK@ttH3Do0R) en lugar de la frase "insert key here".

```
// Su clave de desarrollador del API de Google
string googleKey = "12BuCK13mY5h0E/34KN0cK@ttH3Do0R";
```

Compilar el código

Antes de compilar el propio código de C#, debe crear un cliente *proxy* del SOAP de Google. El *proxy* es una pila de código elaborado de forma personalizada para las especificaciones del archivo GoogleSearch.wsdl, una descripción basada en XML del servicio Web de Google, todos sus métodos, parámetros y valores de devolución.

Afortunadamente, no tiene que hacer esto a mano; el kit del marco de trabajo .NET incluye una aplicación, wsdl.exe, que lleva a cabo toda la codificación por usted.

 Se trata de un hecho mágico sorprendente, si lo piensa: es la mejor parte de interactuar con un servicio Web autogenerado a partir de una descripción al respecto.

Ejecute wsdl.exe con la situación de su archivo GoogleSearch.wsdl de la siguiente forma:

```
C:\GOOGLY.NET>wsdl.exe GoogleSearch.wsdl
```

Si resulta que no tiene el archivo WSDL a mano, no se preocupe. Puede indicar wsdl.exe donde esté en el sitio Web de Google:

```
C:\GOOGLY.NET\CS>wsdl.exe http://api.google.com/GoogleSearch.wsdl
Microsoft (R) Web Services Description Language Utility
[Microsoft (R) .NET Framework, Version 1.0.3705.0]
Copyright (C) Microsoft Corporation 1998-2001. All rights reserved.
Writing file 'C:\GOOGLY.NET\CS\GoogleSearchService.cs'.
```

El resultado final es un archivo GoogleSearchService.cs que tendrá un aspecto similar a:

```
//------------------------------------------------------------------
// <autogenerated>
//      This code was generated by a tool.
//      Runtime Version: 1.0.3705.288
//
//      Changes to this file may cause incorrect behavior and will be lost
```

```
//       if the code is regenerated.
// </autogenerated>
//---------------------------------------------------------------------
//
// This source code was auto-generated by wsdl, Version=1.0.3705.288.
//
using System.Diagnostics;
using System.Xml.Serialization;
using System;
using System.Web.Services.Protocols;
using System.ComponentModel;
using System.Web.Services;
...
    public System.IAsyncResult BegindoGoogleSearch(string key,
    string q, int start, int maxResults, bool filter, string restrict,
    bool safeSearch, string lr, string ie, string oe,
    System.AsyncCallback callback, object asyncState) {
        return this.BeginInvoke("doGoogleSearch", new object[] {
                    key,
                    q,
                    start,
                    maxResults,
                    filter,
                    restrict,
                    safeSearch,
                    lr,
                    ie,
                    oe}, callback, asyncState);
    }
...
```

Ahora, en el propio `googly.cs`:

```
C:\GOOGLY.NET\CS>csc /out:googly.exe *.cs
Microsoft (R) Visual C# .NET Compiler version 7.00.9466
for Microsoft (R) .NET Framework version 1.0.3705
Copyright (C) Microsoft Corporation 2001. All rights reserved.
```

Ejecutar el truco

Ejecute Googly en la línea de comando, pasándolo a su búsqueda de Google:

```
C:\GOOGLY.NET\CS>googly.exe "palabras de búsquedas"
```

 La ventana de comando DOS no es la mejor opción a la hora de mostrar y permitir el desplazamiento hacia atrás cuando hay una gran cantidad de resultados. Para enviar los resultados de su búsqueda de Google a un archivo con el fin de examinarlos en su editor de texto favorito, añada: `> results.txt`.

Los resultados

```
% googly.exe "WSDL while you work"
Axis/Radio interop, actual and potential
http://www.intertwingly.net/stories/2002/02/08/
axisradioInteropActualAndPotential.html <b>...</b> But
<b>you</b> might find more exciting services here
<b>...</b> Instead, we should <b>work</b>
together and<br> continuously strive to <b>...</b>
<b>While</b> <b>WSDL</b> is certainly far from
perfect and has many <b>...</b>
...
Simplified <b>WSDL</b>
http://capescience.capeclear.com/articles/simplifiedWSDL/
<b>...</b> So how does it <b>work</b>?
<b>...</b> If <b>you</b> would like to edit
<b>WSDL</b> <b>while</b> still avoiding<br> all
those XML tags, check out the <b>WSDL</b> Editor in
CapeStudio. <b>...</b>
```

Chris Sells and Rael Dornfest

TRUCO

59   Programar el API Web de Google con VB.NET

Crear un GUI (interfaz gráfica del usuario) y una consola en aplicaciones de búsqueda de Google con Visual Basic y el marco de trabajo .NET

Junto con la versión de C# de idéntica funcionalidad, el kit del desarrollador del API de Google (carpeta `dotnet/Visual Basic`) incluye una muestra de búsqueda de Google en Visual Basic. Aunque probablemente puede tomar prácticamente todo lo que necesita del código `Google Demo Form.vb`, este truco le proporciona el código básico para llevar a cabo una modificación simple de la aplicación de búsqueda de Google sin la posible opacidad de un proyecto de Visual Studio .NET auténtico.

Para compilar y ejecutar este truco, necesitará tener instalado el marco de trabajo .NET (`http://msdn.microsoft.com/library/default.asp?url=/nhp/default.asp?contentid=28000519`).

El código

```
' googly.vb
' Una aplicación de consola en VB.NET del API Web de Google
' Uso: googly.exe <query>
' Copyright (c) 2002, Chris Sells.
```

```
' Sin ninguna garantía. Utilícelo bajo su propia responsabilidad.
Imports System
Module Googly
  Sub Main(ByVal args As String( ))
    ' Su clave de desarrollador del API de Google
    Dim googleKey As String = "insert key here"
    ' Se toma la búsqueda desde la línea de comando
    If args.Length <> 1 Then
      Console.WriteLine("Usage: google.exe <query>")
      Return
    End If
    Dim query As String = args(0)
    ' Se crea un cliente proxy del SOAP de Google, generado por:
    ' c:\> wsdl.exe /l:vb http://api.google.com/GoogleSearch.wsdl
    Dim googleSearch As GoogleSearchService = New GoogleSearchService( )
    ' Búsqueda Google
    Dim results As GoogleSearchResult =
googleSearch.doGoogleSearch(googleKey, query, 0, 10, False, "", False,
"", "latin1", "latin1")
    ' ¿Sin resultados?
    If results.resultElements Is Nothing Then Return
    ' Se realiza un bucle por los resultados
    Dim result As ResultElement
    For Each result In results.resultElements
      Console.WriteLine( )
      Console.WriteLine(result.title)
      Console.WriteLine(result.URL)
      Console.WriteLine(result.snippet)
      Console.WriteLine( )
    Next
  End Sub
End Module
```

Tendrá que sustituir "insert key here" por su clave de desarrollador de Google (por ejemplo, 12BuCK13mY5h0E/34KN0cK@ttH3Do0R). Su código debería ser algo parecido a:

```
' Su clave de desarrollador del API de Google
Dim googleKey As String = "12BuCK13mY5h0E/34KN0cK@ttH3Do0R"
```

Compilar el código

Antes de compilar el propio código de la aplicación VB, debe crear un cliente *proxy* del SOAP de Google. El *proxy* es una pila de código elaborado de forma personalizada para las especificaciones del archivo GoogleSearch.wsdl, una descripción basada en XML del servicio Web de Google, todos sus métodos, parámetros y valores de devolución. Afortunadamente, no tiene que hacer esto a mano; el kit del marco de trabajo .NET incluye una aplicación, wsdl.exe, que lleva a cabo toda la codificación por usted.

Se trata de un hecho mágico sorprendente, si lo piensa: es la mejor parte de interactuar con un servicio Web autogenerado a partir de una descripción al respecto.

Ejecute `wsdl.exe` con la situación de su archivo `GoogleSearch.wsdl` y especifique que quiere el código *proxy* de Visual Basic:

```
C:\GOOGLY.NET\VB>wsdl.exe /l:vb GoogleSearch.wsdl
```

Si resulta que no tiene el archivo WSDL a mano, no se preocupe. Puede indicar `wsdl.exe` donde esté en el sitio Web de Google:

```
C:\GOOGLY.NET\VB>wsdl.exe /l:vb http://api.google.com/GoogleSearch.wsdl
Microsoft (R) Web Services Description Language Utility
[Microsoft (R) .NET Framework, Version 1.0.3705.0]
Copyright (C) Microsoft Corporation 1998-2001. All rights reserved.
Writing file 'C:\GOOGLY.NET\VB\GoogleSearchService.vb'.
```

Lo que se obtiene es un archivo `GoogleSearchService.vb` con toda la funcionalidad subyacente de SOAP de Google listo para utilizarse:

```
'------------------------------------------------------------------
' <autogenerated>
'      This code was generated by a tool.
'      Runtime Version: 1.0.3705.288
'
'      Changes to this file may cause incorrect behavior and will be lost if
'      the code is regenerated.
' </autogenerated>
'------------------------------------------------------------------
Option Strict Off
Option Explicit On
Imports System
Imports System.ComponentModel
Imports System.Diagnostics
Imports System.Web.Services
Imports System.Web.Services.Protocols
Imports System.Xml.Serialization
...
    Public Function BegindoGoogleSearch(ByVal key As String, ByVal q As
    String, ByVal start As Integer, ByVal maxResults As Integer, ByVal
    filter As Boolean, ByVal restrict As String, ByVal safeSearch As
    Boolean, ByVal lr As String, ByVal ie As String, ByVal oe As String,
    ByVal callback As System.AsyncCallback, ByVal asyncState As Object) As
    System.IAsyncResult
        Return Me.BeginInvoke("doGoogleSearch", New Object(  ) {key, q,
    start, maxResults, filter, restrict, safeSearch, lr, ie, oe}, callback,
    asyncState) End Function

    '<remarks/>
```

```
    Public Function EnddoGoogleSearch(ByVal asyncResult As
System.IAsyncResult) As GoogleSearchResult
        Dim results(  ) As Object = Me.EndInvoke(asyncResult)
        Return CType(results(0),GoogleSearchResult)
    End Function
End Class
...
```

Ahora compile ese googly.vb:

```
C:\GOOGLY.NET\VB>vbc /out:googly.exe *.vb
Microsoft (R) Visual Basic .NET Compiler version 7.00.9466
for Microsoft (R) .NET Framework version 1.00.3705
Copyright (C) Microsoft Corporation 1987-2001. All rights reserved.
```

Ejecutar el truco

Ejecute Googly en la línea de comando, pasándolo a su búsqueda de Google:

```
C:\GOOGLY.NET\VB>googly.exe "palabras de búsqueda"
```

 La ventana de comando DOS no es la mejor opción a la hora de mostrar y permitir el desplazamiento hacia atrás cuando hay una gran cantidad de resultados. Para enviar los resultados de su búsqueda de Google a un archivo con el fin de examinarlos en su editor de texto favorito, añada: > results.txt.

Los resultados

Funcionalmente idéntico a su homólogo C#, la ejecución de este truco en Visual Basic debería ofrecer prácticamente los mismos resultados, siempre que lo permita el índice de Google.

Chris Sells and Rael Dornfest

Aplicaciones del API Web de Google

Trucos 60 a 85

Es divertido cómo la gente mira las cosas de formas diferentes. No hay ningún sitio en el que sea tan evidente como en esta sección. En esta parte del libro, echaremos un vistazo a varias de las distintas aplicaciones de Google, que van desde la búsqueda por ámbito de fechas con una aplicación por parte del cliente (una aplicación que se ejecuta desde el escritorio en lugar de desde un sitio Web) a un programa que se ejecuta desde un formulario Web para contar el número de sufijos diferentes que aparecen en una página de resultados de búsqueda.

El ingenio de millones

El lanzamiento del API de Google en abril del año 2002 inspiró a cientos de personas de toda la Web para probar a aprovechar la fuente de datos de Google, incluyendo los suyos propios. Algunas de las primeras aplicaciones tomaban los resultados de Google y los incluían en una página Web, o los integraban con herramientas de tratamiento del contenido tales como Movable Type y Radio Userland. A partir de aquí, a medida que iba creciendo el número de gente que experimentaba con el API, la variedad de aplicaciones fue aumentando desde las realmente útiles a las sorprendentemente estúpidas. (Hemos creado una sección especial en este libro para hablar de las sorprendentemente estúpidas).

Aprender el código

¿Quiere aprender a codificar? ¿Es usted un programador principiante que quiere aprender más? Este libro no es exhaustivo al respecto pero, si le interesa Perl, invierta algo de su tiempo echando una ojeada a esta sección. Puede utilizar estos programas tal como están, o utilizar las secciones tituladas "Truco dentro del truco" para modificar y retocar los *scripts*. Se trata de una forma útil de conocer Perl un poco más si está buscando algo básico y desea experimentar con programas que hagan algo útil de forma inmediata.

Lo que encontrará aquí

En esta sección, encontrará varias aplicaciones, desde la visualización de los resultados de Google a la creación de un "vecindario" para restringir las búsquedas a los resultados de más alto nivel. Pero recuerde que, aunque se trata de programas API, no son los únicos de este libro. Encontrará aplicaciones en las que se utiliza el API de Google en muchas secciones de este libro.

Encontrar más aplicaciones API de Google

Los trucos que aparecen en este libro son sólo una pequeña muestra de la gran cantidad de aplicaciones disponibles online. ¿Dónde puede dirigirse si desea encontrar más?

- Google Directory: Empiece por Google. El Directorio de Google le ofrece una categoría para el API de Google en `http://directory.google.com/Top/Computers/Internet/Searching/Search_Engines/Google/Web_APIs/`.

- Soapware.org: Soapware.org tiene una breve lista de aplicaciones API, disponible en `http://www.soapware.org/directory/4/services/googleApi/applications`.

- Daypop: Daypop (`http://www.daypop.com`) es un motor de búsqueda para sitios de noticias y weblog. Si hay algo emocionante en lo que respecta a la comunidad weblog, seguro que está en Daypop. Busque "Google API" o "Google API Applications" para encontrar aplicaciones del API de Google que la gente ha mencionado en sus weblogs o sitios Web.

Las posibilidades no son infinitas, pero están aumentando

El API de Google está todavía en versión beta. Además, sigue siendo bastante limitado en lo que ofrece. Por ejemplo, no puede obtener datos de las News de Google. Una vez dicho esto, hay que decir que el ingenio de aquellos que experimentan con el API de Google no tiene límites. Observe la Web a medida que el API se desarrolla, y verá que cada vez más programadores se aprovechan de su poder.

Búsqueda por fechas con una aplicación de parte del cliente

Monitorice un conjunto de búsquedas para encontrar resultados nuevos que se añadieron ayer al índice de Google.

El truco de GooFresh es un *script* CGI Web simple por formulario para elaborar búsquedas de Google por ámbitos de fechas. Una interfaz simple basada en la Web está bien cuando se quiere buscar uno o dos elementos cada vez. Pero, ¿qué me dice de llevar a cabo búsquedas múltiples en el tiempo, y guardar los resultados en su ordenador para realizar un análisis comparativo?

Un mejor enfoque para esta tarea es una aplicación de parte del cliente que se ejecuta desde la comodidad del escritorio de su propio ordenador. El *script* de Perl proporciona búsquedas determinadas en Google a través del API Web de Google, limitando los resultados a aquellos que se añadieron ayer al índice. Los nuevos hallazgos se adjuntan a un archivo de texto delimitado por comas, que resulta adecuado para su importación en Excel o en la aplicación de base de datos que utilice.

Este truco necesita un módulo de Perl adicional, `Time::JulianDay` (`http://search.cpan.org/author/MUIR/`); simplemente no funcionará hasta que tenga instalado dicho módulo.

Las búsquedas

En primer lugar, tendrá que preparar algunas búsquedas para pasárselas al *script*. Pruébelas primero a través de la propia interfaz de búsqueda de Google para asegurarse de que recibe el tipo de resultados que espera. Las búsquedas pueden ser cualquier cosa cuya trayectoria en el tiempo le interese: asuntos de interés actual o de larga duración, búsquedas de nuevos directorios de información que entran a estar online, citas únicas de artículos o de otras fuentes que desee examinar por si hay signos de plagio.

Utilice las sintaxis que quiera, a excepción de `link:`; puede que recuerde que `link:` no puede utilizarse en combinación con cualquier otra sintaxis especial, como `daterange:`, en la que se basa este truco. De todas formas, si insiste en probarlo (por ejemplo, `link:www.yahoo.com daterange:2452421-2452521`), Google simplemente considerará `link` como otra palabra de búsqueda (por ejemplo, `link www.yahoo.com`), produciendo una serie de resultados inesperados e inútiles.

Ponga cada búsqueda en su propia línea. Un archivo de búsqueda de muestra tendría un aspecto parecido a éste:

```
"digital archives"
intitle:"state library of"
intitle:directory intitle:resources
"now * * time for all good men * come * * aid * * party"
```

Guarde el archivo de texto en algún lugar fácil de recordar; guardarlo junto al *script* que está a punto de escribir es un sitio tan bueno como otro cualquiera.

El código

```perl
#!/usr/local/bin/perl -w
# goonow.pl
# introduce búsquedas especificadas en un archivo de texto en Google, buscando
# cosas recientemente añadidas al índice de Google.  El script se adjunta
# a archivos CSV, uno por búsqueda, creándolos si no existen.
# uso: perl goonow.pl [query_filename]

# Su clave de desarrollador del API de Google
my $google_key='insert key here';

# Ubicación del archivo WSDL GoogleSearch
my $google_wdsl = "./GoogleSearch.wsdl";

use strict;

use SOAP::Lite;
use Time::JulianDay;

$ARGV[0] or die "usage: perl goonow.pl [query_filename]\n";

my $julian_date = int local_julian_day(time) - 2;

my $google_search  = SOAP::Lite->service("file:$google_wdsl");

open QUERIES, $ARGV[0] or die "Couldn't read $ARGV[0]: $!";

while (my $query = <QUERIES>) {
  chomp $query;
  warn "Searching Google for $query\n"

  $query .= " daterange:$julian_date-$julian_date";
  (my $outfile = $query) =~ s/\W/_/g;
  open (OUT, ">> $outfile.csv")
    or die "Couldn't open $outfile.csv: $!\n";
```

```
my $results = $google_search ->
  doGoogleSearch(
    $google_key, $query, 0, 10, "false", "",  "false",
    "", "latin1", "latin1"
  );
foreach (@{$results->{'resultElements'}}) {
  print OUT '"' . join('","', (
    map {
      s!\n!!g; # se eliminan las líneas falsas
      s!<.+?>!!g; # omite todas las etiquetas HTML
      s!"!""!g; # elimina las comillas " sobrantes
      $_;
    } @$_{'title','URL','snippet'}
  ) ) . "\"\n";
}
}
```

Observará que GooNow comprueba el día de antes de ayer en lugar de lo que se añadió ayer (my $julian_date = int local_julian_day(time) - 2;). Google añade algunas páginas con mucha frecuencia; éstas aparecen entre lo que se añadió ayer, aumentando realmente sus resultados de búsqueda. Así que, si está buscando resultados de ayer, además de las páginas actualizadas, obtendrá mucho ruido, páginas que Google añade al índice todos los días, en lugar del contenido nuevo que está buscando. Desplazarse un día más hacia atrás en el tiempo es un buen truco para evitar este ruido.

Ejecutar el truco

Este *script* se ejecuta en la línea de comando de la forma siguiente:

$ **perl goonow.pl query_filename**

Donde query_filename es el nombre del archivo de texto que contiene todas las búsquedas que se han de pasar al *script*. El archivo puede localizarse en el directorio local o en cualquier otro lugar; en el segundo caso, asegúrese de incluir toda la ruta de acceso (por ejemplo, /mydocu~1/hacks/queries.txt).

Recuerde que toda la salida se dirige a archivos CSV, uno por búsqueda. Así que no espere ver ningún tipo de salida fascinante en la pantalla.

Los resultados

Eche un vistazo rápido a uno de los archivos CSV de salida creados, intitle state_library_of_.csv:

```
"State Library of Louisiana","http://www.state.lib.la.us/"," ...
Click
```

```
here if you have any questions or comments. Copyright <C2><A9>
1998-2001 State Library of Louisiana Last modified: August 07,
2002. "
"STATE LIBRARY OF NEW SOUTH WALES, SYDNEY
AUSTRALIA","http://www.slnsw.gov.au/", " ... State Library of New
South
Wales Macquarie St, Sydney NSW Australia 2000 Phone: +61 2 9273
1414
Fax: +61 2 9273 1255. Your comments You could win a prize! ...  "
"State Library of Victoria","http://www.slv.vic.gov.au/"," ...
clicking
on our logo. State Library of Victoria Logo with link to homepage
State
Library of Victoria. A world class cultural resource ...  "
...
```

Truco dentro del truco

El *script* continúa agregando los nuevos hallazgos al archivo CSV de salida apropiado. Si desea empezar de cero con los archivos CVS asociados con búsquedas particulares, simplemente bórrelos y el *script* volverá a crearlos.

También puede llevar a cabo una ligera modificación para hacer que el *script* cree archivos CSV nuevos cada vez, sobrescribiendo la versión anterior de la forma siguiente:

```
...
(my $outfile = $query) =~ s/\W/_/g;
open (OUT, "> $outfile.csv")
  or die "Couldn't open $outfile.csv: $!\n";
my $results = $google_search ->
  doGoogleSearch(
    $google_key, $query, 0, 10, "false", "", "false",
    "", "latin1", "latin1"
  );
...
```

Observe que el único cambio en el código es la eliminación de uno de los caracteres > cuando se crea el archivo de salida, open (OUT, "> $outfile.csv") en lugar de (OUT, ">> $outfile.csv").

TRUCO 61 · Añadir un poco de Google a su Word

Utilice Google con Microsoft Word para obtener mejores sugerencias ortográficas que las ofrecidas por el diccionario tradicional.

Algunos de los trucos de los que hemos hablado en este libro son muy útiles, hay algunos que son extraños, y otros no son exactamente útiles, pero tienen un confirmado factor interesante. La primera versión de CapeSpeller (`http://www.capescience.com/google/spell.shtml`) pertenece a la última categoría. Envíe una palabra por correo electrónico y recibirá una sugerencia ortográfica como respuesta. Aunque resulta genial, no hay muchas situaciones en las que tenga la absoluta necesidad de utilizarlo. Pero la versión más moderna de CapeSpeller es mucho más útil; ahora se ha diseñado para combinarse con Microsoft Word y proporcionar sugerencias ortográficas proporcionadas por Google como alternativa al diccionario estándar de Word/Office.

Pero, ¿por qué querría disponer de otro corrector ortográfico en Word? ¿No tiene ya uno bastante bueno? Sí, de hecho es así, pero emplea un diccionario tradicional, que no funciona cuando se enfrenta a determinados nombres propios, jergas y acrónimos. El diccionario de Google está lleno de estos tipos de sugerencias no tradicionales, actualizadas y vanguardistas.

Utilizar CapeSpeller

Hay varios pasos a seguir para adquirir e instalar CapeSpeller.

1. En primer lugar, tendrá que tener instalado el Microsoft SOAP Toolkit (`http://msdn.microsoft.com/downloads/default.asp?URL=/code/sample.asp?url=/msdn-files/027/001/580/msdncompositedoc.xml`). Es bastante pequeño para descargarlo, pero puede resultar complicado de organizar. Debe utilizar Internet Explorer 5 o posteriores. Puede que también tenga que actualizar su Windows Installer, dependiendo de la versión de Windows que esté utilizando. El sitio de CapeSpeller (`http://www.capescience.com/google/spell.shtml`) le proporciona más detalles.

2. Una vez que tenga dispuesto el kit de herramientas de SOAP, tendrá que obtener dos elementos de código de CapeScience. El primero es un archivo ejecutable comprimido en zip que está disponible en `http://www.capescience.com/google/download/CapeSpeller.zip`. Descárguelo, descomprímalo y ejecútelo.

3. Cuando haya descargado e instalado el ejecutable, descargue el código fuente. El código fuente contiene un lugar en el que debe copiar y pegar su API. Si no tiene una clave de desarrollador legal en este punto, no podrá obtener sugerencias ortográficas de Google.

4. Lo último que tiene que hacer para conseguir que CapeSpeller trabaje con Word es configurar una macro. CapeScience le ofrece instrucciones de cómo configurar una macro de corrección ortográfica en `http://www.capescience.com/google/spelltoword.shtml`.

TRUCO 62 Permutar una búsqueda

Ejecute todas las permutaciones de sus palabras clave y frases de búsqueda para exprimir hasta la última gota los resultados procedentes del índice de Google.

Google es un motor de búsqueda de más de tres mil millones de páginas y tropecientas mil posibilidades. Uno de los encantos de Google, si es usted un fanático de los motores de búsqueda como yo, es poder probar distintas posibilidades en su búsqueda con Google para ver qué es lo que marca exactamente la diferencia respecto a los resultados que obtiene.

Los resultados son sorprendentes. Por ejemplo, nunca se le ocurriría pensar que el orden tuviera un impacto tan grande, pero lo tiene. De hecho, la documentación de Google incluye en algún lugar escondido que el orden de las palabras tiene un efecto sobre los resultados de búsqueda.

Aunque ésta es una reflexión interesante, ¿quién tiene tiempo de generar y ejecutar todas las interaciones posibles de una búsqueda compuesta por varias palabras? ¡API de Google al rescate! Este truco coge una búsqueda de hasta cuatro palabras clave o frases entrecomilladas (además de soportar sintaxis especiales) y ejecuta todas las permutaciones posibles, mostrando el recuento de resultados por permutación así como los resultados más importantes de cada una.

Necesitará tener el modulo `Algorithm::Permute` Perl para que esté programa funcione correctamente (`http://search.cpan.org/search?query=algorithm%3A%3Apermute&mode=all`).

El código

```perl
#!/usr/local/bin/perl
# order_matters.cgi
# Busca en Google cualquier permutación posible para un máximo de 4
# palabras clave de búsqueda,
# devolviendo recuentos de resultados por permutación y resultados más
# importantes de las permutaciones.
# Se llama a order_matters.cgi como un CGI con entrada de formulario

# Su clave de desarrollador del API de Google
my $google_key='insert key here';

# Ubicación del archivo WSDL GoogleSearch
my $google_wdsl = "./GoogleSearch.wsdl";

use strict;

use SOAP::Lite;
```

```perl
use CGI qw/:standard *table/;
use Algorithm::Permute;

print
  header( ),
  start_html("Order Matters"),
  h1("Order Matters"),
  start_form(-method=>'GET'),
  'Query:   ', textfield(-name=>'query'),
  '   ',
  submit(-name=>'submit', -value=>'Search'), br( ),
  '<font size="-2" color="green">Enter up to 4 query keywords or "quoted
phrases"</font>',
  end_form( ), p( );

if (param('query')) {

 # Recoger palabras clave
 my @keywords = grep !/^\s*$/,  split /([+-]?".+?")|\s+/,
param('query');

 scalar @keywords > 4 and
  print('<font color="red">Only 4 query keywords or phrases allowed.</
font>'), last;

 my $google_search = SOAP::Lite->service("file:$google_wdsl");

 print
  start_table({-cellpadding=>'10', -border=>'1'}),
  Tr([th({-colspan=>'2'}, ['Result Counts by Permutation' ])]),
  Tr([th({-align=>'left'}, ['Query', 'Count'])]);

 my $results = {}; # se sigue la pista de lo que aparece en las
distintas búsquedas

 # Iterar sobre cualquier permutación posible
 my $p = new Algorithm::Permute( \@keywords );
 while (my $query = join(' ', $p->next)) {

  # Búsqueda Google
  my $r = $google_search ->
   doGoogleSearch(
    $google_key,
    $query,
    0, 10, "false", "",  "false", "", "latin1", "latin1"
   );
     print Tr([td({-align=>'left'}, [$query, $r-
>{'estimatedTotalResultsCount'}] )]);
  @{$r->{'resultElements'}} or next;

  # Asignar un ranking
  my $rank = 10;
```

```
  foreach (@{$r->{'resultElements'}}) {
   $results->{$_->{URL}} = {
    title => $_->{title},
    snippet => $_->{snippet},
    seen => ($results->{$_->{URL}}->{seen}) + $rank
   };
   $rank--;
  }
}

print
  end_table( ), p( ),
  start_table({-cellpadding=>'10', -border=>'1'}),
  Tr([th({-colspan=>'2'}, ['Top Results across Permutations' ])]),
  Tr([th({-align=>'left'}, ['Score', 'Result'])]);

foreach ( sort { $results->{$b}->{seen} <=> $results->{$a}->{seen} }
keys %$results ) {
  print Tr(td([
    $results->{$_}->{seen},
    b($results->{$_}->{title}||'no title') . br( ) .
    a({href=>$_}, $_) . br( ) .
    i($results->{$_}->{snippet}||'no snippet')
  ]));
}

  print end_table( ),
}
print end_html( );
```

Ejecutar el truco

Este truco se ejecuta a través de un formulario Web que está integrado en el código. Haga una llamada al CGI e introduzca la búsqueda que desee comprobar (hasta cuatro palabras o frases). El *script* buscará en primer lugar todas las combinaciones posibles de palabras y frases de búsqueda, como se muestra en la figura 6.1. A continuación, el *script* muestra los primeros 10 resultados de la búsqueda, como puede ver en la figura 6.2.

Utilizar el truco

A primera vista, este truco parece ser una novedad con pocas aplicaciones prácticas. Pero si es usted un investigador asiduo o un *cowboy* de la Web, puede que lo encuentre interesante.

Si es usted un investigador asiduo y hay ciertos temas sobre los que realiza búsquedas de forma regular; puede que quiera pasar algún tiempo con este truco y ver si puede detectar un modelo representativo de cómo se ven influenciados por el cambio de orden de palabras sus términos de búsqueda. Puede que necesite revisar sus búsquedas, de forma que ciertas palabras aparezcan siempre al principio o al final de la búsqueda.

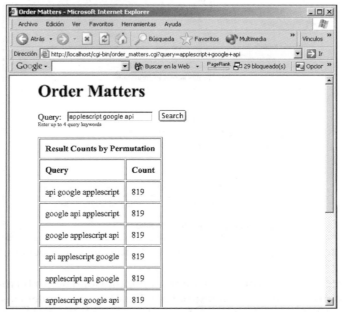

Figura 6.1. Lista de permutaciones para applescript google api.

Si pertenece al segundo grupo, los *cowboys* de la Web, necesita saber dónde aparece su página en los resultados de búsqueda de Google. Si su página pierde una gran cantidad de puntos en el ranking a causa de un cambio en el orden de la búsqueda, puede que desee añadir algunas palabras nuevas a su texto, o cambiar el texto ya existente.

TRUCO 63

Seguir la pista del recuento de resultados en el tiempo

Busque en Google para cada día de un ámbito de fechas determinado, contando cada vez el número de resultados que aparecen en el índice.

A veces, los resultados de búsqueda no tienen interés por sí mismos, sino por el número de ellos que aparecen. ¿Cuál es la popularidad de una determinada palabra clave? ¿Cuántas veces se menciona aproximadamente? ¿Cómo diferenciar frases u ortografías diferentes entre sí que aparecen apiladas?

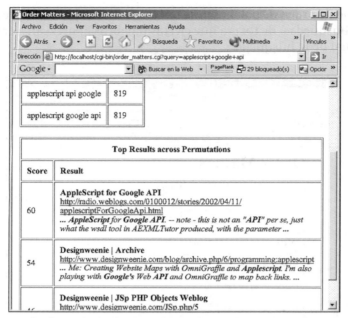

| | applescript api google | 819 |
| | applescript google api | 819 |

Top Results across Permutations	
Score	**Result**
60	**AppleScript for Google API** http://radio.weblogs.com/0100012/stories/2002/04/11/ applescriptForGoogleApi.html ... *AppleScript* for *Google API*. -- note - this is not an *"API"* per se, just what the wsdl tool in AEXMLTutor produced, with the parameter ...
54	**Designweenie	Archive** http://www.designweenie.com/blog/archive.php/6/programming:applescript ... Me: Creating Website Maps with OmniGraffle and *Applescript*. I'm also playing with *Google's* Web *API* and OmniGraffle to map back links. ...
	**Designweenie	JSp PHP Objects Weblog** http://www.designweenie.com/JSp.php/5

Figura 6.2. Resultados principales para las permutaciones de applescript google api.

Quizá desee también seguir la pista de la popularidad de un término determinado en el tiempo, y observar sus subidas y bajadas, sus tendencias inmediatas, y sus puntos titubeantes. Esto que busca lo conseguirá combinando el API de Google y la sintaxis `daterange:`. Este truco realiza búsquedas en Google para cada uno de los días incluidos en un ámbito determinado de fechas, contando el número de resultados para cada día. Esto nos lleva a una lista de números que podría introducir en Excel para utilizarlos en un gráfico, por ejemplo. Hay un par de advertencias que debería tener en cuenta antes de sumergirse en el código. En primer lugar, la palabra clave media tenderá a mostrar más resultados en el tiempo, a medida que Google añade más entradas a su índice. En segundo lugar, Google no respalda su búsqueda por ámbito de fechas; no debería considerar los resultados como verdades infalibles.

 Este truco necesita el módulo de Perl `Time::JulianDay` (`http://search.cpan.org/search?query=Time%3A%3AJulianDay`).

El código

```
#!/usr/local/bin/perl
# goocount.pl
```

```perl
# Se ejecuta la búsqueda especificada para cada día que se encuentre
# entre las fechas de comienzo y fin especificadas, devolviendo fecha y
# recuento como un CSV.
# uso: goocount.pl query="{query}" start={date} end={date}\n}
# donde las fechas tienen el formato: yyyy-mm-dd, por ejemplo 2002-12-31

# Su clave de desarrollador del API de Google
my $google_key='insert key here';

# Ubicación del archivo WSDL GoogleSearch
my $google_wdsl = "./GoogleSearch.wsdl";

use SOAP::Lite;
use Time::JulianDay;
use CGI qw/:standard/;

# Para comprobar la validez de fecha
my $date_regex = '(\d{4})-(\d{1,2})-(\d{1,2})';

# Hay que asegurarse de que los argumentos se pasan de forma correcta
( param('query') and param('start') =~ /^(?:$date_regex)?$/
  and param('end') =~ /^(?:$date_regex)?$/ ) or
  die qq{usage: goocount.pl query="{query}" start={date} end={date}\n};

# Manipulación de fechas julianas
my $query = param('query');
my $yesterday_julian = int local_julian_day(time) - 1;
my $start_julian = (param('start') =~ /$date_regex/)
  ? julian_day($1,$2,$3) : $yesterday_julian;
my $end_julian = (param('end') =~ /$date_regex/)
  ? julian_day($1,$2,$3) : $yesterday_julian;

# Se crea una nueva petición SOAP de Google
my $google_search  = SOAP::Lite->service("file:$google_wdsl");

print qq{"date","count"\n};

# Se itera cada fecha juliana para su búsqueda
foreach my $julian ($start_julian..$end_julian) {
  $full_query = "$query daterange:$julian-$julian";
  # Búsqueda Google
  my $result = $google_search ->
    doGoogleSearch(
      $google_key, $full_query, 0, 10, "false", "",  "false",
      "", "latin1", "latin1");

  # Salida
  print
    '"',
    sprintf("%04d-%02d-%02d", inverse_julian_day($julian)),
    qq{","$result->{estimatedTotalResultsCount}"\n};
}
```

Ejecutar el truco

Ejecute el truco desde la línea de comando, especificando una búsqueda y una fecha de inicio y de fin. Quizá le gustaría ver menciones del penúltimo sistema operativo de Macintosh (cuyo nombre en clave es "Jaguar") que lleven hasta su lanzamiento, en el propio lanzamiento y después de éste (24 de agosto de 2002). La ejecución siguiente envía los resultados a un archivo separado por comas (CSV) para hacer que su importación a Excel o la base de datos sea sencilla:

```
% perl goocount.pl query="OS X Jaguar" \
start=2002-08-20 end=2002-08-28 > count.csv
```

Si elimina el signo > y el nombre del archivo CSV; los resultados se enviarán a la pantalla para que los examine:

```
% perl goocount.pl query="OS X Jaguar" \
start=2002-08-20 end=2002-08-28
```

Si desea seguir la pista de resultados en el tiempo, podría ejecutar el *script* todos los días (utilizando cron en Unix o las Tareas programadas en Windows), sin especificar fecha alguna, para conseguir la información para la fecha de ese día. Utilice simplemente >> filename.csv para añadir al nombre del archivo en lugar de escribir encima de él.

También puede hacer que se le envíen los resultados por correo electrónico, para que disfrute del placer de su lectura diaria.

Los resultados

Aquí tiene una búsqueda para Jaguar:

```
% perl goocount.pl query="OS X Jaguar" \
start=2002-08-20 end=2002-08-28
"date","count"
"2002-08-20","18"
"2002-08-21","7"
"2002-08-22","21"
"2002-08-23","66"
"2002-08-24","145"
"2002-08-25","38"
"2002-08-26","94"
"2002-08-27","55"
"2002-08-28","102"
```

Trabajar con esos resultados

Si cuenta con una lista bastante corta, resulta sencillo mirar los resultados y ver si hay subidas o elementos de interés determinados en lo que respecta a los recuentos de resultados. Sin embargo, si tiene una lista larga o desea tener una visualización global de los resultados que sea visual, es fácil utilizar estos núme-ros para crear un gráfico en Excel o en la hoja de cálculo que utilice. Sólo tiene que guardar los resultados en un archivo y abrirlo a continuación en Excel; una vez allí, utilice el asistente para gráficos para crear el gráfico. Tendrá que llevar a cabo algunos ajustes, pero la simple generación del gráfico le proporciona una visualización global interesante, como puede observar en la figura 6.3.

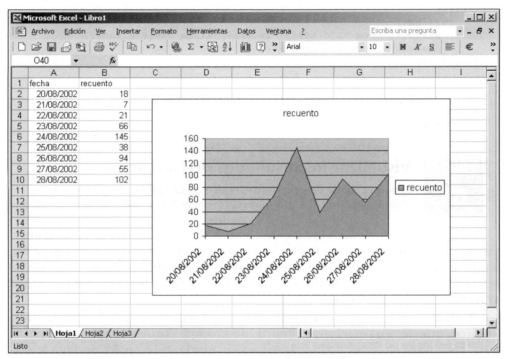

Figura 6.3. Gráfico de Excel que muestra las menciones de OS X Jaguar.

Truco dentro del truco

Puede convertir los resultados en una página Web alterando ligeramente el código (los cambios aparecen en negrita) y dirigiendo la salida a un archivo HTML (`>> filename.html`):

```
...
print
  header(  ),
  start_html("GooCount: $query"),
  start_table({-border=>undef}, caption("GooCount:$query")),
  Tr([ th(['Date', 'Count']) ]);

foreach my $julian ($start_julian..$end_julian) {
  $full_query = "$query daterange:$julian-$julian";
  my $result = $google_search ->
    doGoogleSearch(
      $google_key, $full_query, 0, 10, "false", "",  "false",
      "", "latin1", "latin1"
    );

  print
    Tr([ td([
      sprintf("%04d-%02d-%02d", inverse_julian_day($julian)),
      $result->{estimatedTotalResultsCount}
    ]) ]);
}

print
  end_table(  ),
  end_html;
```

TRUCO
64   Visualizar los resultados de Google

El navegador de Google TouchGraph es el complemento perfecto de Google para aquellos que aprecian las muestras visuales de la información.

Hay personas que nacen predispuestos al texto. Son capaces de recuperar recursos principalmente textuales de Internet y navegar por ellos felizmente durante horas. Pero otros están más orientados visualmente, y consideran que los resultados sólo de texto de Internet carecen de algo, especialmente cuando se trata de resultados de búsqueda.

Si usted es uno de esos que aprecian la disposición visual de la información, seguro que le gusta el navegador de Google TouchGraph (http://www.touchgraph.com/TGGoogleBrowser.html). Este *applet* de Java le permite comenzar con las páginas que son similares a un URL, y se expande hacia afuera a páginas que son similares al primer conjunto de páginas, y así sucesivamente, hasta que tiene un mapa gigante de "nodos" (también conocidos como URL) en su pantalla.

Observe que lo que está buscando aquí son URL que sean similares a otro URL. No está llevando a cabo una búsqueda por palabra clave, y no está utilizando la sintaxis link:. Está buscando a través de la medida de similaridad de Google.

Empezar a navegar

Comience su viaje introduciendo un URL en la página principal de TouchGraph y haciendo clic en el enlace Graph It. Su navegador pondrá en marcha el *applet* de Java TouchGraph, llenando su ventana con una gran masa de nodos vinculados, como puede ver en la figura 6.4.

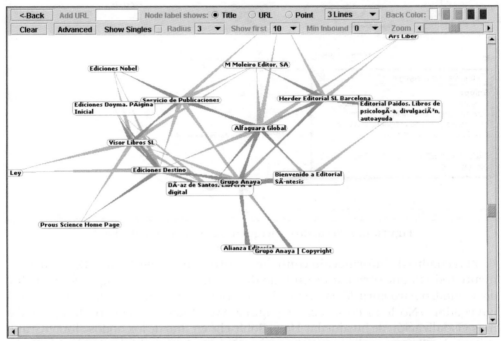

Figura 6.4. Masa de nodos vinculados generados por TouchGraph.

Necesitará un navegador Web capaz de ejecutar *applets* de Java. Si el soporte Java aparece en forma de *plugin* en el navegador que utilice, dicho navegador debería ser capaz de mostrar un *plugin* de localización/ descarga y ayudarle a través del proceso de instalación.

Expandir su vista

Mantenga el ratón sobre uno de los elementos en el grupo de páginas. Observará que aparece un pequeño cuadro con una H. Haga clic en él, y le llevará a un cuadro de información sobre un nodo en particular, como puede observar en la figura 6.5.

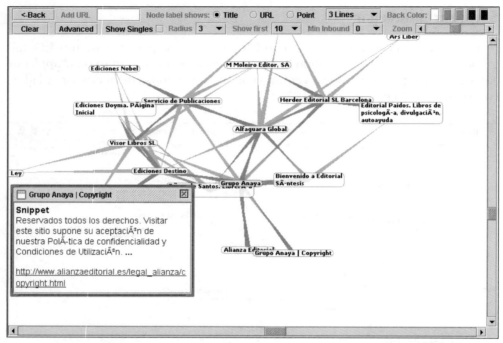

Figura 6.5. Recuadro emergente de información de nodo.

El recuadro de información contiene un título, un *snippet* y un URL, prácticamente todo lo que ofrece un resultado de búsqueda normal. Haga clic en el URL del recuadro para abrir la página Web del propio URL en una página diferente del navegador. ¿No le interesa visitar páginas Web todavía? ¿Quiere llevar a cabo más visualización de búsqueda? Haga doble clic en uno de los nodos. TouchGraph utiliza el API para realizar peticiones en páginas de Google similares al URL del nodo en el que haya hecho doble clic. Siga haciendo doble clic donde quiera; cuando ya no haya más páginas disponibles, aparecerá una C de color verde en el momento en el que ponga el ratón en el nodo (no hay más de 30 resultados disponibles para cada nodo). Si lo hace con la frecuencia suficiente, terminará teniendo una pantalla entera llena de nodos con líneas que denotan la relación existente entre sí, como muestra la figura 6.6.

Opciones de visualización

Una vez que haya generado listados de páginas similares para algunos sitios diferentes, se encontrará con una página bastante abarrotada. TouchGraph tiene algunas opciones para cambiar el aspecto de que lo usted está viendo.

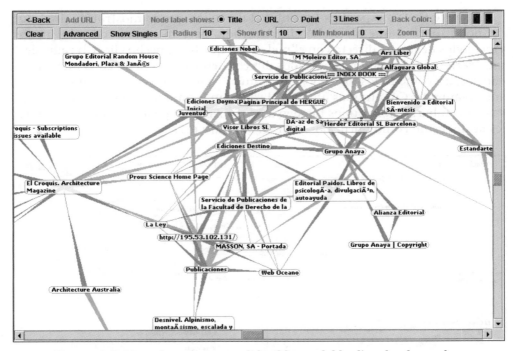

Figura 6.6. Masa de nodos expandida al hacer doble clic sobre los nodos.

Para cada nodo, puede mostrar el título de la página (Title), el URL de la página (URL) o las dos primeras letras del título (Point). Si está simplemente visualizando una página de relaciones, lo más probable es que el título sea lo mejor. Sin embargo, si ha estado trabajando con el *applet* durante cierto tiempo, y ha mapeado una gran cantidad de nodos, las opciones de visualización del URL o de las dos primeras letras del título pueden ahorrarle espacio. La opción URL elimina www y .com del URL, manteniendo el resto de los sufijos de dominio. Por ejemplo, www.perl.com aparecerá como perl, mientras que www.perl.org se mostrará como perl.org.

Hablando de ahorrar espacio, hay una barra de desplazamiento de zoom en la parte superior derecha de la ventana del *applet*. Cuando haya generado varios grupos de nodos distintos, alejarse con el zoom le permitirá ver las distintas agrupaciones de forma más clara. Sin embargo, también resulta difícil ver las relaciones entre nodos en los distintos grupos. TouchGraph ofrece la opción de visualizar los nodos de un grupo que sólo tienen relación con otro nodo. Esta opción está desactivada por defecto; seleccione el recuadro de la opción Show Singles para activarla. En mi opinión, es mejor dejar fuera estos nodos; llenan la página y hacen que sea difícil establecer y explorar grupos separados de nodos.

El ajuste Radius especifica la cantidad de nodos que se mostrarán alrededor del nodo sobre el que ha hecho clic. Un radio de 1 mostrará todos los nodos vinculados de forma directa con el nodo en el que haya hecho clic. Un radio de 2 mostrará todos los nodos vinculados directamente con el nodo en el que ha hecho clic, así como todos los nodos directamente vinculados con esos nodos, y así sucesivamente. Cuanto más alto sea el radio, más amontonadas estarán las cosas. Sin embargo, los grupos tienden a organizarse en pequeños montones fáciles de discernir, como puede observar en la figura 6.7.

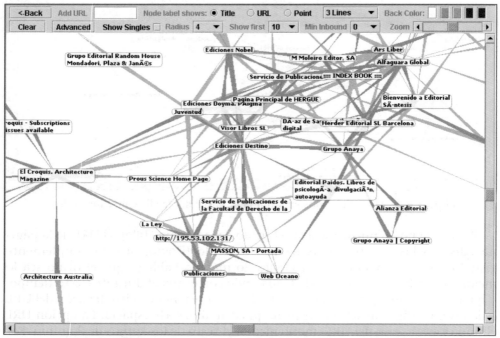

Figura 6.7. Masa de nodos con la opción Radius establecida en 4.

Hay un menú desplegable al lado de la opción Radius que especifica la cantidad de resultados, la cantidad de conexiones que se muestran. En mi opinión, 10 es la mejor opción.

Sacar el máximo partido de estas visualizaciones

Sí, es fantástico. Sí, es insólito. Y sí, resulta divertido arrastrar esos pequeños nodos de un lado a otro. Pero, ¿para qué es realmente útil TouchGraph? Básicamente, para dos cosas. En primer lugar, permite captar, con un solo vistazo, la relación de similaridad existente entre grandes grupos de URL. No puede hacer esto con los resultados planos procedentes de búsquedas por URL. En segundo lugar, con un poco de exploración hay veces en las que puede obtener una lista de compañías de la misma industria o área. Esto resulta práctico cuando esté investigando un determinado tema o una industria en particular. Eso sí, esto requiere cierta experimentación, así que siga probando. TouchGraph Google Browser fue creado por Alex Shapiro (`http://www.touchgraph.com/`).

TRUCO 65 Deambular por su vecindario Google

Google Neighborhood trata de desenredar la Web, elaborando vecindarios (*neighbourhoods*) de sitios alrededor de un URL.

Decimos World Wide Web (amplia tela de araña mundial) no World Wide Straight Line (amplia línea mundial). Los sitios tienen vínculos a otros sitios, construyendo una gran "red". ¡Y que pedazo de tela hemos tejido!

Google Neighborhood trata de desenredar una pequeña parte de la Web, utilizando el API de Google para encontrar sitios relacionados con un URL proporcionado por usted, importando los vínculos en los sitios devueltos, y elaborando un "vecindario" de sitios que se vinculan tanto al URL original como entre sí.

Si le gustaría dar un giro a este truco sin tener que ejecutarlo, tiene una versión funcional disponible en `http://diveintomark.org/archives/2002/06/04.html#who_are_the_people_in_your_neighborhood`. El código fuente (que incluimos abajo) para el Google Neighborhood está disponible para que lo descargue en `http://diveintomark.org/projects/misc/neighbor.py.txt`.

El código

Google Neighborhood está escrito en el lenguaje de programación Python (`http://www.python.org`). Tendrá que tener Python instalado en su sistema para poder ejecutar este truco.

```
"""
neighbor.cgi
Blogroll finder and aggregator
"""
_ _author_ _ = "Mark Pilgrim (f8dy@diveintomark.org)"
_ _copyright_ _ = "Copyright 2002, Mark Pilgrim"
_ _license_ _ = "Python"
try:
    import timeoutsocket # http://www.timo-tasi.org/python/
timeoutsocket.py
    timeoutsocket.setDefaultSocketTimeout(10)
except:
```

```
        pass
import urllib, urlparse, os, time, operator, sys, pickle, re, cgi, time
from sgmllib import SGMLParser
from threading import *
BUFFERSIZE = 1024
IGNOREEXTS = ('.xml', '.opml', '.rss', '.rdf', '.pdf', '.doc')
INCLUDEEXTS = ('', '.html', '.htm', '.shtml', '.php', '.asp', '.jsp')
IGNOREDOMAINS = ('cgi.alexa.com', 'adserver1.backbeatmedia.com',
'ask.slashdot.org', 'freshmeat.net', 'readroom.ipl.org', 'amazon.com',
'ringsurf.com')
def prettyURL(url):
    protocol, domain, path, params, query, fragment =
urlparse.urlparse(url)
    if path == '/':
        path = ''
  return urlparse.urlunparse(('',domain,path,'','','')).replace('//','')

def simplifyURL(url):
    url = url.replace('www.', '')
    url = url.replace('/coming.html', '/')
    protocol, domain, path, params, query, fragment =
urlparse.urlparse(url)
    if path == '':
        url = url + '/'
    return url
class MinimalURLOpener(urllib.FancyURLopener):
    def _ _init_ _(self, *args):
        apply(urllib.FancyURLopener._ _init_ _, (self,) + args)
        self.addheaders = [('User-agent', '')]
    def http_error_401(self, url, fp, errcode, errmsg, headers,
data=None):
        pass
class BlogrollParser(SGMLParser):
    def _ _init_ _(self, url):
        SGMLParser._ _init_ _(self)
        self.url = url
        self.reset( )

    def reset(self):
        SGMLParser.reset(self)
        self.possible = []
        self.blogroll = []
        self.ina = 0

    def _goodlink(self, href):
        protocol, domain, path, params, query, fragment =
urlparse.urlparse(href)
        if protocol.lower( ) <> 'http': return 0
        if self.url.find(domain) <> -1: return 0
        if domain in IGNOREDOMAINS: return 0
        if domain.find(':5335') <> -1: return 0
        if domain.find('.google') <> -1: return 0
```

```
            if fragment: return 0
            shortpath, ext = os.path.splitext(path)
            ext = ext.lower( )
            if ext in INCLUDEEXTS: return 1
            if ext.lower( ) in IGNOREEXTS: return 0
            # more rules here?
            return 1

        def _confirmpossibles(self):
            if len(self.possible) >= 4:
                for url in self.possible:
                    if url not in self.blogroll:
                        self.blogroll.append(url)
            self.possible = []

        def start_a(self, attrs):
            self.ina = 1
            hreflist = [e[1] for e in attrs if e[0]=='href']
            if not hreflist: return
            href = simplifyURL(hreflist[0])
            if self._goodlink(href):
                self.possible.append(href)
        def end_a(self):
            self.ina = 0

        def handle_data(self, data):
            if self.ina: return
            if data.strip( ):
                self._confirmpossibles( )

        def end_html(self, attrs):
            self.confirmpossibles( )
def getRadioBlogroll(url):
    try:
        usock = MinimalURLOpener( ).open('%s/gems/mySubscriptions.opml'
% url)
        opmlSource = usock.read( )
        usock.close( )
    except:
        return []
    if opmlSource.find('<opml') == -1: return []
    radioBlogroll = []
    start = 0
    while 1:
        p = opmlSource.find('htmlUrl="', start)
        if p == -1: break
        refurl = opmlSource[p:p+100].split('"')[1]
        radioBlogroll.append(refurl)
        start = p + len(refurl) + 10
    return radioBlogroll
def getBlogroll(url):
    if url[:7] <> 'http://':
```

```
        url = 'http://' + url
    radioBlogroll = getRadioBlogroll(url)
    if radioBlogroll:
        return radioBlogroll
    parser = BlogrollParser(url)
    try:
        usock = MinimalURLOpener(  ).open(url)
        htmlSource = usock.read(  )
        usock.close(  )
    except:
        return []
    parser.feed(htmlSource)
    return parser.blogroll
class BlogrollThread(Thread):
    def _ _init_ _(self, master, url):
        Thread._ _init_ _(self)
        self.master = master
        self.url = url
    def run(self):
        self.master.callback(self.url, getBlogroll(self.url))
class BlogrollThreadMaster:
    def _ _init_ _(self, url, recurse):
        self.blogrollDict = {}
        self.done = 0
        if type(url)==type(''):
            blogroll = getBlogroll(url)
        else:
            blogroll = url
        self.run(blogroll, recurse)

    def callback(self, url, blogroll):
        if not self.done:
            self.blogrollDict[url] = blogroll

    def run(self, blogroll, recurse):
        start = 0
        end = 5
        while 1:
            threads = []
            for url in blogroll[start:end]:
                if not self.blogrollDict.has_key(url):
                    t = BlogrollThread(self, url)
                    threads.append(t)
            for t in threads:
                t.start(  )
                time.sleep(0.000001)
            for t in threads:
                time.sleep(0.000001)
                t.join(10)
            start += 5
            end += 5
            if start > len(blogroll): break
```

```
        if recurse > 1:
           masterlist = reduce(operator.add, self.blogrollDict.values( ))
              newlist = [url for url in masterlist if not
self.blogrollDict.has_key(url)]
              self.run(newlist, recurse - 1)
        else:
           self.done = 1
def sortBlogrollData(blogrollDict):
    sortD = {}
    for blogroll in blogrollDict.values( ):
        for url in blogroll:
            sortD[url] = sortD.setdefault(url, 0) + 1
    sortI = [(v, k) for k, v in sortD.items( )]
    sortI.sort( )
    sortI.reverse( )
    return sortI
def trimdata(sortI, cutoff):
    return [(c, url) for c, url in sortI if c >= cutoff]
def getRelated(url):
    import google
    results = []
    start = 0
    for i in range(3):
        data = google.doGoogleSearch('related:%s' % url, start)
        results.extend([oneResult.URL for oneResult in data.results])
        start += 10
        if len(data.results) < 10: break
    return results
def getNeighborhood(baseURL):
    relatedList = getRelated(baseURL)
    blogrollDict = BlogrollThreadMaster(relatedList, 1).blogrollDict
    neighborhood = sortBlogrollData(blogrollDict)
    neighborhood = trimdata(neighborhood, 2)
    neighborhood = [(c,url, prettyURL(url)) for c,url in neighborhood]
    return neighborhood

def render_html(baseURL, data):
    output = []
    output.append("""
<table class="socialnetwork" summary="neighborhood for %s">
<caption>Neighborhood for %s</caption>
<thead>
<tr>
<th scope="col">Name</th>
<th scope="col">Links</th>
<th shope="col">Explore</th>
</tr>
</thead>
<tbody>""" % (cgi.escape(prettyURL(baseURL)),
cgi.escape(prettyURL(baseURL))))
    for c, url, title in data:
        output.append("""<tr><td><a href="%s">%s</a></td><td>%s</td><td>
```

```python
<a href="%s">explore</a></td></tr>""" % (url, title, c, 'http://
diveintomark.org/cgi-bin/neighborhood.cgi?url=%s' % cgi.escape(url)))
    output.append("""
</tbody>
</table>""")
    return "".join(output)
def render_rss(baseURL, data):
    title = prettyURL(baseURL)
    channeltitle = "%s neighborhood" % title
  localtime = time.strftime('%Y-%m-%dT%H:%M:%S-05:00', time.localtime( ))
    output = []
    output.append("""<?xml version="1.0"?>
<rdf:RDF xmlns="http://purl.org/rss/1.0/"
xmlns:rdf="http://www.w3.org/1999/02/22-rdf-syntax-ns#" xmlns:dc="http:/
/purl.org/dc/elements/1.1/" xmlns:sy="http://purl.org/rss/1.0/modules/
syndication/" xmlns:admin="http://webns.net/mvcb/">
<channel rdf:about="%(baseURL)s">
<title>%(channeltitle)s</title>
<link>%(baseURL)s</link>
<description>Sites in the virtual neighborhood of %(title)s</
description>
<language>en-us</language>
<lastBuildDate>%(localtime)s</lastBuildDate>
<pubDate>%(localtime)s</pubDate>
<admin:generatorAgent rdf:resource="http://divintomark.org/cgi-bin/
neighborhood.cgi/?v=1.1" />
<admin:errorReportsTo rdf:resource="mailto:f8dy@diveintomark.org"/>
<sy:updatePeriod>weekly</sy:updatePeriod>
<sy:updateFrequency>1</sy:updateFrequency>
<sy:updateBase>2000-01-01T12:00+00:00</sy:updateBase>
<items>
<rdf:Seq>
""" % locals( ))
##"""
    for c, url, title in data:
        output.append("""<rdf:li rdf:resource="%s" />
""" % url)
    output.append("""</rdf:Seq>
</items>
</channel>
""")
    for c, url, title in data:
        output.append("""<item rdf:about="%(url)s">
<title>%(title)s</title>
<link>%(url)s</link>
<description>%(c)s links</description>
</item>
""" % locals( ))
    output.append("""</rdf:RDF>""")
    return "".join(output)
if _ _name_ _ == '_ _main_ _':
    print render_html(getNeighborhood(sys.argv[1]))
```

Ejecutar el truco

Google Neighborhood se ejecuta como un *script* CGI en su navegador. Proporciónele el URL que le interese como centro, seleccione salida HTML o RSS y pulse el botón **Meander**.

Necesitará un formulario HTML para hacer una llamada a Google Neighborhood. Aquí tiene uno sencillo:

```
<form action="/cgi-bin/neighborhood.cgi" method="get">
URL: <input name="url" type="text" />
<br />
Output as: <input name="fl" type="radio" value="html" checked="true" /> HTML
<input name="fl" type="radio" value="rss" checked="true" /> RSS
<br />
<input type="submit" value="Meander" />
</form>
```

Por supuesto, debería alterar `action=` para que lleve a la ubicación en la que haya instalado el *script* CGI.

La figura 6.8 muestra una representación del Google Neighborhood para Rael (`raelity.org`, para ser exactos). Si hace clic en cualquiera de los vínculos que aparecen en la parte izquierda, se verá transportado al URL que se muestra. Lo que es más interesante, el enlace **explore** cambia su punto de vista, centrando el vecindario (*neighbourhood*) en el URL asociado.

Así, puede deambular por un vecindario teniendo como centro el contenido que escoja; no se sorprenda, especialmente en el mundo de los *weblog*, si se encuentra una y otra vez con los mismos vínculos.

Hablando de vínculos, el número que aparece por debajo del título **Links** representa el número de vínculos que tiene el sitio asociado al sitio en el que se esté centrando en ese momento.

Truco dentro del truco

Si desea llevar a cabo un truco dentro de éste, puede centrar sus esfuerzos en un pequeño bloque de código que especifica las extensiones de archivo que desea incluir y excluir, así como qué dominios desea excluir cuando calcule sus vecindarios:

```
IGNOREEXTS = ('.xml', '.opml', '.rss', '.rdf', '.pdf', '.doc')
INCLUDEEXTS = ('', '.html', '.htm', '.shtml', '.php', '.asp', '.jsp')
IGNOREDOMAINS = ('cgi.alexa.com', 'adserver1.backbeatmedia.com',
'ask.slashdot.org','freshmeat.net', 'readroom.ipl.org', 'amazon.com',
'ringsurf.com')
```

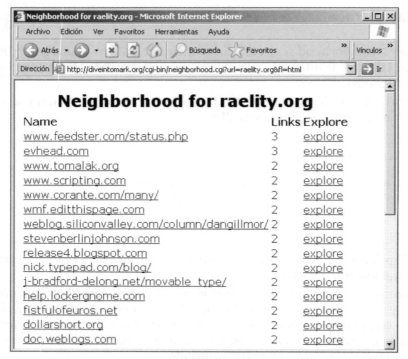

Figura 6.8. Google Neighborhood para raelity.org.

Observar/ignorar extensiones de archivo

Según la forma en la que el truco está escrito actualmente, el vecindario está construido en torno a archivos bastante estándar. Sin embargo, podría crear un vecindario de sitios servidos por PHP (`http://www.php.net/`), que incluya exclusivamente URL con una extensión PHP (`.php`). O quizás lo que le interese sean los documentos de Word y los archivos PDF. En este caso, debería modificar el código de la manera siguiente:

```
IGNOREEXTS = ('.xml', '.opml', '.rss', '.rdf', '.html', '.htm',
'.shtml',
'.php', '.asp', '.jsp')
INCLUDEEXTS = ('', '.pdf', '.doc')
```

Ignorar dominios

A veces, cuando esté elaborando un vecindario, puede que observe que aparecen una y otra vez los mismos vínculos. Realmente no forman parte del vecindario, pero tienden a ser lugares que las páginas Web hacen que su vecindario los señale como vínculos. Por ejemplo, la mayor parte de los weblogs basados en Blogger incluyen por norma un vínculo a `Blogger.com`.

Excluya los dominios que no le sean de interés añadiéndolos a la lista IGNOREDOMAINS:

```
IGNOREDOMAINS = ('cgi.alexa.com', 'adserver1.backbeatmedia.com',
'ask.slashdot.org', 'freshmeat.net', 'readroom.ipl.org', 'amazon.com',
'ringsurf.com', 'blogger.com')
```

Google Neighborhood fue escrito por Mark Pilgrim (`http://diveintomark .org/`).

TRUCO 66 · Llevar a cabo un concurso de popularidad de Google

Ponga cara a cara dos términos, variaciones ortográficas, animales, vegetales o minerales en un concurso de popularidad basado en Google.

¿Cuál es la palabra más popular? ¿Qué ortografía es la más comúnmente utilizada? ¿A quién se menciona más, a Alicia o a Esther Koplovitz? Google Smackdown responde a éstas y otras preguntas igualmente importantes (`http:/ /www.onfocus.com/googlesmack/down.asp`).

¿Por qué querría comparar recuentos de búsquedas? A veces, saber qué términos aparecen con más frecuencia puede ayudarle a desarrollar mejor sus búsquedas. ¿Por qué utilizar una determinada palabra si apenas produce resultados? La comparación de errores ortográficos puede proporcionar pistas en la búsqueda de términos o frases difíciles de encontrar. Y, en ocasiones, simplemente resulta divertido llevar a cabo un concurso de popularidad.

Si busca sólo palabras clave, Google Smackdown es muy simple. Introduzca una palabra en cada recuadro de búsqueda, una clave de desarrollador de API Web de Google si la tiene, y haga clic en el botón **throw down!** Smackdown le responderá quién es el ganador, y el recuento aproximado de cada búsqueda.

Si está pensando en utilizar una sintaxis especial, tiene que tener más cuidado. Desgraciadamente, la sintaxis `link:` no funciona. Curiosamente, `phonebook:` sí lo hace; en Boston, ¿viven más personas llamadas Smith o más llamadas Jones?

Si desea utilizar sintaxis especiales, escriba la búsqueda entre comillas: `"intitle:windows"`.

El siguiente consejo es un poco al revés. Si desea especificar una frase, no utilice comillas; por defecto, Smackdown busca una frase. Si desea buscar las dos palabras en una página, pero no necesariamente como una frase (bandera y (AND) pirata frente a "bandera pirata"), no utilice comillas. La razón por la que las sintaxis especiales y las frases funcionan de esta forma es porque el programa encierra entre comillas las frases y, cuando es usted el que añade las comillas, lo que hace es enviar una búsqueda con comillas dobles a Google (`""Google""`). Cuando Google se encuentra con comillas dobles de este tipo, simplemente se deshace de todas las comillas.

 Si le apetece probar Google Smackdown sin tener que ejecutarlo usted mismo, tiene una versión funcional disponible en: `http://www.onfocus.com/googlesmack/down.asp`.

El código

Google Smackdown está escrito para páginas ASP ejecutadas bajo el sistema operativo Windows y Microsoft Internet Information Server (IIS).

```
<%
'------------------------------------------------------------
' Se define la variable global strGoogleKey.
'------------------------------------------------------------
Dim strGoogleKey
strGoogleKey = "you rkey goes here. "
'------------------------------------------------------------
' La función GetResult( ) es el núcleo de Google Smackdown.
' Busca en Google con una frase o palabra determinadas y devuelve
' los resultados de búsqueda totales estimados para esa palabra o frase.
' Ejecutando esta función dos veces con las dos palabras que el usuario
' introduce en el formulario, tenemos nuestro Smackdown.
'------------------------------------------------------------
Function GetResult(term)
  '------------------------------------------------------------
  ' Se define la variable que contiene la petición SOAP. Un paquete de
  ' software SOAP generará una petición similar a ésta
  ' entre bastidores, pero la búsqueda para esta aplicación
  ' es muy simple, así que puede establecerse "a mano".
  '------------------------------------------------------------
  strRequest = "<?xml version='1.0' encoding='UTF-8'?>" & Chr(13) &
Chr(10) & Chr(13) & Chr(10)
  strRequest = strRequest & "<SOAP-ENV:Envelope xmlns:SOAP-ENV=""http://
schemas.xmlsoap.org/soap/envelope/"" xmlns:xsi=""http://www.w3.org/1999/
XMLSchema-instance"" xmlns:xsd=""http://www.w3.org/1999/XMLSchema"">" &
Chr(13) & Chr(10)
  strRequest = strRequest & " <SOAP-ENV:Body>" & Chr(13) & Chr(10)
  strRequest = strRequest & " <ns1:doGoogleSearch
xmlns:ns1=""urn:GoogleSearch"" SOAP-ENV:encodingStyle=""http://
schemas.xmlsoap.org/soap/encoding/"">" & Chr(13) & Chr(10)
  strRequest = strRequest & "  <key xsi:type=""xsd:string"">" &
strGoogleKey & "</key>" & Chr(13) & Chr(10)
```

```
 strRequest = strRequest & "   <q xsi:type=""xsd:string"">""" & term &
"""</q>" & Chr(13) & Chr(10)
 strRequest = strRequest & "   <start xsi:type=""xsd:int"">0</start>" &
Chr(13) & Chr(10)
 strRequest = strRequest & "   <maxResults xsi:type=""xsd:int"">1</
maxResults>" & Chr(13) & Chr(10)
 strRequest = strRequest & "   <filter xsi:type=""xsd:boolean"">true</
filter>" & Chr(13) & Chr(10)
 strRequest = strRequest & "   <restrict xsi:type=""xsd:string""></
restrict>" & Chr(13) & Chr(10)
 strRequest = strRequest & "   <safeSearch
xsi:type=""xsd:boolean"">false</safeSearch>" & Chr(13) & Chr(10)
 strRequest = strRequest & "   <lr xsi:type=""xsd:string""></lr>" &
Chr(13) & Chr(10)
 strRequest = strRequest & "   <ie xsi:type=""xsd:string"">latin1</ie>" &
Chr(13) & Chr(10)
 strRequest = strRequest & "   <oe xsi:type=""xsd:string"">latin1</oe>" &
Chr(13) & Chr(10)
 strRequest = strRequest & " </ns1:doGoogleSearch>" & Chr(13) & Chr(10)
 strRequest = strRequest & " </SOAP-ENV:Body>" & Chr(13) & Chr(10)
 strRequest = strRequest & "</SOAP-ENV:Envelope>" & Chr(13) & Chr(10)
'------------------------------------------------------------
' La variable strRequest se establece ahora en la petición SOAP.
' A continuación se envía a Google a través de HTTP utilizando el
' componente Microsoft ServerXMLHTTP.
'
' Se crea el objeto...
'------------------------------------------------------------
Set xmlhttp = Server.CreateObject("MSXML2.ServerXMLHTTP")

'------------------------------------------------------------
' Se define la variable strURL igual al URL para los servicios
' Web de Google.
'------------------------------------------------------------
strURL = "http://api.google.com/search/beta2"

'------------------------------------------------------------
' Se define el objeto para abrir el URL especificado como un HTTP POST.
'------------------------------------------------------------
xmlhttp.Open "POST", strURL, false

'------------------------------------------------------------
' Se configura el encabezado Content-Type para la petición igual a
' "text/xml" de forma que el servidor sepa que estamos enviando un XML.
'------------------------------------------------------------
xmlhttp.setRequestHeader "Content-Type", "text/xml"

'------------------------------------------------------------
' Se envía la petición XML creada anteriormente a Google vía HTTP.
'------------------------------------------------------------
xmlhttp.Send(strRequest)
'------------------------------------------------------------
```

```
' Se define el objeto AllItems igual al XML que Google
' envía.
'------------------------------------------------------------
Set AllItems = xmlhttp.responseXML

'------------------------------------------------------------
' Si el analizador se encuentra con un error, normalmente debido a un
' XML mal configurado, se escribe la razón del error al usuario. Y se
' detiene el script. Google no envía XML mal configurado, así que este
' código no debería ejecutarse.
'------------------------------------------------------------
If AllItems.parseError.ErrorCode <> 0 Then
 response.write "Error: " & AllItems.parseError.reason
 response.end
End If

'------------------------------------------------------------
' Se libera el objeto ServerXMLHTTP ahora que ya no se necesita
' para liberar el espacio de memoria que estaba utilizando.
'------------------------------------------------------------
Set xmlhttp = Nothing

'------------------------------------------------------------
' Se busca el elemento <faultstring> en el XML que Google ha
' devuelto. Si existe, Google nos está indicando que
' algo ha ido mal con la petición.
'------------------------------------------------------------
Set oError = AllItems.selectNodes("//faultstring")
If oError.length > 0 Then
 Set oErrorText = AllItems.selectSingleNode("//faultstring")
 GetResult = "Error: " & oErrorText.text
 Exit Function
End If

'------------------------------------------------------------
' Esto es lo que estamos buscando: el elemento <estimatedTotalResultsCount>
' en el XML que Google ha devuelto.
'------------------------------------------------------------
Set oTotal = AllItems.selectSingleNode("//estimatedTotalResultsCount")
GetResult = oTotal.text
Set oTotal = Nothing

End Function
'------------------------------------------------------------
' Se empieza la página HTML. Este fragmento de la página es igual tanto
' para el formulario inicial como para los resultados.
'------------------------------------------------------------
%>
<!DOCTYPE HTML PUBLIC "-//W3C//DTD HTML 4.0 Transitional//EN">
<html>
<head>
<title>Google Smackdown</title>
```

```html
<meta http-equiv="Content-Type" content="text/html; charset=utf-8">
<script language="JavaScript">
  // Esta función de parte del cliente en JavaScript valida la entrada
  // del usuario.
  // Si los campos de formulario están vacíos cuando el usuario hace
  // clic en "submit"
  // se detiene la acción de envío y se le pide al usuario que
  // introduzca alguna información.
  function checkForm( ) {
   var f = document.frmGSmack
   if ((f.text1.value == '') || (f.text1.value == ' ')) {
    alert('Please enter the first word or phrase.')
    return false;
   }
   if ((f.text2.value == '') || (f.text2.value == ' ')) {
    alert('Please enter the second word or phrase.')
    return false;
   }
   return true;
  }
</script>
</head>
<body>
<h1>Google Smackdown</h1>
This queries Google via its API and receives the estimated total results
for each word or phrase.
<%
'-------------------------------------------------------------
' Si los elementos de petición del formulario "text1" y "text2" no están
' vacíos, entonces el usuario se ve dirigido a esta página.
'
' Es el momento de hacer una llamada a la función GetResult( ) y ver
' qué palabra o frase gana el Smackdown.
'-------------------------------------------------------------
If request("text1") <> "" AND request("text2") <> "" Then
 '-------------------------------------------------------------
 ' Se envía la palabra del primer campo de formulario a GetResult( ),
 ' y se devuelven los resultados totales estimados.
 '-------------------------------------------------------------
 intResult1 = GetResult(request("text1"))

 '-------------------------------------------------------------
 ' Se comprueba que el primer resultado es un número entero. Si no lo es,
 ' Google ha devuelto un mensaje de error y el script
 ' desplazará.
 '-------------------------------------------------------------
 If isNumeric(intResult1) Then
  intResult2 = GetResult(request("text2"))
 End If

 '-------------------------------------------------------------
 ' Se comprueba que el segundo resultado es también un número entero.
```

```
' Si ambos son numéricos, el script puede mostrar los
' resultados.
'-----------------------------------------------------------
If isNumeric(intResult1) AND isNumeric(intResult2) Then
 intResult1 = CDbl(intResult1)
 intResult2 = CDbl(intResult2)

  '-----------------------------------------------------------
  ' Se comienzan a escribir los resultados en la página...
  '-----------------------------------------------------------
  response.write "<h2>The Results</h2>"
  response.write "And the undisputed champion is...<br>"
  response.write "<ol>"

  '-----------------------------------------------------------
  ' Se comparan los dos resultados para determinar cuál debería
  ' mostrarse en primer lugar.
  '-----------------------------------------------------------
  If intResult1 > intResult2 Then
    response.write "<li>" & request("text1") & " (<a target=""_blank""
href=""http://www.google.com/search?hl=en&ie=UTF8&oe=UTF8&q=" &
Server.URLEncode("""" & request("text1") & """") & """>" &
FormatNumber(intResult1,0) & "</a>)<br>"
    response.write "<li>" & request("text2") & " (<a target=""_blank""
href=""http://www.google.com/search?hl=en&ie=UTF8&oe=UTF8&q=" &
Server.URLEncode("""" & request("text2") & """") & """>" &
FormatNumber(intResult2,0) & "</a>)<br>"
  Else
    response.write "<li>" & request("text2") & " (<a target=""_blank""
href=""http://www.google.com/search?hl=en&ie=UTF8&oe=UTF8&q=" &
Server.URLEncode("""" & request("text2") & """") & """>" &
FormatNumber(intResult2,0) & "</a>)<br>"
    response.write "<li>" & request("text1") & " (<a target=""_blank""
href=""http://www.google.com/search?hl=en&ie=UTF8&oe=UTF8&q=" &
Server.URLEncode("""" & request("text1") & """") & """>" &
FormatNumber(intResult1,0) & "</a>)<br>"
  End If
  '-----------------------------------------------------------
  ' Se terminan de escribir los resultados en la página y se incluye un
  ' vínculo a la página inicial para otra ronda.
  '-----------------------------------------------------------
  response.write "</ol>"
  response.write "<a href=""smackdown.asp"">Another Challenge?</a>"
  response.write "<br>"
Else
  '-----------------------------------------------------------
  ' Uno o los dos resultados no son numéricos. Se asume que esto ocurre
  ' porque la clave de desarrollador ha alcanzado
  ' su límite de 1.000 diarias. Como este script ha
  ' hecho lo que tenía que hacer hasta este punto, la respuesta SOAP no
  ' devuelve un error. Si lo hiciera, GetResult( ) habría detenido el
  ' script.
```

```
'------------------------------------------------------------
intResult1 = Replace(intResult1,"key " & strGoogleKey,"key")
intResult2 = Replace(intResult2,"key " & strGoogleKey,"key")

'------------------------------------------------------------
' Se muestra el error al usuario...
'------------------------------------------------------------
response.write "<h2>It Didn't Work, Error</h2>"
'------------------------------------------------------------
' Si los resultados son iguales, no es necesario mostrar
' los dos.
'------------------------------------------------------------
If intResult1 = intResult2 Then
 response.write intResult1 & "<br><br>"
Else
 response.write intResult1 & "<br><br>" & intResult2 & "<br><br>"
End If
'------------------------------------------------------------
' Un vínculo al script para otra ronda.
'------------------------------------------------------------
response.write "<a href=""smackdown.asp"">Another Challenge?</a>"
response.write "<br>"
End If
Else
'-------------------------------------------------------------
' Los elementos de petición de formulario "text1" and "text2" están
' vacíos, lo que significa que el formulario todavía no ha sido enviado
' a la página.
'-------------------------------------------------------------
%>
<h2>The Arena</h2>
<div class="clsPost">The setting is the most impressive search engine
ever built: <a href="http://www.google.com/">Google</a>. As a test of
its <a href="http://www.google.com/apis">API</a>, two words or phrases
will go head-to-head in a terabyte tug-of-war. Which one appears in more
pages across the Web?
<h2>The Challengers</h2>
You choose the warring words...
<br><br>
<form name="frmGSmack" action="smackdown.asp" method="post"
onSubmit="return checkForm(  );">
<table>
<tr>
  <td align="right">word/phrase 1</td> <td><input type="text"
name="text1"></td>
</tr>
<tr>
  <td align="right">word/phrase 2</td> <td><input type="text"
name="text2"></td>
</tr>
<tr>
  <td> </td><td><input type="submit" value="throw down!"></td>
```

```
</tr>
</table>
</form>
<%
End If
'----------------------------------------------------------
' Este es el final de la declaración If que comprueba si
' el formulario ha sido enviado. Los dos estados de la página
' toman las etiquetas de cierre que aparecen a continuación.
'----------------------------------------------------------
%>
</body>
</html>
```

Ejecutar el truco

Este truco se ejecuta exactamente de la misma forma que la versión funcional de Google Smackdown (`http://www.onfocus.com/googlesmack/down.asp`) que hay en `Onfocus.com`. Diríjase allí con su navegador y rellene el formulario. La figura 6.9 muestra un ejemplo de Smackdown entre sentimientos negativos sobre Macintosh frente a Windows.

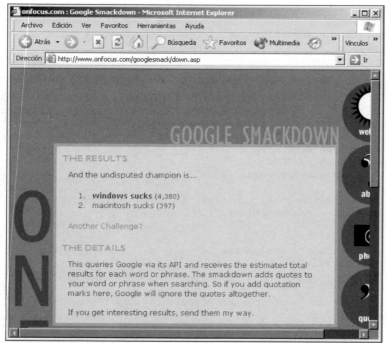

Figura 6.9. Google Smackdown entre Macintosh y Windows.

Google Smackdown fue escrito por Paul Bausch (http://www.onfocus.com/).

Elaborar un recuadro de Google

Añada un pequeño cuadro de resultados de Google a cualquier página Web.

La mayor parte de las aplicaciones de este libro se soportan por sí mismas o se ejecutan a través de un formulario Web. El recuadro de Google es ligeramente diferente puesto que crea una pequeña salida de los URL que puede desplazarse e integrarse en una página Web o en otra aplicación.

¿Qué es un recuadro de Google?

Un recuadro de Google es un pequeño *snippet* HTML que muestra los resultados de búsqueda de Google para cualquier búsqueda que esté llevando a cabo. Quizá le gustaría tener en su sitio Web un pequeño recuadro que muestre páginas similares a la suya, o páginas que tengan un enlace a la suya, o simplemente los resultados de una búsqueda.

El recuadro de Google

El recuadro de Google puede ejecutarse desde un servidor en un momento de tiempo específico, con resultados que después puede integrar en su página Web. Quizá sólo quiera mantener un registro continuado de los URL principales que se generan a partir de una búsqueda.

Recuadros de Google en todas partes

Los recuadros de Google como concepto (la idea de coger una versión reducida de resultados de Google e integrarlos en una página Web o en otro lugar) no son una novedad. De hecho, están en camino de convertirse en un elemento omnipresente cuando se trata de weblog y software de gestión del contenido. Radio Userland y Movable Type ofrecen una sencilla integración de recuadros de Google. Debería observar que sigue necesitando la clave de desarrollador para utilizar estas modificaciones, aunque puede que no tenga que descargar el kit de desarrollador del API.

Radio Userland

Radio Userland pone a su disposición "Google Glue" (http://radio.userland.com/googleApi) para generar recuadros de Google de forma rápida y sencilla.

Con Userland y Manila, es tan sencillo como integrar una macro de una sola línea en su página Web.

Movable Type

Josh Cooper es el autor del truco de Movable Type (`http://www.10500bc.org/code/mt_howto_googleapi.php`) que le permite integrar resultados de Google en su weblog de Movable Type. Éste es un poco más complicado que el de Radio Userland, tendrá que editar un par de archivos, pero una vez que estén editados, puede colocar los recuadros de resultados en cualquier lugar de sus plantillas de Movable Type.

Otras implementaciones

El recuadro de Google es una cosa sencilla de implementar, y fue uno de los primeros ejemplos de la utilización del API de Google que apareció el mes de abril de 2002. Como tal, disfruta de la posición de "proto-aplicación" (hay muchos desarrolladores que crean un recuadro de Google sólo para comprobar que pueden hacerlo). Lleve a cabo una búsqueda en Google de la frase "Google box" (recuadro de Google) para ver otros ejemplos de recuadros de Google para idiomas y aplicaciones diferentes. Para comenzar, visite el de Rael Dornfest en `http://www.oreillynet.com/cs/weblog/view/wlg/1283`.

¿Qué hay en el recuadro de Google?

Concretamente, ¿qué hay en un recuadro de Google? ¿Por qué querría nadie integrarlo en una página Web? Depende de la página. Colocar un recuadro de Google que busque su nombre en un weblog proporciona un poco de amor propio y puede dar un poco más de información sobre usted sin que parezca fanfarroneo. Si tiene una página específica por tema, configure un recuadro de Google que busque por tema (cuanto más específico, mejores resultados). Y si tiene una página general de tipo "*news*", considere la posibilidad de añadir un recuadro de Google para el tema de noticias. Los recuadros de Google pueden ir en prácticamente cualquier sitio, considerando que Google actualiza su índice con la frecuencia suficiente como para que el contenido de Google se mantenga al día.

El código

```
#!/usr/local/bin/perl
# google_box.pl
# Una implementación clásica del recuadro de Google
# Uso: perl google_box.pl <query> <# results>
```

```perl
# Su clave de desarrollador del API de Google
my $google_key='insert key here';

# Ubicación del archivo WSDL GoogleSearch
my $google_wdsl = "./GoogleSearch.wsdl";

use strict;

use SOAP::Lite;

# Se colocan los argumentos de línea de comando
@ARGV == 2
  or die "Usage: perl googlebox.pl <query> <# results>\n";
my($query, $maxResults) = @ARGV;
$maxResults = 10 if ($maxResults < 1 or $maxResults > 10)

# Se crea una nueva instancia SOAP::Lite, introduciendo GoogleSearch.wsdl
my $google_search = SOAP::Lite->service("file:$google_wdsl");

# Búsqueda Google
my $results = $google_search ->
  doGoogleSearch(
    $google_key, $query, 0, $maxResults, "false", "",
    "false", "", "latin1", "latin1"
  );

# ¿Sin resultados?
@{$results->{resultElements}} or die "no results";

print join "\n",
  map( {
    qq{<a href="$_->{URL}">} .
    ($_->{title} || $_->{URL}) .
    qq{</a> <br />}
  } @{$results->{resultElements}} );
```

Ejecutar el truco

El recuadro de Google toma dos fragmentos de información en la línea de comando: la búsqueda que desea ejecutar y el número máximo de resultados que preferiría (hasta diez). Si no proporciona un número de resultados, el recuadro de Google establecerá diez por defecto.

```
% perl google_box.pl "query"
```

Los resultados

Aquí tiene un recuadro de muestra para "*camel book*", refiriéndose a un famoso libro de programación en Perl:

```
<a href="http://www.oreilly.com/catalog/pperl2/">oreilly.com --
Online Catalog:Programming Perl, 2nd Edition</a> <br />
<a href="http://www.oreilly.com/catalog/pperl3/">oreilly.com --
Online Catalog:Programming Perl, 3rd Edition</a> <br />
<a href="http://www.oreilly.com/catalog/pperl2/
noframes.html">Programming
Perl, 2nd Edition</a> <br />
<a href="http://www.tuxedo.org/~esr/jargon/html/entry/Camel-Book.html">Camel
Book</a> <br />
<a href="http://www.cise.ufl.edu/perl/camel.html">The Camel
Book<a> <br />
```

Integrar un recuadro de Google

Cuando incorpore un recuadro de Google a su página Web, tendrá que tener en cuenta dos consideraciones: actualizar el contenido del recuadro de forma regular e integrar el contenido en su página Web. Para actualizar el contenido del recuadro, necesitará ejecutar el programa de forma regular utilizando algo como cron en Unix o las Tareas programadas en Windows. Para incluir el contenido en su página Web, los SSI (Server Side Includes) son siempre bastante eficaces. Un SSI que incluya un recuadro de Google cuesta tan poco como:

```
<!-- #include virtual="./google_box.html" -->
```

Para más información en lo que respecta a la utilización de Server Side Includes, eche un vistazo al tutorial de NCSA SSI (`http://hoohoo.ncsa.uiuc.edu/docs/tutorials/includes.html`), o busque en Google Server Side Includes Tutorial.

TRUCO 68 ## Capturar un momento en el tiempo

Elabore un recuadro de Google para un momento particular en el tiempo.

Los recuadros de Google son una agradable adición a sus páginas Web, bien se trate de un weblog o un sitio de noticias. Pero para muchas búsquedas de recuadro de Google, los resultados de búsqueda no cambiarán con tanta frecuencia, especialmente para palabras de búsqueda más comunes. El recuadro en un momento determinado del tiempo captura una instantánea de material nuevo añadido o reañadido al índice, en un momento específico del tiempo.

Realizar el recuadro de Google en un momento determinado

Como puede que recuerde, Google pone a su disposición una sintaxis de búsqueda `daterange:`. Esta versión del recuadro de Google se aprovecha de la sintaxis `daterange:`, permitiéndole especificar cuántos días atrás desea que se ejecute su búsqueda. Si no proporciona un número, el valor por defecto es 1, y no hay un valor máximo. Yo no me retrocedería más de un mes. Cuantos menos días atrás establezca, con más frecuencia cambiarán los resultados en el recuadro de Google.

 Necesitará el módulo `Julian::Day` para hacer funcionar este truco (`http://search.cpan.org/search?query=time%3A% 3Ajulianday`).

El código

```perl
#!/usr/local/bin/perl
# timebox.pl
# Un recuadro de Google de un momento específico
# Uso: perl timebox.pl <query> <# results> <# days back>

# Su clave de desarrollador del API de Google
my $google_key='insert key here';

# Ubicación del archivo WSDL GoogleSearch
my $google_wdsl = "./GoogleSearch.wsdl";

use strict;

use SOAP::Lite;
use Time::JulianDay;

# Se colocan los argumentos de línea de comando
@ARGV == 3
  or die "Usage: perl timebox.pl <query> <# results> <# days back>\n";
my($query, $maxResults, $daysBack) = @ARGV;
$maxResults = 10 if ($maxResults < 1 or $maxResults > 10);
$daysBack = 1 if $daysBack <= 0;

# Se calcula la fecha de ayer en fecha juliana
my $yesterday = int local_julian_day(time) - $daysBack;

# Se crea una nueva instancia SOAP::Lite, introduciendo GoogleSearch.wsdl
my $google_search = SOAP::Lite->service("file:$google_wdsl");

# Búsqueda Google
my $results = $google_search ->
  doGoogleSearch(
    $google_key, "$query daterange:$yesterday-$yesterday", 0,
    $maxResults, "false", "",  "false", "", "latin1", "latin1"
  );
```

```
# ¿Sin resultados?
@{$results->{resultElements}} or die "no results";

print join "\n",
  map( {
    qq{<a href="$_->{URL}">} .
    ($_->{title} || $_->{URL}) .
    qq{</a> <br />}
  } @{$results->{resultElements}} );
```

Ejecutar el truco

Tendrá que proporcionar tres elementos de información en la línea de comando: la búsqueda que desee ejecutar, el número máximo de resultados que preferiría (hasta 10) y el número de días pasados a los que referirse.

```
% perl timebox.pl "query" <# of results> <# days back>
```

Los resultados

Aquí tiene un recuadro de búsqueda como muestra para los cinco primeros resultados de la frase "*google hacks*" (esperemos que entre ellos aparezca este libro, pues éste es su título en inglés), incluidos en el índice ayer.

```
% perl timebox.pl "google hacks" 5 1
<a href="http://isbn.nu/0596004478">Google Hacks</a> <br />
<a href="http://isbn.nu/0596004478/shipsort">Google Hacks</a> <br />
<a href="http://isbn.nu/0596004478/amazonca">Amazon.ca: Google Hacks</a>
<br />
<a href="http://www.oreilly.de/catalog/googlehks/">Google Hacks</a> <br />
<a href="http://www.oreilly.de/catalog/googlehks/author.html">Google
Hacks</a> <br />
```

Truco dentro del truco

Quizá le gustaría hacer que su recuadro de Google reflejara "este día en 1999". Esta versión ligeramente modificada del recuadro de Google para un momento determinado en el tiempo no plantea problema alguno (los cambios aparecen destacados en negrita):

```
#!/usr/local/bin/perl
# timebox_thisday.pl
# Un recuadro de Google para este día en <year>
# Uso: perl timebox.pl <query> <# results> [year]

# Su clave de desarrollador del API de Google
```

```perl
my $google_key='insert key here';

# Ubicación del archivo WSDL GoogleSearch
my $google_wdsl = "./GoogleSearch.wsdl";

use strict;

use SOAP::Lite;
use Time::JulianDay;

my @now = localtime(time);

# Se colocan los argumentos de línea de comando
@ARGV == 2
or die "Usage: perl timebox.pl <query> <# results> [year]\n";
 my($query, $maxResults, $year) = @ARGV;
$maxResults = 10 if ($maxResults < 1 or $maxResults > 10);
$year =~ /^\d{4}$/ or $year = 1999;

# Se calcula qué día en el año especificado
my $then = int julian_day($year, $now[4], $now[3]);

# Se crea una nueva instancia SOAP::Lite, introduciendo
# GoogleSearch.wsdl
my $google_search = SOAP::Lite->service("file:$google_wdsl");

# Búsqueda Google
my $results = $google_search ->
  doGoogleSearch(
    $google_key, "$query daterange:$then-$then", 0,
    $maxResults, "false", "",  "false", "", "latin1", "latin1"
  );

# ¿Sin resultados?
@{$results->{resultElements}} or die "no results";

print join "\n",
  "$query on this day in $year<p />",
  map( {
    qq{<a href="$_->{URL}">} .
    ($_->{title} || $_->{URL}) .
    qq{</a> <br />}
  } @{$results->{resultElements}} );
```

Ejecutar el truco modificado

La versión modificada del recuadro de Google para un momento determinado del tiempo se ejecuta igual que la primera versión, excepto en que se especifica el número máximo de resultados y un año. El hecho de ir más lejos de 1999 no

conduce a resultados particularmente útiles dado que Google apareció en línea
en 1998. Echemos ahora un vistazo a cómo se comportaba Netscape en 1999:

```
% perl timebox_thisday.pl "netscape" 5 1999
netscape on this day in 1999:<p />
<a href="http://www.showgate.com/aol.html">WINSOCK.DLL and NETSCAPE Info
for AOL Members</a> <br />
<a href="http://www.univie.ac.at/comment/99-3/993_23.orig.html">Comment
99/3 - Netscape Communicator</a> <br />
<a href="http://www.ac-nancy-metz.fr/services/docint/
netscape.htm">NETSCAPE.</a> <br />
<a href="http://www.ac-nancy-metz.fr/services/docint/Messeng1.htm">Le
Courrier électronique avec Netscape Messenger</a> <br />
<a href="http://www.airnews.net/anews_ns.htm">Setting up Netscape 2.0
for Airnews Proxy News</a> <br />
```

TRUCO 69 — Cuando se sienta con suerte de verdad

**Coja el dominio en el que aparezca el primer resultado de una búsqueda, y
lleve a cabo más búsquedas dentro de ese dominio.**

¿Google le hace tener suerte? ¿Cuánta suerte? A veces, tanta como tiene el
resultado principal, más resultados del mismo dominio le proporcionan la misma suerte. Este truco lleva a cabo dos búsquedas de Google. Se guarda el resultado más importante de su primera búsqueda. A continuación, se ejecuta la segunda
búsqueda, en la que se investiga sólo el dominio que se ha guardado en busca de
resultados.

Tome, por ejemplo, a Grace Hopper, famoso tanto por su trabajo de programador informático como por haber acuñado el término "*computer bug*". Si tuviera que ejecutar un resultado de búsqueda con "Grace Hopper" como búsqueda
primaria y cargar una búsqueda para COBOL en el dominio del primer resultado
devuelto, encontraría tres páginas para Grace Hopper Conference 2000:

```
Grace Hopper Conference 2000 - Biography
http://www.sdsc.edu/hopper/GHC_INFO/hopper.html
... The Murrays were a family with a long military
tradition;
Grace Hopper's ... language instructions led ultimately
to the
development of the business language COBOL ...
Note:
http://www.sdsc.edu/~woodka/intro.html
... publication, please contact me by email at:
woodka@sdsc.edu.
... and were important in its history, like Admiral
Grace Hopper,
the inventor of the COBOL ...
```

```
Grace Hopper
http://www.sdsc.edu/~woodka/hopper.html
... Hopper was a programmer on the world's first
large-scale
digital computer, Mark ... the first computer language
compiler,
and she worked on the development of COBOL ...
```

También podría hacer una búsqueda primaria para una persona ("Stan Laurel") y una búsqueda secundaria para otra persona ("Oliver Hardy"). O buscar una persona, seguida por su afiliación corporativa.

 No intente llevar a cabo una búsqueda link: con este truco. La sintaxis especial link: no funciona con ninguna otra sintaxis especial, y este truco se basa en inurl:.

El código

```perl
#!/usr/local/bin/perl
# goolucky.cgi
# recoge el dominio del primer resultado devuelto (el más importante), le
# permite realizar otra búsqueda, y devuelve los resultados, y así
# sucesivamente...
# se llama a goolucky.cgi como un CGI con entrada de formulario

# Su clave de desarrollador del API de Google
my $google_key='insert key here';

# Ubicación del archivo WSDL GoogleSearch
my $google_wdsl = "./GoogleSearch.wsdl";

use strict;

use SOAP::Lite;
use CGI qw/:standard/;

# Se crea una nueva instancia SOAP
my $google_search = SOAP::Lite->service("file:$google_wdsl");

# Si esta es la segunda búsqueda, se recoge el dominio
my $query_domain = param('domain') ? "inurl:" . param('domain') : '';
my $results = $google_search ->
  doGoogleSearch(
    $google_key, param('query') . " $query_domain", 0, 10,
    "false", "", "false", "", "latin1", "latin1"
  );

# Configure el dominio para los resultados de la búsqueda anterior
```

```
param('domain', $results->{'resultElements'}->[0]->{'URL'});
param('domain', param('domain') =~ m#://(.*?)/#);

print
  header( ),
  start_html("I'm Feeling VERY Lucky"),
  h1("I'm Feeling VERY Lucky"),
  start_form( ),
  'Query: ', textfield(-name=>'query',
  -default=>'"Grace Hopper"'),
  '   ',
  'Domain: ', textfield(-name=>'domain'),
  '   ',
  submit(-name=>'submit', -value=>'Search'),
  p( ),
  'Results:';

foreach (@{$results->{'resultElements'}}) {
  print p(
    b($_->{title}), br( ),
    a({href=>$_->{URL}}, $_->{URL}), br( ),
    i($_->{snippet})
  );
  }

print
  end_form( ),
  end_html( );
```

Truco dentro del truco

También puede ejecutar este truco de forma que utilice sólo una búsqueda.
Por ejemplo, pongamos que realiza una búsqueda con Búsqueda A. La búsqueda coge el dominio del primer resultado. A continuación, vuelva a utilizar Búsqueda A, pero restringiendo sus resultados al dominio que tomó de la primera
búsqueda. Esto resulta práctico cuando esté tratando de obtener información en
un grupo de palabras clave, en lugar de intentar vincular dos conceptos diferentes. La figura 6.10 ilustra la búsqueda I'm Feeling Very Lucky (Voy a tener suerte
de verdad).

TRUCO 70   Recoger estadísticas del directorio telefónico

**El API de Google no devuelve datos de una búsqueda utilizando sintaxis del
directorio telefónico, pero eso no significa que no se pueda divertir con él.**

El API de Google no devuelve resultados de búsqueda utilizando las sintaxis
phonebook: Sin embargo, sí proporciona un recuento de resultados.

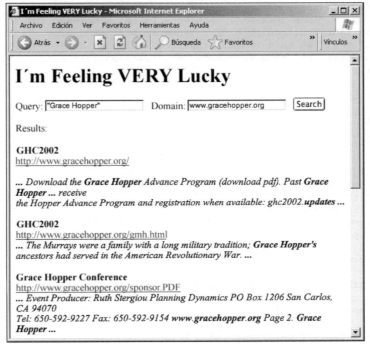

Figura 6.10. Búsqueda para I'm Feeling VERY Lucky.

Como realmente no le proporciona números de teléfono, pasar una búsqueda de directorio telefónico al API de Google tiene un valor mínimo. Sin embargo, este pequeño truco le saca el máximo partido. ¿Se ha preguntado alguna vez cuántas personas con un apellido determinado pueden encontrarse en las distintas ciudades de Estados Unidos, al menos en las quince más pobladas?

El código

```
#!/usr/local/bin/perl
# kincount.cgi
# ¿Cuántas personas comparten apellido en las 15 ciudades
# norteamericanas
# más pobladas?
# Se realiza una llamada a kincount.cgi como CGI con entrada de formulario

# Su clave de desarrollador del API de Google
my $google_key='insert key here';

# Ubicación del archivo WSDL GoogleSearch
my $google_wdsl = "./GoogleSearch.wsdl";
```

```perl
# 15 ciudades norteamericanas más pobladas
my @cities = ("New York NY", "Los Angeles CA", "Chicago IL",
"Houston TX", "Philadelphia PA", "Phoenix AZ", "San Diego CA",
"Dallas TX", "San Antonio TX", "Detroit MI", "San Jose CA",
"Indianapolis IN", "San Francisco CA", "Jacksonville FL",
"Columbus OH");

use strict;

use SOAP::Lite;
use CGI qw/:standard *table/;

print
  header( ),
  start_html("KinCount"),
  h1("KinCount"),
  start_form(-method=>'GET'),
  'Surname: ', textfield(-name=>'query', -default=>'John Doe'),
  '   ',
  submit(-name=>'submit', -value=>'Search'),
  end_form( ), p( );

my $google_search  = SOAP::Lite->service("file:$google_wdsl");

if (param('query')) {
  print
    start_table({-cellspacing=>'5'}),
    Tr([th({-align=>'left'}, ['City', 'Count'])]);

  foreach my $city (@cities) {
    my $cityquery = "rphonebook:" . param('query') . " $city";
    my $results = $google_search ->
      doGoogleSearch(
        $google_key, $cityquery, 0, 10, "false", "",  "false",
        "", "latin1", "latin1"
      );

    my $resultcount = "$results->{'estimatedTotalResultsCount'}";

    print Tr([ td([
      $city,
      $resultcount >= 600
      ? "Too many for an accurate count."
      : $resultcount
      ])
    ]);
  }

  print
    end_table( ),
}
```

Ejecutar el truco

Este truco se ejecuta como un *script* CGI; llámelo desde su navegador y rellene el formulario.

Los resultados

La figura 6.11 muestra los resultados de una búsqueda en el directorio telefónico para Bush.

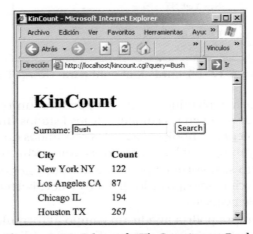

Figura 6.11. Búsqueda KinCount para Bush.

Observe que este *script* funciona igual de bien si introducimos un nombre completo, por ejemplo "George Bush", como puede verse en la figura 6.12.

Truco dentro del truco

Domicilio, negocio o ambos

Observe que el *script* utiliza la sintaxis `rphonebook:`, lo que garantiza exclusivamente resultados de directorio telefónico relativos a domicilios (particulares).

Si desea restringir los resultados a listados de negocios, utilice la sintaxis `bphonebook:`, modificando sólo una línea (el cambio en sí aparece en negrita) en el código, de la forma siguiente:

```
my $cityquery = "bphonebook:" . param('query') . " $city";
```

Figura 6.12. Búsqueda KinCount para "George Bush".

Una búsqueda para el término `pizza` proporciona un resumen del número de establecimientos de pizza en las ciudades de los Estados Unidos. Si realiza una búsqueda utilizando `rphonebook:pizza`, los resultados que obtenga serán pocos, como cabe esperar. `bphonebook:pizza` se comporta como se supone.

Lo mismo es cierto si sustituye `bphonebook:` por `phonebook:`, eliminando de ese modo la restricción por tipo de los listados y devolviendo todos los resultados, de domicilio y de negocios.

Por supuesto, siempre podría añadir un campo al formulario, permitiéndo a los usuarios decidir qué tipo de encuesta prefieren. El código siguiente (en el que los cambios aparecen en negrita) llevará a cabo el truco con precisión:

```perl
#!/usr/local/bin/perl
# kincount.cgi
# ¿Cuántas personas comparten apellido en las 15 ciudades norteamericanas
# más pobladas?
# Se realiza una llamada a kincount.cgi como CGI con entrada de formulario

# Su clave de desarrollador del API de Google
 my $google_key='insert key here';

# Ubicación del archivo WSDL GoogleSearch
my $google_wdsl = "./GoogleSearch.wsdl";

# 15 ciudades norteamericanas más pobladas
my @cities = ("New York NY", "Los Angeles CA", "Chicago IL",
"Houston TX", "Philadelphia PA", "Phoenix AZ", "San Diego CA",
"Dallas TX", "San Antonio TX", "Detroit MI", "San Jose CA",
"Indianapolis IN", "San Francisco CA", "Jacksonville FL",
"Columbus OH");
```

```perl
use strict;

use SOAP::Lite;
use CGI qw/:standard *table/;

print
  header( ),
  start_html("KinCount"),
  h1("KinCount"),
  start_form(-method=>'GET'),
  'Query: ', textfield(-name=>'query', -default=>'John Doe'),
  '   ',
  popup_menu(
    -name=>'listing_type',
    -values=>['rphonebook:', 'bphonebook:', 'phonebook:'],
    -labels=&t;{ 'rphonebook:'=>'Residential',
      'bphonebook:'=>'Business', 'phonebook:'=>'All Listings' }
),
  '   ',
  submit(-name=>'submit', -value=>'Search'),
  end_form( ), p( );

my $google_search  = SOAP::Lite->service("file:$google_wdsl");

if (param('query')) {
  print
    start_table({-cellspacing=>'5'}),
    Tr([th({-align=>'left'}, ['City', 'Count'])]);

  foreach my $city (@cities) {
    my $cityquery = param('listing_type') . param('query') . " $city";
    my $results = $google_search ->
      doGoogleSearch(
        $google_key, $cityquery, 0, 10, "false", "",  "false",
        "", "latin1", "latin1"
      );

    my $resultcount = "$results->{'estimatedTotalResultsCount'}";

    print Tr([ td([
      $city,
      $resultcount >= 600
      ? "Too many for an accurate count."
      : $resultcount
      ])
    ]);
  }

  print
    end_table( ),
}
```

Los resultados de una búsqueda para `bphonebook:pizza` utilizando este formulario modificado, tendrían aproximadamente el aspecto que puede verse en la figura 6.13.

Figura 6.13. Resultados para bphonebook:pizza.

Y no sólo cuenta el número de establecimientos de pizza. ¿Qué le parecería calcular un índice para usuarios informáticos convulsivos, basado en el número de sitios asociados (listados de negocios entre los que se incluyeran tiendas de electrónica, de informática, compañías de Internet, ciber cafés, etc.).

Las ciudades

Este *script* coloca su lista de ciudades en una matriz. Por supuesto, no tiene por qué hacerlo de esta forma. Podría crear un campo de formulario que aceptara la ciudad, el estado, o ambas cosas introducidas por el usuario. Sólo tiene que asegurarse de recordar a sus usuarios que la sintaxis `phonebook` necesita bien todo el nombre del estado bien la abreviatura del código postal; cualquiera de estos dos elementos funcionarán:

```
bphonebook:pizza los angeles california
bphonebook:pizza los angeles ca
```
Sin embargo, esto no funcionará:
```
bphonebook:pizza los angeles cali
```

Límite de 600

Una búsqueda de sintaxis `phonebook` a través del API Web de Google devolverá sistemáticamente un tope de 600 resultados para cualquier recuento mayor que ése; de ahí el mensaje de error *"Too many for an accurate count"* ("Demasiados para llevar a cabo un recuento preciso"). Sin esa comprobación de error, se encontraría con que los 600 que aparecen son bastante repetitivos, por no decir inútiles.

Llevar a cabo búsquedas por proximidad

TRUCO 71

GAPS lleva a cabo una comprobación de proximidad entre dos palabras.

Hay veces en las que sería ventajoso buscar tanto hacia delante como hacia atrás. Por ejemplo, si está realizando una investigación genealógica, podría encontrar a su tío Juan Pérez tanto por Juan Pérez como por Pérez Juan. De la misma forma, puede que algunas páginas incluyan el segundo nombre de Juan, C. (Juan C. Pérez o Pérez, Juan C.).

Puede que también necesite encontrar conceptos que existan cerca entre sí, pero que no constituyan una frase. Por ejemplo, pongamos que desea aprender cómo mantener a las ardillas alejadas de su casa para pájaros. Puede que los intentos de crear una frase basada en esta idea no funcionen, pero buscar simplemente diversas palabras quizá no ofrezca resultados suficientemente específicos.

GAPS, creado por Kevin Shay, le permite ejecutar búsquedas tanto hacia delante como hacia atrás, y dentro de un número de espacios entre ellos. GAPS significa "Google API Proximity Search" (búsqueda por proximidad del API de Google), y eso exactamente es la aplicación: una forma de buscar temas dentro de algunas palabras más o menos comunes sin tener que ejecutar varias búsquedas seguidas. El programa ejecuta las búsquedas y organiza los resultados de forma automática.

Sólo tiene que introducir dos términos (existe la opción de añadir más términos que no se busquen por proximidad) y especificar a qué distancia los quiere (1, 2, ó 3 palabras). Puede especificar asimismo que las palabras se encuentren sólo en el orden que haya establecido (`palabraA, palabraB`) o en cualquier orden (`palabraA, palabraB, y palabraB, palabraA`). Puede especificar el número de resultados que desea y el orden en el que aparecen (organizados por título, URL, ranking y proximidad).

Los resultados de búsqueda tienen un formato muy similar al de los resultados normales de Google, sólo que incluyen un ranking de distancia al lado de cada título. El ranking de distancia, entre uno y tres, especifica la distancia a la que aparecían las dos palabras de búsqueda en la página. La figura 6.14 muestra una búsqueda GAPS para `google` y `trucos` separadas por una distancia de dos palabras, manteniendo intacto el orden. Haga clic en el enlace de índice de distancia para pasar directamente a Google la búsqueda generada.

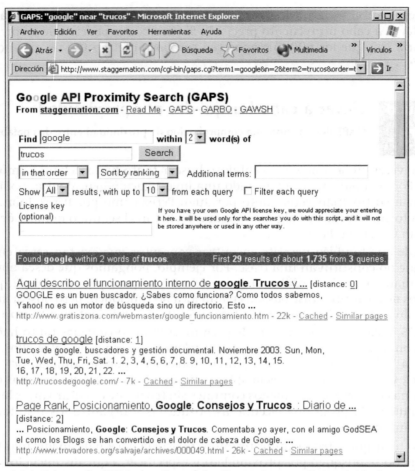

Figura 6.14. Búsqueda GAPS para "google" y "trucos" a una distancia de dos palabras.

Sacar el máximo partido de GAPS

GAPS funciona al máximo rendimiento cuando tiene palabras en la misma página que están relacionadas entre ellas de forma ambigua, o no tienen ninguna relación entre ellas. Por ejemplo, si está buscando información sobre Google y la optimización de motores de búsqueda (SEO), puede que se encuentre con que realizar una búsqueda utilizando las palabras Google y SEO no obtiene los resultados que buscaba, mientras que si utiliza GAPS para buscar las palabras Google y SEO a una distancia de tres palabras, encontrará material que se centre mucho más en la optimización de motores de búsqueda para Google.

GAPS también funciona bien cuando se busca información sobre dos personas famosas que pueden aparecer con cierta frecuencia en la misma página, aunque no necesariamente en proximidad entre sí, Por ejemplo, puede que quiera información sobre Bill Clinton y Alan Greenspan, pero puede que se encuentre con demasiadas páginas en las que se incluyen los dos. Si los busca en proximidad entre sí, los resultados que obtenga serán mucho mejores.

Finalmente, quizá descubra que GAPS resulta útil en investigación médica. Muchas veces, los resultados de su búsqueda incluirán "páginas índice" en las que se muestran varios síntomas. Sin embargo, el hecho de incluir los síntomas u otros términos médicos a una distancia de ciertas palabras entre sí, le ayudará a conseguir resultados más relevantes. Observe que esta técnica necesitará de cierta experimentación. Muchas páginas sobre condiciones médicas contienen largas listas de síntomas y efectos, y no hay ninguna razón para creer que un síntoma se encontrará a ciertas palabras de distancia de otro.

El código

El código fuente de GAPS es bastante largo y pesado, así que no lo vamos a reproducir aquí. Sin embargo, puede conseguirlo online en `http://www.staggernation.com/gaps/readme.html`.

Otros scripts de Staggernation

Si le gusta GAPS, puede que le apetezca probar un par de *scripts* diferentes procedentes de Staggernation:

- GAWSH (`http://www.staggernation.com/gawsh/`): Significa Google API Web Search by Host (búsqueda por dominio del API Web de Google). Este programa le permite introducir una búsqueda y obtener una lista de dominios que contengan la información para dicha búsqueda. Haga clic en el triángulo que aparece al lado de cualquier nombre de dominio, y obtendrá una lista de páginas que encajen con su búsqueda dentro de dicho dominio. Este programa utiliza DHTML, lo que significa que sólo funcionará con Internet Explorer o con Mozilla/Netscape.

- GARBO (`http://www.staggernation.com/garbo/`): Significa Google API Relation Browsing Outliner (perfilador de relación de navegación del API de Google). Como GAWSH, este programa utiliza DHTML, así que solo funcionará con Mozilla e Internet Explorer. Cuando introduzca un URL, GARBO llevará a cabo una búsqueda para cualquiera de las páginas vinculadas al URL que haya especificado, o para páginas relacionadas con ese URL. Ejecute una búsqueda y obtendrá una lista de URL con triángulos a su lado. Haga clic en un triángulo, y conseguirá una lista de páginas que bien contienen un vínculo al URL que haya escogido, o bien que estén relacionadas con dicho URL, dependiendo de lo que elija en su búsqueda inicial.

TRUCO 72 Fusionar los servicios Web de Google y de Amazon

Una fusión de los API de servicio Web de Google y de Amazon.

Google no tiene exclusividad sobre el concepto de API. Otras compañías y sitios, entre las que se incluye la tienda de libros Amazon, tienen sus propios API. Mockerybird's Book Watch Plus (`http://mockerybird.com/bookwatch-plus/bookwatch-plus.cgi`) combina los API de Google y de Amazon introduciendo información desde el servicio Book Watch (`http://onfocus.com/Book Watch/`) para crear una lista de libros, referencias a ellos en Google, y una lista de artículos que la gente que compró dicho libro en Amazon compró también. Puede ver esto ilustrado en la figura 6.15.

Cómo funciona

Book Watch Plus lleva a cabo una serie de cosas para generar su página de información. En primer lugar, toma una página de libros mencionados con más frecuencia en los weblogs. Esta lista está generada por otro servicio ejecutado por el servicio Book Watch de Paul Bausch. Book Watch Plus reune los ISBN (identificadores únicos para libros) y después lleva a cabo un par de llamadas. La primera es al servicio Web de Amazon, para obtener información detallada sobre el libro. A continuación, se buscan elementos relacionados con el libro a través del API Web de Google. Toda esta información se va agregando de forma regular, en lugar de hacerse sobre la marcha para cada visitante. Los resultados se almacenan en caché en XML y se muestran en el formulario de una página Web a través del módulo de Perl `HTML::Template`.

Puede que piense, con toda esta toma y muestra de información, que el truco puede ser un poco complicado, y está en lo cierto. La ejecución de este truco necesita dos módulos, un *snippet* de código y una plantilla. Todo esto está disponible en `http://mockerybird.com/bookwatch-plus/`.

Los módulos

Necesitará dos módulos para Book Watch Plus: AmazonAPI y GoogleAPI.

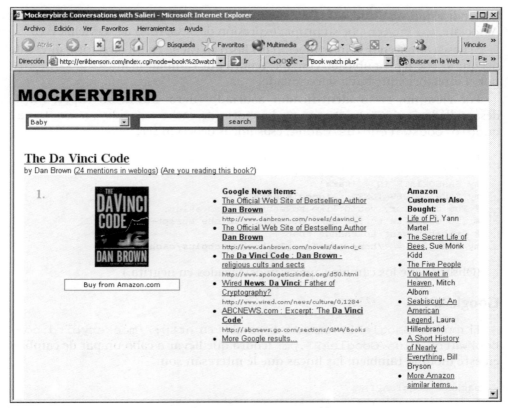

Figura 6.15. Book Watch Plus

AmazonAPI

El módulo `AmazonAPI` está disponible en `http://mockerybird.com/bookwatch-plus/AmazonAPI.pm`. Tendrá que conseguir una cuenta gratuita en Amazon Associates (`http://amazon.com/webservices/`) antes de poder utilizarlo. Puede utilizar la mayor parte del módulo tal como está, aunque tendrá que llevar a cabo una pequeña modificación al principio del código.

```
# Your Amazon.com associates id and Web Services Dev Token.
# (learn more about these here: http://amazon.com/webservices/)
my $ASSOCIATE_ID = 'mockerybird';
my $AMAZON_DEV_TOKEN = 'a-token';
# The directory you'd like to store cached asins:
# (it defaults to the same directory as the script, but you'll
# probably want to change that.)
my $XML_DIR = "./";
```

Tendrá que sustituir `mockerybird` por su propio identificador de Amazon Associate, y `a-token` por su propia expresión de desarrollo de servicios Web.

Si desea almacenar la información del libro en caché en un directorio diferente del que se encuentra ubicado el *script*, tendrá que cambiar la línea `my $XML_DIR` por el directorio que haya seleccionado.

Por ejemplo, si su identificador asociado fuera `tara`, su expresión de desarrollador `googlehacks`, y su directorio de caché escogido `/home/tara/google/bookwatchplus/cache`, esas líneas deberían ser:

```
# Your Amazon.com associates id and Web Services Dev Token.
# (learn more about these here: http://amazon.com/webservices/)
my $ASSOCIATE_ID = 'tara';
my $AMAZON_DEV_TOKEN = 'googlehacks';
# The directory you'd like to store cached asins:
# (it defaults to the same directory as the script, but you'll
# probably want to change that.)
my $XML_DIR = "/home/tara/google/bookwatchplus/cache";
```

(Observe que los cambios aparecen destacados en negrita.)

GoogleAPI

El módulo `GoogleAPI.pm` está disponible en `http://mockerybird.com/bookwatch-plus/GoogleAPI.pm`. Tendrá que llevar a cabo un par de cambios en este módulo también; las líneas que le interesan son:

```
package GoogleAPI;
# The directory you'd like to store cached asins:
# (it defaults to the same directory as the script, but you'll
# probably want to change that.)
my $XML_DIR = "./"; # <-- PUT A DIRECTORY HERE TO STORE XML
# Get your API key here:
# http://www.google.com/apis/download.html
my $key = ""; # <-- PUT YOUR KEY HERE
```

Igual que ocurre con el `AmazonAPI`, tendrá la opción de cambiar el directorio en el que se guarda la información en caché. Si desea cambiar el directorio (por defecto, la información se guarda en el mismo directorio en el que está instalado el *script*) cambie la línea `my $XML_DIR`. También tendrá que poner su clave de desarrollador de Google en la línea `my $key = "";`.

Si su clave de desarrollador del API Web de Google fuera `12BuCK13mY5h0E/34KN0cK@ttH3Do0R` y su directorio favorito de caché `/home/tara/google/bookwatchplus/cache`, esas líneas deberían tener este aspecto:

```
package GoogleAPI;
# The directory you'd like to store cached asins:
```

```
# (it defaults to the same directory as the script, but you'll
# probably want to change that.)
my $XML_DIR = "/home/tara/google/bookwatchplus/cache";
# <-- PUT A DIRECTORY HERE TO STORE XML
# Get your API key here:
# http://www.google.com/apis/download.html
my $key    = "12BuCK13mY5h0E/34KN0cK@ttH3Do0R";
# <-- PUT YOUR KEY HERE
```

(Observe que los cambios aparecen destacados en negrita.)

La plantilla

Tiene a su disposición una plantilla de ejemplo en `http://mockerybird.com/bookwatch-plus/bookwatch-plus.txt`.

El script CGI

Finalmente, necesitará el propio *script* CGI; está disponible en `http://mockerybird.com/bookwatch-plus/bookwatch-plus-cgi.txt`. Tendrá que cambiar varias variables en el *script* CGI. Se encuentran al principio del *script*, y son las siguientes:

`$default_book_rss_feed_url`

Entrada RSS que quiera establecer como predeterminada para el truco.

`$book_display_template`

Plantilla predeterminada con la que desea mostrar los artículos de Book Watch.

`$number_of_items_in_list`

Número de artículos que se muestran.

`$number_of_google_results`

Número de resultados procedentes de Google (establecidos en 5 por defecto).

`$number_of_amazon_similarities`

Número de elementos similares que aparecen en Amazon (establecidos en 5 por defecto).

`$xml_cache_directory`

Dónde almacenar los materiales XML en caché.

```
$num_minutes_to_cache_rss_feeds
```

Cantidad de tiempo que deben mantenerse almacenadas las entradas RSS antes de actualizarse.

Además de estas variables, puede alterar la lista de entradas RSS utilizadas por el sitio, desde las que el programa obtiene la información sobre su libro. Si no tiene ninguna entrada RSS en mente, deje inalteradas las que están, y no modifique `$default_book_rss_feed_url`.

Ejecutar el truco

Coloque el *script* CGI (`bookwatch-plus.cgi`), los dos módulos (`AmazonAPI.pm` y `GoogleAPI.pm`), y el archivo de la plantilla (`bookwatch-plus.txt`) en su lugar. Haga una llamada al *script* CGI desde su navegador, y disfrute.

La aplicación Bookwatch Plus fue escrita por Erik Benson.

TRUCO 73 · Conseguir resultados aleatorios (a propósito)

La navegación por páginas aleatorias puede llevarle a fantásticos hallazgos.

¿Por qué cualquier investigador que se precie se interesaría por páginas aleatorias? Aunque la navegación por páginas aleatorias no es algo que pueda denominarse precisamente una búsqueda centrada, le sorprendería comprobar algunos de los estupendos resultados que se encuentran, y que no encontraría de otra forma. Me encantan los generadores de páginas aleatorias asociados con motores de búsqueda desde que descubrí el vínculo Random Yahoo! (`http://random.yahoo.com/bin/ryl`) y pensé que crear algo así para que funcionara con el API de Google podría resultar interesante, e incluso útil.

El código

Lo que hace este código es buscar un número aleatorio entre 0 y 99999 (sí, puede buscar 0 con Google) además de un modificador sacado de la matriz `@modifiers`. Para generar la página aleatoria, no necesita obligatoriamente nada de la matriz de modificadores. Sin embargo, le ayuda a hacer que la selección de la página sea todavía más aleatoria.

Con la combinación de un número entre 0 y 99999 y un modificador de la matriz `@modifiers`, Google le proporcionará una lista de resultados de búsqueda y, desde esa lista, puede acceder a una página aleatoria. Podría ir más allá con los números si lo deseara, pero no parece seguro que este truco encuentre sistemáticamente números superiores a 99999. (Los códigos postales tiene cinco dígitos, así que supe que una búsqueda compuesta por cinco dígitos encontraría resultados con más frecuencia que lo contrario.)

El código

```perl
#!/usr/local/bin/perl
# goorandom.cgi
# Se crea una búsqueda aleatoria de Google y se redirige el navegador
# al primer resultado.
# Se llama a goorandom.cgi como un CGI sin ninguna entrada de formulario

# Su clave de desarrollador del API de Google
my $google_key='insert key here';

# Ubicación del archivo WSDL GoogleSearch
my $google_wdsl = "./GoogleSearch.wsdl";

use strict;

use SOAP::Lite;

# una lista de modificadores de búsqueda entre los que se elige
# aleatoriamente
# para su inclusión en la búsqueda
my @modifiers = ( "-site:com", "-site:edu", "-site:net",
                  "-site:org", "-site:uk", "-file:pdf", );

# se selecciona un número al azar y una combinación de modificadores
my $random_number  = int( rand(99999) );
my $random_modifier = $modifiers[int( rand( scalar(@modifiers) ) )];

# Se crea un nuevo objeto SOAP
my $google_search  = SOAP::Lite->service("file:$google_wdsl");

# Búsqueda Google
my $results = $google_search ->
  doGoogleSearch(
    $google_key, "$random_number $random_modifier",
    0, 1, "false", "",  "false", "", "latin1", "latin1"
  );

# se redirige el navegador al URL del primer resultado
print "Location: $results->{resultElements}->[0]->{URL}\n\n";
```

Ejecutar el truco

Este truco se ejecuta como un *script* CGI; llámelo desde su navegador Web favorito.

Truco dentro del truco

Hay un par de formas de llevar a cabo otros trucos dentro de éste.

Modificar los modificadores

Observará que todos los modificadores de la matriz @modifier están precedidos por un signo negativo ("excluya esto"). Por supuesto, puede añadir cualquier cosa que desee, pero es altamente recomendable que mantenga el tema del negativo; el hecho de incluir algo como "ordenadores" en la lista le proporcionará una posibilidad (pequeña, pero posibilidad al fin y al cabo) de encontrarse con que no recibe ningún resultado. El truco excluye dominios al azar; aquí tiene otras opciones:

```
-intitle:queryword
-inurl:www
-inurl:queryword
-internet
-yahoo
-intitle:the
```

Si lo desea, puede crear modificadores que utilicen OR (|) en lugar de signos negativos, e inclinarlos entonces hacia un determinado tema. Por ejemplo, podría crear una matriz de tema médico que tuviera este aspecto:

```
(medicina | tratamiento | terapia)
(cáncer | quimioterapia | droga)
(síntomas | "efectos secundarios")
(médico | investigación | hospital)
(inurl:edu | inurl:gov )
```

La utilización del modificador OR no garantiza que se encuentren resultados de búsqueda, lo que sí está garantizado por el signo negativo, así que no acote sus posibles resultados restringiendo la búsqueda al título o el URL de la página.

Añadir más aleatoriedad

Este truco, tal cual está, toma también el primer resultado. Aunque ya es altamente improbable que vea la misma página obtenida al azar dos veces, puede lograr un toque de mayor aleatoriedad eligiendo al azar uno de los resultados devueltos. Eche un vistazo a la propia búsqueda en el código del truco:

```
my $results = $google_search ->
  doGoogleSearch(
    $google_key, "$random_number $random_modifier",
    0, 1, "false", "",  "false", "", "latin1", "latin1"
  );
```

¿Ve el 0 que aparece al principio de la cuarta línea? Es el desplazamiento: el número del resultado que debe devolverse en primer lugar. Cambie ese número por cualquiera que se encuentre entre 0 y 999, y cambiará los resultados que se devolverán a partir de dicho número (asumiendo, claro está, que el número que escoja sea menor que el número de resultados de la búsqueda que se esté llevando a cabo). Si desea garantizar un resultado, probablemente lo mejor es limitarse a un número entre 0 y 10. ¿Qué le parece si añadimos aleatoriedad al desplazamiento? Sólo tiene que alterar el código de la forma siguiente (los cambios aparecen destacados en negrita):

```
...
# escoger una combinación de número, modificador y desplazamiento al
azar
my $random_number   = int( rand(99999) );
my $random_modifier = $modifiers[int( rand( scalar(@modifiers) ) )];
my $random_offset = int( rand(10) );
...
my $results = $google_search ->
  doGoogleSearch(
    $google_key, "$random_number $random_modifier",
    $random_offset, 1, "false", "",  "false", "", "latin1", "latin1"
  );

...
```

TRUCO 74 · Restringir las búsquedas a los resultados más importantes

Clasifique sus resultados de búsqueda según la profundidad a la que aparecen en un sitio.

Google es un pajar imponente y de gran tamaño en el que puede encontrar la aguja que está buscando. Y hay más cosas, muchas más; algunos expertos piensan que Google y su índice representan sólo una pequeña fracción de las páginas que están disponibles en la Web.

Como la red está en continuo crecimiento, los investigadores han tenido que desarrollar una gran cantidad de trucos diferentes que les permitan acotar los resultados. Trucos y, gracias al API de Google, herramientas. Este truco separa los resultados que se encuentran en la parte superior de un dominio de aquellos que aparecen por debajo.

¿Por qué querría hacer esto?

- Despeje las aglomeraciones cuando busque nombres propios. Si está buscando información general sobre un nombre propio, ésta es una forma de eliminar menciones en historias de noticias, etc. Por ejemplo, puede que el nombre de un líder político como Tony Blair se mencione en una historia que no incluya ninguna información sustancial sobre la propia persona. Pero si limitara sus resultados a aquellas páginas que aparecen en la parte superior de un determinado dominio, evitaría la mayor parte de esos "resultados de mención".

- Encuentre modelos asociando dominios de alto ranking con ciertas palabras clave.

- Acote sus resultados de búsqueda sólo a aquellas partes que los sitios consideren lo suficientemente importantes como para tenerlas en sus vestíbulos virtuales.

- Sáltese subsitios pasados, como los de las páginas de inicio creadas por J. Random User en su distribuidor de servicios Web.

El código

```perl
#!/usr/local/bin/perl
# gootop.cgi
# Separa resultados importantes de los de categoría inferior
# se llama a gootop.cgi como un CGI con entrada de formulario

# Su clave de desarrollador del API de Google
my $google_key='insert key here';

# Ubicación del archivo WSDL GoogleSearch
my $google_wdsl = "./GoogleSearch.wsdl";

# Número de veces de realización del bucle, devolviendo 10 resultados
# cada vez
my $loops = 10;

use strict;

use SOAP::Lite;
use CGI qw/:standard *table/;

print
  header( ),
  start_html("GooTop"),
  h1("GooTop"),
  start_form(-method=>'GET'),
  'Query: ', textfield(-name=>'query'),
  '   ',
  submit(-name=>'submit', -value=>'Search'),
  end_form( ), p( );

my $google_search  = SOAP::Lite->service("file:$google_wdsl");
```

```
if (param('query')) {
  my $list = { 'toplevel' => [], 'sublevel' => [] };

  for (my $offset = 0; $offset <= $loops*10; $offset += 10) {
    my $results = $google_search ->
      doGoogleSearch(
        $google_key, param('query'), $offset,
        10, "false", "",  "false", "", "latin1", "latin1"
      );

    foreach (@{$results->{'resultElements'}}) {
      push @{
        $list->{ $_->{URL} =~ m!://[^/]+/?$!
        ? 'toplevel' : 'sublevel' }
      },
      p(
        b($_->{title}||'no title'), br( ),
        a({href=>$_->{URL}}, $_->{URL}), br( ),
        i($_->{snippet}||'no snippet')
      );
    }
  }

  print
    h2('Top-Level Results'),
    join("\n", @{$list->{toplevel}}),
    h2('Sub-Level Results'),
    join("\n", @{$list->{sublevel}});
}

print end_html;
```

Recoger un número decente de resultados de dominio de alto nivel implica rechazar bastantes. Ésta es la razón por la que el *script* ejecuta una búsqueda determinada un número de veces, como se especifica en my $loops = 10;, cada bucle coge 10 resultados, y algunos de los subconjuntos son de nivel superior. Para modificar el número de bucles por búsqueda, sólo tiene que cambiar el valor de $loops.

Dese cuenta de que cada llamada al *script* consume el número $loops de búsquedas, así que sea moderado, y no lo aumente hasta algo ridículo (incluso 100 consumirá el máximo de 1.000 que se permite diariamente en sólo 10 llamadas).

El núcleo del *script*, y lo que lo diferencia de su *script* Perl normal del API de Google, se encuentra en este *snippet* del código:

```
push @{
  $list->{ $_->{URL} =~ m!://[^/]+/?$!
  ? 'toplevel' : 'sublevel' }
}
```

Lo que busca ese conjunto de caracteres es :// (como en http://) seguido de cualquier cosa que no sea una barra inclinada (/), haciendo así una criba entre los resultados de alto nivel (por ejemplo, http://www.berkeley.edu/welcome.html) y resultados de niveles más bajos (por ejemplo, http://www.berkeley.edu/students/john_doe/my_dog.html).

Si es usted un entendido de Perl, puede que haya observado el grupo /?$; éste permite la eventualidad de que un URL de alto nivel termine en una barra inclinada (por ejemplo, http://www.berkeley.edu/), como suele ocurrir.

Ejecutar el truco

Este truco se ejecuta como un *script* CGI. La figura 6.16 muestra los resultados de una búsqueda para non-gmo (*Genetically Modified Organisms*, organismos genéticamente manipulados).

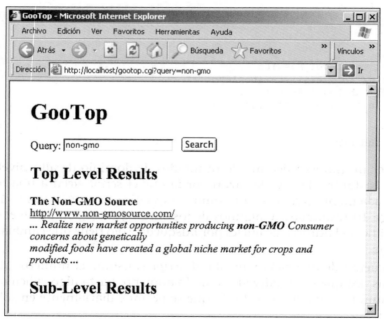

Figura 6.16. Búsqueda GooTop para non-gmo.

Truco dentro del truco

Hay un par de formas de modificar este truco.

Más profundidad

Quizá sólo le interese saber la profundidad a la que aparecen los resultados dentro del sitio o los sitios. Sólo tiene que llevar a cabo un pequeño ajuste, o dos, en el código para tener sus resultados agrupados por profundidad:

```
. . .
    foreach (@{$results->{'resultElements'}}) {
      push @{ $list[scalar ( split(/\//, $_->{URL} . ' ') - 3 ) ] },
        p(
          b($_->{title}||'no title'), br( ),
          a({href=>$_->{URL}}, $_->{URL}), br( ),
          i($_->{snippet}||'no snippet')
        );
    }
  }

  for my $depth (1..$#list) {
    print h2("Depth: $level");
    ref $list[$depth] eq 'ARRAY' and print join "\n",@{$list[$depth]};
    }
..}

print end_html;
```

La figura 6.17 muestra de nuevo la búsqueda para non-gmo utilizando el truco de profundidad.

Trucos de búsqueda

Además de las modificaciones de código previamente mencionadas, aquí tiene algunos trucos de búsqueda que puede utilizar con este truco:

- Considere introducir en el *script* una búsqueda por ámbito de fechas para acotar más sus resultados.

- Haga que sus búsquedas sean específicas, aunque no demasiado, puesto que puede que no encuentre resultados de alto nivel. Por ejemplo, en lugar de gatos, utilice "gatos birmanos", pero no lo intente con "criadores de birmanos".

- Pruebe la sintaxis link:. Éste es un buen uso de una sintaxis que, de otra forma, no puede combinarse con otras.

- En alguna ocasión, intitle: funciona muy bien con este truco. Sin embargo, pruebe a realizar su búsqueda sin ninguna sintaxis especial primero, y vaya haciendo pruebas, asegurándose de que obtiene resultados después de cada cambio.

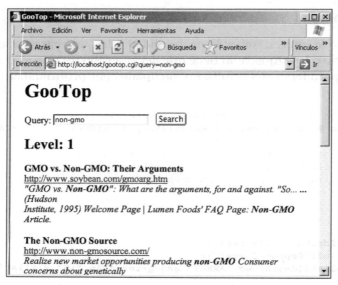

Figura 6.17. Búsqueda de non-gmo utilizando el truco de profundidad.

 TRUCO 75

Búsqueda de caracteres especiales

Buscar tildes y otros caracteres especiales en los URL.

Google puede encontrar muchas cosas diferentes, pero cuando escribimos este libro no podía encontrar caracteres especiales en sus resultados de búsqueda. Es una pena, porque los caracteres especiales son prácticos. La tilde (~), por ejemplo, denota páginas Web personales.

Este truco toma una búsqueda de un formulario, saca los resultados de Google, y los filtra para observar la presencia de caracteres especiales en el URL, incluyendo la tilde.

¿Por qué querría hacer esto? Modificando ligeramente este truco, como veremos más adelante, puede restringir sus búsquedas a sólo aquellas páginas que contengan una tilde en el URL, una forma sencilla de encontrar páginas personales. Quizá está buscando páginas dinámicamente generadas que contengan un signo de interrogación (?) en el URL; no puede encontrar esta páginas utilizando sólo Google, pero sí puede hacerlo gracias a este truco.

Y, por supuesto, puede darle la vuelta al truco y no incluir resultados que incluyan ~, ?, u otros caracteres especiales. De hecho, este código es más un principio que un fin en sí mismo; puede alterarlo de formas diferentes para hacer varias cosas distintas.

El código

```perl
#!/usr/local/bin/perl
# aunt_tilde.pl
# Encontrar caracteres especiales en los URL resultantes de Google

# Su clave de desarrollador del API de Google
my $google_key='insert key here';

# Número de veces de realización del bucle, devolviendo 10 resultados
# cada vez
my $loops = 10;

# Ubicación del archivo WSDL GoogleSearch
my $google_wdsl = "./GoogleSearch.wsdl";

use strict;

use CGI qw/:standard/;
use SOAP::Lite;

print
  header( ),
  start_html("Aunt Tilde"),
  h1("Aunt Tilde"),
  start_form(-method=>'GET'),
  'Query: ', textfield(-name=>'query'),
  br( ),
  'Characters to find: ',
  checkbox_group(
    -name=>'characters',
    -values=>[qw/ ~ @ ? ! /],
    -defaults=>[qw/ ~ /]
  ),
  br( ),
  submit(-name=>'submit', -value=>'Search'),
  end_form( ), p( );

if (param('query')) {

  # Se crea una expresión normal para hacer coincidir los caracteres
  # especiales elegidos
  my $special_regex = '[\\' . join('\\', param('characters')) . ']';

  my $google_search  = SOAP::Lite->service("file:$google_wdsl");

  for (my $offset = 0; $offset <= $loops*10; $offset += 10) {
    my $results = $google_search ->
      doGoogleSearch(
        $google_key, param('query'), $offset, 10, "false", "",  "false",
        "", "latin1", "latin1"
```

```
        );

    last unless @{$results->{resultElements}};

    foreach my $result (@{$results->{'resultElements'}}) {

      # Sólo se ofrecen los URL coincidentes, con los caracteres
     # especiales destacados en rojo
      my $url = $result->{URL};
      $url  =~ s!($special_regex)!<font color="red">$1</font>!g and
        print
          p(
       b(a({href=>$result->{URL}},$result->{title}||'no title')), br( ),
            $url, br( ),
            i($result->{snippet}||'no snippet')
          );
    }
  }

  print end_html;
}
```

Truco dentro del truco

Hay dos formas principales de cambiar este truco.

Seleccionar caracteres especiales

Puede modificar de forma sencilla la lista de caracteres especiales que le interesen cambiando una línea del *script*:

```
    -values=>[qw/ ~ @ ? ! /],
```

Sólo tiene que añadir o eliminar caracteres especiales en la lista delimitada por espacios que aparece entre caracteres de barras inclinadas. Si, por ejemplo, quisiera añadir & (y) y z (¿por qué no?), y eliminar los signos de interrogación, esa línea de código se quedaría en algo como:

```
    -values=>[qw/ ~ @ ! & z /],
```

(No olvide los espacios entre caracteres que aparecen en la lista.)

Excluir caracteres especiales

De la misma forma, puede decidir excluir los URL que contengan los caracteres especiales que seleccione. Sólo tiene que cambiar =~ (léase, coincide) en esta línea:

```
      $url  =~ s!($special_regex)!<font color="red">$1</font>!g and
```

por !~ (léase, no coincide), lo que nos quedaría:

```
$url  !~ s!($special_regex)!<font color="red">$1</font>!g and
```

Ahora no se mostrará ningún resultado que contenga los caracteres especificados.

TRUCO 76 Profundizar en los sitios

Profundizar en las jerarquías de los sitios Web que coincidan con sus criterios de búsqueda.

Uno de los mayores puntos fuertes de Google es que puede encontrar su término de búsqueda de forma instantánea y con una gran precisión. Pero, a veces, no le interesa tanto encontrar un resultado definitivo como el hecho de contar con muchos resultados diferentes; quizá incluso quiera algunos de los que están un poco más en el lado oscuro.

Un método que me resulta bastante útil es ignorar todos los resultados que se encuentran por debajo de un nivel determinado en una jerarquía de directorio de un sitio. Se evitan todos los grupos de resultados en páginas principales y se tiene en cuenta el tema del asunto, que a menudo se encuentra oculto en las profundidades de la estructura de un sitio. Mientras el contenido viene y va, fluye y vuelve a fluir desde la parte principal de un sitio, tiende a reunirse en lugares permanentes, se categoriza y se archiva.

Este *script* pide una búsqueda junto con la profundidad escogida, por encima de la cual se eliminan resultados. Especifique una profundidad cuatro, y sus resultados procederán sólo de `http://example.com/a/b/c/d`, y no de /a, /a/ b/, o /a/b/c. Como ya está limitando el tipo de resultados que ve, lo mejor es utilizar palabras más comunes para lo que esté buscando. Los términos oscuros de búsqueda pueden llevarle a no obtener ningún resultado en absoluto.

El número predeterminado de bucles, recuperando 10 elementos en cada uno, está establecido en 50. Esto se hace para asegurarle un número decente de resultados, porque muchos serán eliminados. Por supuesto, puede modificar este número, pero tenga en cuenta que está utilizando el número de su cupo diario de 1.000 búsquedas del API de Google por clave de desarrollador.

El código

```
#!/usr/local/bin/perl
# deep_blue_g.cgi
```

```perl
# Limitar los resultados de búsqueda a una profundidad determinada en una
# jerarquía del sitio Web.
# se llama a deep_blue_g.cgi como un CGI con entrada de formulario

# Su clave de desarrollador del API de Google
my $google_key='insert key here';

# Ubicación del archivo WSDL GoogleSearch
my $google_wdsl = "./GoogleSearch.wsdl";

# Número de veces de realización del bucle, devolviendo 10 resultados
# cada vez
my $loops = 10;

use SOAP::Lite;
use CGI qw/:standard *table/;

print
  header( ),
  start_html("Fishing in the Deep Blue G"),
  h1("Fishing in the Deep Blue G"),
  start_form(-method=>'GET'),
  'Query: ', textfield(-name=>'query'),
  br( ),
  'Depth: ', textfield(-name=>'depth', -default=>4),
  br( ),
  submit(-name=>'submit', -value=>'Search'),
  end_form( ), p( );

# Hay que asegurarse de proporcionar una búsqueda y una profundidad
# numéricas
if (param('query') and param('depth') =~ /\d+/) {

  # Se crea un nuevo objeto SOAP
  my $google_search  = SOAP::Lite->service("file:$google_wdsl");

  for (my $offset = 0; $offset <= $loops*10; $offset += 10) {
    my $results = $google_search ->
      doGoogleSearch(
        $google_key, param('query'), $offset, 10, "false", "",  "false",
        "", "latin1", "latin1"
      );

    last unless @{$results->{resultElements}};

    foreach my $result (@{$results->{'resultElements'}}) {

      # Se determina la profundidad
      my $url = $result->{URL};
      $url =~ s!^\w+://|/$!!g;

      # Se muestran sólo los resultados con una profundidad suficiente
```

```
      ( split(/\//, $url) - 1) >= param('depth') and
        print
          p(
            b(a({href=>$result->{URL}},$result->{title}||'no title')),
br( ),
            $result->{URL}, br( ),
            i($result->{snippet}||'no snippet')
          );
      }
    }

    print end_html;
}
```

Ejecutar el truco

Este truco ejecuta un *script* CGI. Dirija allí su navegador, rellene los campos de búsqueda y profundidad, y haga clic en el botón **Submit**.

La figura 6.18 muestra una búsqueda para "Jacques Cousteau", restringiendo los resultados a una profundidad de 6, ese decir, seis niveles por debajo desde la página principal del sitio. Observará aquí URL de bastante longitud.

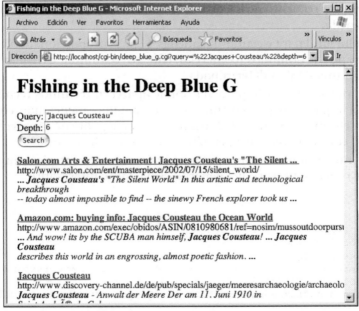

Figura 6.18. Búsqueda para "Jacques Cousteau", restringiendo los resultados a seis niveles por debajo.

Truco dentro del truco

Quizá le interese justo lo contrario de lo que se consigue con este truco: sólo desea obtener los resultados procedentes de niveles más altos de la jerarquía de un sitio. Eso se puede hacer desde este truco de forma bastante sencilla: utilice el símbolo < (menor que) en lugar > (mayor que) en la línea siguiente:

```
( split(/\//, $url) - 1) <= param('depth') and
```

TRUCO 77 — Resumir los resultados por dominio

Obtenga una visión global de los tipos de dominios (educativo, comercial, extranjero, etc.) que se encuentran en los resultados de una búsqueda de Google.

Pongamos que quiere saber más sobre un determinado tema, así que lleva a cabo una búsqueda. Pero, ¿qué es lo que tiene? Una lista de páginas. No puede hacerse una idea adecuada del tipo de páginas que son sin echar un vistazo más detallado a la lista de sitios.

Este truco es un intento de obtener una "instantánea" de los tipos de sitios que aparecen como resultado en una búsqueda. Esto se hace llevando a cabo un "censo de sufijos", un recuento de los distintos dominios que aparecen en los resultados de búsqueda.

Esto resulta ideal para ejecutar búsquedas `link:`, proporcionándole una buena idea de qué tipos de dominios (comercial, educativo, militar, extranjero, etc.) tienen enlaces a una página determinada.

También puede ejecutarlo para ver dónde aparecen términos técnicos, términos de argot y palabras poco comunes. ¿Qué páginas mencionan con más frecuencia un determinado cantante? ¿o a un personaje politico? ¿Aparece la palabra "demócrata" con más frecuencia en sitios `.com` o en sitios `.edu`?

Obviamente, esta instantánea no proporciona un inventario completo; pero, en lo que se refiere a perspectiva general, es bastante interesante.

El código

```perl
#!/usr/local/bin/perl
# suffixcensus.cgi
# Se genera una instantánea de los tipos de sitios que responden a
# una búsqueda. El sufijo es .com, .net, o .uk.
# Se llama a suffixcensus.cgi como un CGI con entrada de formulario

# Su clave de desarrollador del API de Google
my $google_key='insert key here';
```

```perl
# Ubicación del archivo WSDL GoogleSearch
my $google_wdsl = "./GoogleSearch.wsdl";

# Número de veces de realización del bucle, devolviendo 10 resultados cada
# vez
my $loops = 10;

use SOAP::Lite;
use CGI qw/:standard *table/;

print
  header( ),
  start_html("SuffixCensus"),
  h1("SuffixCensus"),
  start_form(-method=>'GET'),
  'Query: ', textfield(-name=>'query'),
  '   ',
  submit(-name=>'submit', -value=>'Search'),
  end_form( ), p( );

if (param('query')) {
  my $google_search = SOAP::Lite->service("file:$google_wdsl");
  my %suffixes;

  for (my $offset = 0; $offset <= $loops*10; $offset += 10) {

    my $results = $google_search ->
      doGoogleSearch(
        $google_key, param('query'), $offset, 10, "false", "",  "false",
        "", "latin1", "latin1"
      );

    last unless @{$results->{resultElements}};

    map { $suffixes{ ($_->{URL} =~ m#://.+?\.(\w{2,4})/#)[0] }++ }
      @{$results->{resultElements}};
  }

  print
    h2('Results: '), p( ),
    start_table({cellpadding => 5, cellspacing => 0, border => 1}),
    map( { Tr(td(uc $_),td($suffixes{$_})) } sort keys %suffixes ),
    end_table( );
}

print end_html( );
```

Ejecutar el truco

Este truco se ejecuta como un *script* CGI. Instálelo en el directorio cgi-bin o en el directorio adecuado, y dirija allí su navegador.

Los resultados

La búsqueda del mayor número de sufijos para el término "soda pop" da como resultados una prevalecencia del sufijo `.com`, como se muestra en la figura siguiente.

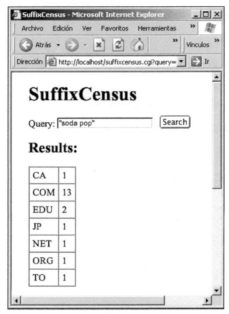

Figura 6.19. Búsqueda por prevalecencia de sufijo para el término "soda pop".

Truco dentro del truco

Hay un par de formas de modificar este truco.

Volver a por más

Este *script*, por defecto, visita Google 10 veces, obteniendo los 100 resultados más importantes (o menos, si no hay tantos resultados disponibles). Para aumentar o disminuir el número de visitas, sólo tiene que cambiar el valor de la variable `$loops` que aparece en la parte superior del *script*. Sin embargo, tenga en cuenta que si le da a la variable `$loops` un valor de 50, obtendrá 500 resultados, pero también estará consumiendo rápidamente su permiso diario de 1.000 búsquedas del API de Google.

Separar con comas

Resulta bastante sencillo ajustar este *script* para ejecutarlo desde la línea de comando y devolver la salida delimitada por comas de forma que sea adecuada para Excel o para la base de datos que utilice. Elimine el HTML inicial, el formulario, y la salida HTML final y modifique el código que ofrece los resultados. Al final, se debería encontrar con algo como esto (los cambios aparecen en negrita):

```perl
#!/usr/local/bin/perl
# suffixcensus_csv.pl
# Se genera una instantánea de los tipos de sitios que responden a
# una búsqueda. El sufijo es .com, .net, o .uk.
# uso: perl suffixcensus_csv.pl query="your query" > results.csv

# Su clave de desarrollador del API de Google
my $google_key='insert key';

# Ubicación del archivo WSDL GoogleSearch
my $google_wdsl = "./GoogleSearch.wsdl";

# Número de veces de realización del bucle, devolviendo 10 resultados
# cada vez
my $loops = 1;

use SOAP::Lite;
use CGI qw/:standard/;

param('query')
  or die qq{usage: suffixcensus_csv.pl query="{query}" [> results.csv]\n};

print qq{"suffix","count"\n};

my $google_search  = SOAP::Lite->service("file:$google_wdsl");

my %suffixes;

for (my $offset = 0; $offset <= $loops*10; $offset += 10) {

  my $results = $google_search ->
    doGoogleSearch(
      $google_key, param('query'), $offset, 10, "false", "",  "false",
      "", "latin1", "latin1"
    );

  last unless @{$results->{resultElements}};

  map { $suffixes{ ($_->{URL} =~ m#://.+?\.(\w{2,4})/#)[0] }++ }
    @{$results->{resultElements}};
}

print map { qq{"$_", "$suffixes{$_}"\n} } sort keys %suffixes;
```

Haga una llamada al *script* desde la línea de comando, de la forma siguiente:

```
$ perl suffixcensus_csv.pl query="query" > results.csv
```

La búsqueda para menciones de "colddrink," la versión sudafricana de "soda pop," enviando la salida directamente a la pantalla, en lugar de a un archivo `results.csv`, tendría este aspecto:

```
$ perl suffixcensus_csv.pl query="colddrink"
"suffix","count"
"com", "12"
"info", "1"
"net", "1"
"za", "6"
```

TRUCO 78 — Importar de Yahoo! Buzz para realizar una búsqueda de Google

Una prueba del concepto truco que importa los elementos más de moda de Yahoo! Buzz y los envía a una búsqueda de Google.

Ningún sitio Web es una isla. Existen miles de millones de enlaces de hipervínculo a miles de millones de documentos. Sin embargo, habrá veces que quiera coger información de un sitio y aplicarla a un sitio diferente.

A menos que dicho sitio cuente con un API de servicio Web como el de Google, lo mejor es apostar por la importación de HTML. Este proceso de importación consiste en utilizar un programa automatizado para eliminar determinados fragmentos de información de una página Web. Entre los tipos de elementos que la gente importa pueden incluirse: cotizaciones, titulares de noticias, precios, etc. Diga lo que se le ocurra, y es muy probable que haya alguien que lo haya importado.

Existe una cierta controversia en relación con la importación de HTML. Hay algunos sitios a los que no les importa, mientras que otros no pueden soportarlo. Si decide importar HTML desde un sitio, hágalo con cuidado; coja la cantidad mínima de información que necesite y, haga lo que haga, no acapare el ancho de banda del sitio desde el que esté importando.

Entonces, ¿qué es lo que estamos importando?

Google tiene una página de popularidad de búsqueda; se denomina Google Zeitgeist (`http://www.google.com/press/zeitgeist.html`). Desgraciadamente, el Zeitgeist sólo se actualiza una vez a la semana y contiene exclusivamente una cantidad limitada de datos susceptibles de ser importados. Aquí es donde entra en escena Yahoo! Buzz (`http://buzz.yahoo.com/`). Este sitio está enriquecido con información constantemente actualizada. Su índice lleva la cuenta de todo aquello que está de actualidad en la cultura popular: personas famosas, juegos, películas, programas de televisión, música, etc.

Este truco coge aquello que está más de moda, lo que se encuentra de plena actualidad, y busca todo lo que Google sabe de ese determinado tema. Y para mantener las cosas al día, sólo se consideran las páginas añadidas a Google en los últimos días.

 Este truco necesita módulos Perl adicionales: `Time::JulianDay` (`http://search.cpan.org/search?query=Time%3A% 3AJulianDay`) y `LWP::Simple` (`http://search.cpan.org/ search?query=LWP%3A%3ASimple`). No se podrá ejecutar sin ellos.

El código

```perl
#!/usr/local/bin/perl
# buzzgle.pl
# Se saca el elemento principal de Yahoo Buzz Index y se busca en los
# tres últimos días en el índice de Google
# Uso: perl buzzgle.pl

# Su clave de desarrollador del API de Google
my $google_key='insert key here';

# Ubicación del archivo WSDL GoogleSearch
my $google_wdsl = "./GoogleSearch.wsdl";

# Número de días pasados a considerar en el índice de Google
my $days_back = 3;

use strict;

use SOAP::Lite;
use LWP::Simple;
use Time::JulianDay;

# Se importa el artículo más importante desde Yahoo Buzz Index

# Se coge una copia de http://buzz.yahoo.com

my $buzz_content = get("http://buzz.yahoo.com/")
   or die "Couldn't grab the Yahoo Buzz: $!";

# Se encuentra el primer elemento en la lista de Buzz Index
my($buzziest) =  $buzz_content =~ m!<TR BGCOLOR=white.+?1.+?<a
href="http://search.yahoo.com/search\?p=.+?&cs=bz">(.+?)!i;
die "Couldn't figure out the Yahoo! buzz\n" unless $buzziest;

# Se calcula la fecha juliana de hoy
```

```perl
my $today = int local_julian_day(time);

# Se elabora la búsqueda de Google
my $query = "\"$buzziest\" daterange:" . ($today - $days_back) . "-
$today";

print
  "The buzziest item on Yahoo Buzz today is: $buzziest\n",
  "Querying Google for: $query\n",
  "Results:\n\n";

# Se crea una nueva instancia de SOAP::Lite, colocándola en
# GoogleSearch.wsdl
my $google_search = SOAP::Lite->service("file:$google_wdsl");

# Búsqueda de Google
my $results = $google_search ->
    doGoogleSearch(
      $google_key, $query, 0, 10, "false", "",  "false",
      "", "latin1", "latin1"
    );

# ¿Sin resultados?
@{$results->{resultElements}} or die "No results";

# Se realiza un bucle por los resultados
foreach my $result (@{$results->{'resultElements'}}) {
 my $output =
  join "\n",
  $result->{title} || "no title",
  $result->{URL},
  $result->{snippet} || 'no snippet',
  "\n";
    $output =~ s!<.+?>!!g; # drop all HTML tags
    print $output;
}
```

Ejecutar el truco

Este *script* se ejecuta desde la línea de comando, sin necesidad de argumentos de ningún tipo. Probablemente, lo mejor que puede hacer es dirigir la salida a un intérprete de comandos capaz de permitirle pasar páginas a lo largo de una salida larga, normalmente pulsando la barra espaciadora, de la forma siguiente:

% **perl buzzgle.pl | more**

También puede dirigir la salida a un archivo para examinarla posteriormente:

% **perl buzzgle.pl > buzzgle.txt**

Como ocurre con todas las aplicaciones de importación de HTML, este código es frágil, sometido a roturas si (léase, cuando) cambia el formato HTML de la página de Yahoo! Buzz.

Si se encuentra con que tiene que realizar ajustes para adecuarse al formato de Yahoo!, tendrá que modificar la expresión normal de la forma adecuada para que coincida:

```
my($buzziest) = $buzz_content =~ m!<TR BGCOLOR=white.+?1.+?<a
href="http
://search.yahoo.com/search\?p=.+?&cs=bz">(.+?)!i;
```

La importación de expresiones normales y de HTML general se encuentran fuera del alcance de este libro.

Los resultados

En el momento de escribir este libro, y probablemente durante un tiempo en el futuro, Eminem, la sensación musical, es la última moda.

```
% perl buzzgle.pl | less
The buzziest item on Yahoo Buzz today is: Eminem
Querying Google for: "Eminem" daterange:2452593-2452596
Results:
Eminem World
http://www.eminemworld.com/
Eminem World specializing in Eminem News and Information. With
Pictures, Discogr aphy, Lyrics ... your #1 Eminem Resource. Eminem
World, ...
Eminem
http://www.eminem.com/frameset.asp?PageName=eminem
no snippet
Eminem Planet - Your Ultimate Resource
http://www.eminem-planet.com/
Eminem Planet - A Great Resource about the Real Slim Shady. .:8 Mile
.:News .:Bi
ography ... More News. ::Order Eminem's book. Click Here to Check ...
...
```

Truco dentro del truco

Aquí tiene varias ideas para utilizar este truco con ciertas modificaciones:

- El programa, tal cual está, devuelve 10 resultados. Podría cambiar esto, establecerlo en un resultado y abrir de forma inmediata ese resultado, en lugar de devolver una lista. Bravo, acaba de escribir un ¡Voy a ser popular! similar al ¡**Voy a tener suerte!** de Google.

- Esta versión del programa busca los últimos tres días de inserción de páginas en el índice. Como existe un ligero intervalo a la hora de incluir en ese índice historias de noticias, creo conveniente incluir al menos los últimos dos días de páginas añadidas, pero podría extenderlo hasta siete días o incluso un mes. Simplemente cambie my $days_back = 3;, modificando el valor de la variable $days_back.

- Podría crear un truco de efecto de moda ejecutando la búsqueda Yahoo! Buzz con y sin la limitación de ámbito de fecha. ¿Cómo cambian los resultados entre una búsqueda total y una búsqueda de los últimos días?

- Yahoo! Buzz tiene varias secciones diferentes. Ésta se basa en el resumen, pero podría crear otras basándose en otros temas actuales de Yahoo! (televisión, http://buzz.yahoo.com/television/, por ejemplo).

TRUCO 79 Evaluar la importancia que Google da a las personas

Evalúe la imagen que tiene Google de una persona determinada dentro de un dominio de búsqueda.

Basado en una idea de Steven Johnson (http://www.stevenberlinjohnson), este truco determina la imagen que tiene Google de una persona dentro de un determinado grupo de palabras clave buscadas en Google. ¿Cuál es la imagen que tiene Google de Willy Wonka cuando se compara con "Willy"? ¿Qué porcentaje de "*weatherman*" (hombre del tiempo) tiene Al Roker? ¿Quién tiene una mayor importancia dentro de Los Beatles en Google, Ringo Starr o Paul McCartney? Lo que es más importante, ¿cuál es la valoración empresarial que tiene Google de su compañía?

La imagen de Google se calcula de la forma siguiente: se determina el tamaño del grupo de resultados para una palabra clave o una frase. Se determina el tamaño del grupo de resultados para esa búsqueda junto con una determinada persona. Se divide el segundo por el primero y se multiplica por 100, obteniendo el porcentaje de la imagen que tiene Google. Por ejemplo, una búsqueda para Willy devuelve aproximadamente 1.590.000 resultados. "Willy Wonka" + Willy encuentra 66.700. Podemos concluir, aunque de forma no científica, que Willy Wonka tiene aproximadamente un 4 por 100 (66.700 / 1.590.000 x 100) de la importancia que Google le concede a Willy. Es un poco tonto, pero probablemente hay algo de verdad en algún sitio.

El código

```
#!/usr/local/bin/perl
# google_mindshare.cgi
```

```perl
# Implementación de Rael Dornfest
# http://www.raelity.org/lang/perl/google/googleshare/
# Basada en una idea de Steven Johnson
# http://www.stevenberlinjohnson.com/movabletype/archives/000009.html

# Su clave de desarrollador del API de Google
my $google_key='insert key here';

# Ubicación del archivo WSDL GoogleSearch
my $google_wdsl = "./GoogleSearch.wsdl";

use SOAP::Lite;
use CGI qw/:standard *table/;

print
  header( ),
  start_html("Googleshare Calculator"),
  h1("Googleshare Calculator"),
  start_form(-method=>'GET'),
  'Query: ', br( ), textfield(-name=>'query'),
  p( ),
  'Person: ',br( ), textfield(-name=>'person'),
  p( ),
  submit(-name=>'submit', -value=>'Calculate'),
  end_form( ), p( );

if (param('query') and param('person')) {
  my $google_search  = SOAP::Lite->service("file:$google_wdsl");

  # Búsqueda de Google para la palabra clave, las palabras clave o la frase
  my $results = $google_search ->
    doGoogleSearch(
      $google_key, '"'.param('query').'"', 0, 1, "false", "",  "false",
      "", "latin1", "latin1"
    );

  # Se guardan los resultados de la búsqueda
  my $query_count = $results->{estimatedTotalResultsCount};

  my $results = $google_search ->
    doGoogleSearch(
      $google_key, '+"'.param('query').'" +"'.param('person').'"', 0, 1,
      "false", "",  "false", "", "latin1", "latin1"
    );
  # Se guardan los resultados de la búsqueda y de la persona
  my $query_person_count = $results->{estimatedTotalResultsCount};

  print
    p(
      b(sprintf "%s has a %.2f%% googleshare of %s",
        param('person'),
        ($query_person_count / $query_count * 100), '"'.param('query').'"'
```

```
        )
      )
  }

  print end_html( );
```

Ejecutar el truco

Visite el *script* CGI en su navegador. Introduzca una búsqueda y una persona. El nombre no tiene por qué ser necesariamente el nombre completo de una persona. Puede ser una empresa, una ubicación, prácticamente cualquier nombre propio o, de hecho, cualquier cosa. Haga clic en el botón **Calculate** y disfrute. La figura 6.20 muestra el ejemplo de Willy Wonka.

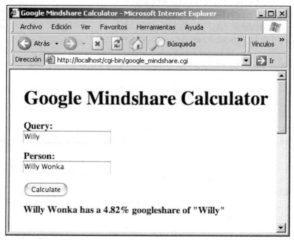

Figura 6.20. Imagen de Google para Willy Wonka.

Usos divertidos de este truco

No se pueden hacer demasiadas cosas prácticas con este truco, pero puede divertirse mucho con él. Jugar con "porcentajes improbables" es divertido; compruebe si es capaz de encontrar una combinación de nombre/palabra que obtenga un porcentaje superior que otros porcentajes que consideraría más probables. Aquí tiene las respuestas a las preguntas efectuadas al principio de este truco, y algunas más:

- Willy Wonka tiene un 4,82 por 100 de la imagen de Google de "Willy".
- Al Roker tiene un 1,45 por 100 de la imagen de Google de "*weatherman*".

- Ringo Starr tiene un 1,69 por 100 de la imagen de Google de "The Beatles".

- Paul McCartney tiene un 3,71 por 100 de la imagen de Google de "The Beatles".

- Red Hat tiene un 3,63 por 100 de la imagen de Google de "Linux".

- Microsoft tiene un 4,37 por 100 de la imagen de Google de "Linux".

TRUCO 80

Comparar los resultados de Google con los de otros motores de búsqueda

Comparar los resultados de búsqueda de Google con los resultados procedentes de otros motores de búsqueda.

Puede que a los verdaderos fanáticos de Google no les guste pensar esto, pero la realidad es que hay más de un motor de búsqueda. Entre los competidores de Google, podemos mencionar a AltaVista, AlltheWeb y Teoma.

El hecho de que Google no incluya en su índice toda la Web, puede resultar igual de sorprendente para el fanático de Google. En el momento de escribir este libro hay más de dos mil millones de páginas Web en el índice de Google, pero eso representa sólo una parte de la Web. Le sorprendería conocer la cantidad de contenido no solapado que hay en cada motor de búsqueda. Algunas búsquedas que proporcionan pocos resultados en un motor de búsqueda pueden proporcionar una gran cantidad de ellos en un motor de búsqueda diferente.

Este truco le ofrece un programa que compara los recuentos en Google y en varios motores de búsqueda diferentes, con una forma sencilla de incluir los motores de búsqueda que desee. Esta versión del truco examina dominios diferentes para la búsqueda, además de obtener el recuento total para la propia búsqueda.

Este truco requiere el módulo `LWP::Simple` (`http://search.cpan .org/search?query=LWP%3A%3ASimple`) para que pueda ejecutarse.

El código

```
#!/usr/local/bin/perl
# google_compare.cgi
# Se comparan los resultados de Google frente a aquellos encontrados en
# otros motores de búsqueda

# Su clave de desarrollador del API de Google
my $google_key='insert key here';
```

```perl
# Ubicación del archivo WSDL GoogleSearch
my $google_wdsl = "./GoogleSearch.wsdl";

use strict;

use SOAP::Lite;
use LWP::Simple qw(get);
use CGI qw{:standard};

my $googleSearch = SOAP::Lite->service("file:$google_wdsl");

# Se configura la salida del navegador
print "Content-type: text/html\n\n";
print "<html><title>Google Compare Results</title><body>\n";

# se pide y se recibe
my $query = param('query');
unless ($query) {
    print "<h1>No query defined.</h1></body></html>\n\n";
    exit; # If there's no query there's no program.
}

# se suelta el original antes de codificar.
print "<h1>Your original query was '$query'.</h1>\n";

$query =~ s/\s/\+/g ;   #changing the spaces to + signs
$query =~ s/\"/%22/g;   #changing the quotes to %22

# Se crean varios conjuntos de búsquedas con distintos motores de búsqueda.
# Tenemos cuatro tipos de búsqueda ("plain", "com", "edu", y "org"),
# y tres motores de búsqueda ("Google", "AlltheWeb", y "Altavista").
# Cada motor tiene un nombre, una búsqueda y una expresión normal utilizada
# para importar los resultados.
my $query_hash = {
    plain => {
        Google => { name => "Google", query => $query, },
        AlltheWeb => {
            name   => "AlltheWeb",
            regexp => "Displaying results <b>.*<\/b> of <b>(.*)<\/b>",
            query  => "http://www.alltheweb.com/search?cat=web&q=$query",
        },
        Altavista => {
            name   => "Altavista",
            regexp => "We found (.*) results",
            query => "http://www.altavista.com/sites/search/web?q=$query",
        }
    },
    com => {
        Google => { name => "Google", query => "$query site:com", },
        AlltheWeb => {
            name   => "AlltheWeb",
```

```
            regexp => "Displaying results <b>.*<\/b> of <b>(.*)<\/b>",
            query  => "http://www.alltheweb.com/
search?cat=web&q=$query+domain%3Acom",
        },
        Altavista => {
            name  => "Altavista", regexp => "We found (.*) results",
            query => "http://www.altavista.com/sites/search/
web?q=$query+domain%3Acom",
        }
    },
    org => {
        Google => { name => "Google", query => "$query site:org", },
        AlltheWeb => {
            name    => "AlltheWeb",
            regexp => "Displaying results <b>.*<\/b> of <b>(.*)<\/b>",
            query  => "http://www.alltheweb.com/
search?cat=web&q=$query+domain%3Aorg",
        },
        Altavista => {
            name  => "Altavista", regexp => "We found (.*) results",
            query => "http
://www.altavista.com/sites/search/web?q=$query+domain%3Aorg",
        }
    },
    net => {
        Google => { name => "Google", query => "$query site:net", },
        AlltheWeb => {
            name    => "AlltheWeb",
            regexp => "Displaying results <b>.*<\/b> of <b>(.*)<\/b>",
            query  => "http://www.alltheweb.com/
search?cat=web&q=$query+domain%3Anet",
        },
        Altavista => {
            name  => "Altavista", regexp => "We found (.*) results",
            query => "http://www.altavista.com/sites/search/
web?q=$query+domain%3Anet",
        }
    }
};

# ahora, se realiza un bucle en cada uno de los tipos de búsqueda,
# asumiendo que haya un grupo coincidente
# que contenga los motores y la cadena de búsqueda.
foreach my $query_type (keys (%$query_hash)) {
    print "<h2>Results for a '$query_type' search:</h2>\n";

    # ahora, se realiza un bucle en cada motor y se obtienen/imprimen
    # resultados.
    foreach my $engine (values %{$query_hash->{$query_type}}) {
        my $results_count;

        # si es Google, utilizamos el API y no el puerto 80.
```

```
     if ($engine->{name} eq "Google") {
        my $result = $googleSearch->doGoogleSearch(
           $google_key, $engine->{query}, 0, 1,
           "false", "", "false", "", "latin1", "latin1");
        $results_count = $result->{estimatedTotalResultsCount};
        # el api de Google no formatea números con comas.
        my $rresults_count = reverse $results_count;
        $rresults_count =~ s/(\d\d\d)(?=\d)(?!\d*\.)/$1,/g;
        $results_count = scalar reverse $rresults_count;
     }

     # Si no es Google, utilizamos GET como todos los demás.
     elsif ($engine->{name} ne "Google") {
        my $data = get($engine->{query}) or print "ERROR: $!";
        $data =~ /$engine->{regexp}/; $results_count = $1 || 0;
     }

     # y se imprimen los resultados.
     print "<strong>$engine->{name}</strong>: $results_count<br />\n";
   }
}
```

Ejecutar el truco

Este truco se ejecuta como un *script* CGI, llamado desde su navegador Web como: `google_compare.cgi?query=your query keywords`.

¿Por qué?

Puede que se esté preguntando por qué querría comparar los recuentos de resultados en diferentes motores de búsqueda. Es una buena idea hacer un seguimiento de lo que ofrecen los distintos motores de búsqueda en lo que se refiere a resultados. Puede darse la situación de que una determinada frase proporcione pocos resultados en un motor de búsqueda, mientras que otro puede ofrecerle una gran cantidad. Tiene sentido emplear su tiempo y su energía en utilizar el que más resultados le proporcione para la investigación que esté llevando a cabo.

Tara Calishain and Morbus Iff.

TRUCO 81 URL con certificación SafeSearch

Introduzca los URL en el SafeSearch de Google para determinar si llevan o no a un contenido cuestionable

Sólo hay tres cosas seguras en la vida: la muerte, los impuestos y visitar de forma accidental un sitio Web antes seguro en su contenido y que ahora contiene texto e imágenes que harían que cualquiera se ruborizara. Como probablemente ya sabrá, si ha alojado un sitio Web, los nombres de dominio se registran por una cantidad finita de tiempo. Hay veces en las que los registros expiran accidentalmente; algunas veces, los negocios fracasan y permiten que sus registros expiren; otras veces otras empresas se los quedan.

Hay otras compañías que simplemente quieren el nombre de dominio, algunas buscan el tráfico generado por el sitio anterior y, en pocos casos, los nuevos dueños del dominio tratan de mantenerlo como "rehén", ofreciendo la posibilidad de venderlo a sus propietarios originales por una gran cantidad de dinero. (Esto ya no funciona tan bien como antes, debido a la escasez de empresas de Internet que cuentan realmente con una gran cantidad de dinero.)

Cuando un sitio ya no es lo que era, no es un gran problema. Cuando no es lo que era, y ahora está clasificado como X, el problema es mayor. Cuando no es lo que era, está calificado como X, y está en la lista de vínculos de un sitio que usted visita, eso sí es un gran problema. Pero, ¿cómo mantenerse al día con todos los vínculos? Puede visitar cada vínculo de forma periódica y ver si sigue estando bien, puede esperar a recibir correos electrónicos histéricos procedentes de visitantes del sitio o simplemente puede no preocuparse por ello. También tiene la opción de poner a trabajar al API de Google.

Este programa le permite ofrecer una lista de URL y comprobarlos en el modo SafeSearch de Google. Si aparecen en el modo SafeSearch, probablemente están bien. Si no aparecen, significará que o bien no están en el índice de Google o no son los suficientemente buenos para pasar el filtro de Google. El programa comprueba a continuación los URL que faltan de SafeSearch con una búsqueda no filtrada. Si no aparecen en la búsqueda no filtrada, se considerarán no indexados. Si aparecen en una búsqueda no filtrada, se considerarán "sospechosos".

Advertencia

Aunque el filtro de Google SafeSearch es bueno, no es infalible. (todavía no he visto ningún sistema de filtrado que sea infalible). Así que, si ejecuta una lista de URL a través de este truco, y todos aparecen en una búsqueda SafeSearch, no lo tome como una garantía de que son todos completamente inofensivos. Tómelo exclusivamente como una indicación bastante buena de que lo son. Si quiere tener una certeza absoluta, tendrá que visitar con frecuencia cada uno de los enlaces de forma personal.

Aquí tiene una idea divertida si necesita un proyecto de investigación relacionado con Internet. Coja aproximadamente 500 nombres de dominio al azar, y ejecute este programa de la lista una vez a la semana

durante varios meses, guardando los resultados en un archivo cada
vez que lo haga. Sería interesante ver cuántos dominios/URL terminan
pasando el filtro *SafeSearch* a lo largo del tiempo.

El código

```perl
#!/usr/local/bin/perl
# suspect.pl
# Introduzca el URL en una búsqueda SafeSearch de Google. Si inurl: devuelve
# resultados, el URL no contiene probablemente contenido cuestionable.  Si
# inurl: no devuelve # resultados, puede que incluya contenido cuestionable
# o que no esté incluido en el índice de Google.

# Su clave de desarrollador del API de Google
my $google_key = 'put your key here';

# Ubicación del archivo WSDL GoogleSearch
my $google_wdsl = "./GoogleSearch.wsdl";

use strict;

use SOAP::Lite;

$|++; # se desactiva el buffer

my $google_search = SOAP::Lite->service("file:$google_wdsl");

# encabezado CSV
print qq{"url","safe/suspect/unindexed","title"\n};

while (my $url = <>) {
  chomp $url;
  $url =~ s!^\w+?://!!;
  $url =~ s!^www\.!!;

  # SafeSearch
  my $results = $google_search ->
      doGoogleSearch(
      $google_key, "inurl:$url", 0, 10, "false", "",  "true",
      "", "latin1", "latin1"
    );

  print qq{"$url",};

  if (grep /$url/, map { $_->{URL} } @{$results->{resultElements}}) {
    print qq{"safe"\n};
  }
  else {
    # búsqueda no filtrada
```

```
     my $results = $google_search ->
        doGoogleSearch(
        $google_key, "inurl:$url", 0, 10, "false", "",  "false",
        "", "latin1", "latin1"
     );

     # ¿No seguro o no incluido en el índice?
     print (
       (scalar grep /$url/, map { $_->{URL} } @{$results->{resultElements}})
          ? qq{"suspect"\n}
          : qq{"unindexed"\n}
       );
  }
}
```

Ejecutar el truco

Para ejecutar el truco, necesitará un archivo de texto que contenga los URL que desee comprobar, colocando cada uno en una línea. Por ejemplo:

```
http://www.oreilly.com/catalog/essblogging/
http://www.xxxxxxxxxx.com/preview/home.htm
hipporhinostricow.com
```

Este programa se ejecuta desde la línea de comando. Introduzca el nombre del *script*, un signo de menor que, y el nombre del archivo de texto que contenga los URL que desee comprobar. El programa devolverá resultados que tengan el aspecto siguiente:

```
% perl suspect.pl < urls.txt
"url","safe/suspect/unindexed"
"oreilly.com/catalog/essblogging/","safe"
"xxxxxxxxxx.com/preview/home.htm","suspect"
"hipporhinostricow.com","unindexed"
```

El primer elemento es el URL que se está comprobando. El segundo es, probablemente, el nivel de seguridad:

- safe

  El URL apareció en una búsqueda SafeSearch de Google para el URL.

- suspect

  El URL no apareció en una búsqueda SafeSearch de Google, pero sí lo hizo en una búsqueda sin filtrar.

- unindexed

  El URL no apareció ni en la búsqueda SafeSearch ni en una búsqueda no filtrada.

Puede redirigir la salida desde el *script* a un archivo para importarlo en una hoja de cálculo o en una base de datos:

```
% perl suspect.pl < urls.txt > urls.csv
```

Truco dentro del truco

Puede utilizar este truco de forma interactiva, introduciendo un URL cada vez. Llame al *script* con `perl suspect.pl`, pero no le introduzca un archivo de texto con los URL que desee comprobar. Introduzca un URL y pulse la tecla **Intro** de su teclado. El *script* responderá de la misma forma que lo hizo cuando se le dieron múltiples URL. Esto resulta práctico cuando sólo se necesita comprobar un par de URL en la línea de comando. Cuando esté listo para dejarlo, rompa el *script* utilizando **Control-D** en Unix o **Control-Pausa** en una línea de comando de Windows.

Aquí tiene una trascripción de una sesión interactiva con `suspect.pl`:

```
% perl suspect.pl
"url","safe/suspect/unindexed","title"
http://www.oreilly.com/catalog/essblogging/
"oreilly.com/catalog/essblogging/","safe"
http://www.xxxxxxxxxx.com/preview/home.htm
"xxxxxxxxxx.com/preview/home.htm","suspect"
hipporhinostricow.com
"hipporhinostricow.com","unindexed"
^d
%
```

TRUCO 82 Distribución de los resultados de búsqueda de Google

Convertir los resultados de Google en RSS adecuados para la distribución o incorporación en su propio sitio Web.

RSS es un formato de distribución basado en XML utilizado por los sitios Web para proporcionar resúmenes de su contenido para una distribución abierta. El contenido distribuido en RSS se incorpora a sitios Web, es agregado por los servicios de noticias, y consumido por lectores de noticias RSS similares similares en forma a los antiguos lectores de noticias de Usenet.

Este truco convierte conjuntos de resultados de búsqueda de Google a formato RSS para su distribución. Puede encontrar el código fuente C# .NET y las instrucciones completas en `http://www.razorsoft.net/weblog/stories/2002/04/13/google2rss.html`.

Ejecutar el truco

Google2RSS es una utilidad de línea de comando. Para ejecutarla, tendrá que tener un ordenador Windows que tenga instalado el marco de trabajo .NET. Si desea compilarlo desde el código fuente por usted mismo, necesitará tener también el marco de trabajo .NET SDK. Acepta una gran cantidad de modificadores de línea de comando, y todos ellos están documentados en el sitio Google2RSS.

Aquí tiene una ejecución de muestra de Google2RSS, una búsqueda SafeSearch para Google API:

```
google2rss.exe -key "12BuCK13mY5h0E/34KN0cK@ttH3Do0R" -query "Google
API" -safesearch true -filter true -title "Tracking the Google API" -
link http://
www.example.com/API -description "Tracking the Google API Mentions in
Google" -webMaster info@example.com -outfile "googleapi.rss"
```

Esto producirá un documento RSS adecuado para ser consumido por cualquier herramienta, aplicación o servicio RSS. Colóquelo en su directorio de documento del servidor Web y anuncie su ubicación para que otros puedan utilizarlo. Incorpórelo a su propia página Web utilizando cualquier herramienta apropiada.

TRUCO 83 Búsquedas en los temas de Google

Un truco que ejecuta una búsqueda frente a los temas especializados disponibles en el API de Google.

Google no habla demasiado sobre ello, pero pone a su disposición búsquedas Web especializadas. Y no hablo sólo de búsquedas limitadas a un determinado dominio. Hablo de búsquedas dedicadas a un tema en particular. El API de Google pone a su disposición cuatro de esas búsquedas: el gobierno de los EEUU, Linux, BSD y Macintosh.

En este truco veremos un programa que toma una búsqueda de un formulario y proporciona un recuento de esa búsqueda en cada tema especializado, así como un recuento de los resultados para cada tema. Este programa se ejecuta via formulario.

¿Por qué utilizar la búsqueda por tema?

¿Por qué querría llevar a cabo una búsqueda por tema? Porque Google contiene actualmente en su índice más de tres mil millones de páginas. Si trata de llevar a cabo algo más que búsquedas muy específicas, puede encontrarse con una cantidad excesiva de resultados. Si acota su búsqueda por tema, puede obtener buenos resultados sin tener que ajustar excesivamente su búsqueda.

También puede utilizarla para llevar a cabo investigación decididamente no científica. ¿Qué tema contiene más iteraciones de la frase *"open source"* (código abierto)? ¿Cuál contiene más páginas procedentes de dominios `.edu` (educativos)? ¿Qué tema, Macintosh o FreeBSD, tiene más cosas sobre interfaces de usuario? ¿Qué tema ofrece más cosas para los fans de los Monty Python?

El código

```perl
#!/usr/local/bin/perl
# gootopic.cgi
# Búsquedas en los temas de Google (y en todo Google), que devuelven
# el número de resultados y el resultado más importante para cada tema.
# Se llama a gootopic.cgi como un CGI con entrada de formulario

# Su clave de desarrollador del API de Google
my $google_key='insert key here';

# Ubicación del archivo WSDL GoogleSearch
my $google_wdsl = "./GoogleSearch.wsdl";

# Temas de Google
my %topics = (
    ''        => 'All of Google',
   unclesam => 'U.S. Government',
   linux    => 'Linux',
   mac      => 'Macintosh',
   bsd      => 'FreeBSD'
);

use strict;

use SOAP::Lite;
use CGI qw/:standard *table/;

# Mostrar el formulario de búsqueda
print
   header(  ),
   start_html("GooTopic"),
   h1("GooTopic"),
   start_form(-method=>'GET'),
   'Query: ', textfield(-name=>'query'), '   ',
   submit(-name=>'submit', -value=>'Search'),
   end_form(  ), p(  );

my $google_search  = SOAP::Lite->service("file:$google_wdsl");

# Llevar a cabo las búsquedas, una para cada área de tema
```

```
if (param('query')) {
  print
    start_table({-cellpadding=>'10', -border=>'1'}),
    Tr([th({-align=>'left'}, ['Topic', 'Count', 'Top Result'])]);

  foreach my $topic (keys %topics) {

    my $results = $google_search ->
      doGoogleSearch(
        $google_key, param('query'), 0, 10, "false", $topic,  "false",
        "", "latin1", "latin1"
      );

    my $result_count = $results->{'estimatedTotalResultsCount'};

    my $top_result = 'no results';

    if ( $result_count ) {
      my $t = @{$results->{'resultElements'}}[0];
      $top_result =
        b($t->{title}||'no title') . br( ) .
        a({href=>$t->{URL}}, $t->{URL}) . br( ) .
        i($t->{snippet}||'no snippet');
    }

    # Salida
    print Tr([ td([
      $topics{$topic},
      $result_count,
      $top_result
      ])
    ]);
  }

  print
    end_table( ),
}

print end_html( );
```

Ejecutar el truco

El código del formulario está incorporado en el truco, así que llame al truco con el URL del *script* CGI. Por ejemplo, si estuviera ejecutando el programa en `researchbuzz.com` y se llamara a `gootopics.pl`, mi URL sería `http://www.researchbuzz.com/cgi-bin/gootopic.cgi`.

Proporcione una búsqueda y el *script* la buscará en cada área de temas especializados, ofreciéndole un recuento global (en todo Google), un recuento por área de tema, y el resultado más importante para cada uno. La figura 6.21 muestra una ejecución de búsqueda para "*user interface*", en la que aparece Macintosh en primer lugar.

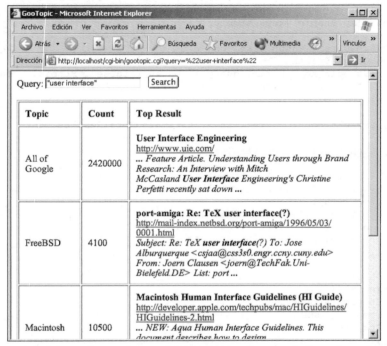

Figura 6.21. Búsqueda por temas del API de Google para la frase "*user interface*".

Ideas de búsqueda

Tratar de calcular cuántas páginas encuentra cada tema para determinados dominios de alto nivel (por ejemplo, .com, .edu, .uk) es bastante interesante. Puede llevar a cabo una búsqueda para `inurl:xx site:xx`, donde `xx` es el dominio de alto nivel que le interesa. Por ejemplo, `inurl:va site:va` busca cualquier página del Vaticano en los distintos temas; no hay ninguna. `inurl:mil site:mil` encuentra un abrumador número de resultados en el tema especializado de los Estados Unidos.

Si está de humor para juegos, trate de encontrar las búsquedas más extrañas posibles que aparecen en todos los temas especializados. "Papa Smurf" (papá pitufo) es una búsqueda tan buena como cualquier otra. De hecho, en el momento de escribir este libro, la búsqueda tiene más resultados en la búsqueda especializada en el tema del gobierno estadounidense que en cualquiera de los otros.

Encontrar la página más grande

TRUCO 84

Todos conocemos el Voy a tener suerte de Google. ¿Qué me dice de sentirse grande, en lugar de afortunado?

Google ordena sus resultados de búsqueda por el ranking de página. Tiene sentido. Sin embargo, hay veces en las que pueda tener un enfoque sustancialmente distinto en mente, y quiera que las cosas se organicen de otra forma. La antigüedad es una de las que se nos ocurren. El tamaño es otra.

De la misma forma que el botón **Voy a tener suerte** le redirige al resultado de búsqueda con el ranking de página más alto, este truco le envía directamente a la página de mayor tamaño (en Kilobytes).

Este truco funciona bastante bien en combinación con la repetición de palabras clave.

El código

```perl
#!/usr/local/bin/perl
# goolarge.cgi
# Imitando a "Voy a tener suerte", redirige el navegador al documento
# más grande (tamaño en K) encontrado en los primeros n resultados. n es
# establecido por el número
# de bucles por cada 10 resultados.
# se llama a goolarge.cgi como un CGI con entrada de formulario

# Su clave de desarrollador del API de Google
my $google_key='insert key here';

# Ubicación del archivo WSDL GoogleSearch
my $google_wdsl = "./GoogleSearch.wsdl";

# Número de veces de realización del bucle, devolviendo 10 resultados
# cada vez
my $loops = 10;

use strict;

use SOAP::Lite;
use CGI qw/:standard/;

# Mostrar el formulario de búsqueda
unless (param('query')) {
  print
    header( ),
    start_html("GooLarge"),
```

```
        h1("GooLarge"),
        start_form(-method=>'GET'),
        'Query: ', textfield(-name=>'query'),
        '   ',
        submit(-name=>'submit', -value=>"I'm Feeling Large"),
        end_form( ), p( );
    }

    # Ejecutar la búsqueda
    else {
      my $google_search  = SOAP::Lite->service("file:$google_wdsl");
      my($largest_size, $largest_url);

      for (my $offset = 0; $offset <= $loops*10; $offset += 10) {

        my $results = $google_search ->
          doGoogleSearch(
            $google_key, param('query'), $offset,
            10, "false", "",  "false", "", "latin1", "latin1"
          );

        @{$results->{'resultElements'}} or print p('No results'), last;

        # Seguir la pista del tamaño mayor y de su URL asociado
        foreach (@{$results->{'resultElements'}}) {
          substr($_->{cachedSize}, 0, -1) > $largest_size and
            ($largest_size, $largest_url) =
            (substr($_->{cachedSize}, 0, -1), $_->{URL});
        }
      }

      # Redirigir el navegador al resultado más grande
      print redirect $largest_url;
    }
```

Ejecutar el truco

Llame al *script* CGI en su navegador Web. Introduzca una búsqueda y haga clic en el botón correspondiente (**I'm Feeling Large**). Se verá directamente transportado a la página de mayor tamaño coincidente con su búsqueda, dentro de un número específico de resultados.

Ejemplos de utilización

Quizá esté buscando información bibliográfica sobre una persona famosa. Puede encontrarse con que una búsqueda normal de Google no le ofrece más que una mención en una gran cantidad de páginas Web de contenidos superficiales. Si ejecuta esa misma búsqueda a través de este truco, en ocasiones encontrará páginas con extensivas bibliografías. Puede que esté buscando información sobre un estado. Pruebe a realizar búsquedas para el nombre del estado junto con información relacionada, como la divisa y la capital.

Truco dentro del truco

No hay realmente un truco dentro del truco, sino una pequeña modificación que puede llevarse a cabo. Cambiando el valor asignado a la variable $loops en my $loops = 10;, puede alterar el número de resultados que comprueba el *script* antes de redireccionarle a lo que ha encontrado como resultado de mayor tamaño. Recuerde, el número máximo de resultados es el número de bucles multiplicado por 10 resultados por bucle. El valor predeterminado de 10 considera los 100 resultados más importantes. Un valor de 5 para $loops consideraría sólo los 50 primeros; 20, los 200 primeros, etc.

 TRUCO 85 ## Acceso instantáneo por mensajes a Google

Acceder a Google con AOL Instant Messenger.

Si va a seguir profundizando en la interfaz de Google, ¿por qué molestarse en utilizar la Web? El API de Google hace posible el acceso a la información de muchas formas diferentes. Googlematic hace posible llevar a cabo una búsqueda en Google desde la comodidad de AOL Instant Messenger.

Así funciona: se envía un mensaje (una búsqueda de Google) al colega de Instant Messenger "googlematic". Googlematic le responderá con un mensaje que contiene los resultados más importantes para su búsqueda. Responda con *"More"* (más) y obtendrá más resultados formateados en forma de lista numerada. La figura 6.22 ilustra esto.

En la figura 6.23 puede observar el mensaje que contiene el número asociado con un resultado en particular para obtener más detalles.

Puede encontrar el *script*, mas instrucciones y vínculos a los módulos necesarios en http://interconnected.org/googlematic/.

El código

```perl
#!/usr/bin/perl -w
# googlematic.pl
# Proporciona una interfaz AIM a Google, utilizando el API SOAP de Google
# y POE para gestionar toda la actividad.
#
# Uso
```

```
# ./googlematic.pl &
#
# Requisitos
# - Googlematic::IM, Googlematic::Responder, Googlematic::Search,
#   que se distribuyen todos con este script
# - CGI
# - HTML::Entities
# - Net::AOLIM
# - POE
# - SOAP::Lite
# - XML::Parser
#
# Configuración esencial (debajo)
# - Nombre de usuario y contraseña de AIM (utilizados en
# Googlematic::IM)
# - Clave de desarrollador del API de Google (utilizada en
# Googlematic::Search)
#
# Configuración opcional (debajo)
# - Disminución de la petición de búsqueda (utilizada en
# Googlematic::Search)
# - Límite del número de sesiones de usuarios abiertas (utilizado en
# Googlematic::IM)
# - Límite de tiempo en una sesión de usuario (utilizado en
# Googlematic::Responder)
#
# (c) 2002 Matt Webb <matt@interconnected.org> All rights reserved

use strict;
use POE;

$| = 1;

use Googlematic::IM;
use Googlematic::Search;

# Variables de configuración
$Googlematic::CONFIG = {
  aim_username => "xxxxxxx",
  aim_password => "xxxxxxx",
  google_key   => "your key goes here",
  searches_per_hour => "35", # the Google limit is 1000/day
  max_user_sessions => "5",
  user_session_timeout => "120" # in seconds
};

# Hay dos sesiones POE:
# 1 - Googlematic::IM, conocida como 'im', se encarga de la conexión de
# Instant Messenger
#     y cuida las sesiones de usuarios (que son creadas como sesiones
#     POE nuevas, y denominadas Responders).
```

```
POE::Session->create(
  package_states => [
    Googlematic::IM => [
      '_start', 'login_aim', 'loop', 'spawner',
      'handler_aim', 'send', '_child', '_stop', 'proxy'
    ]
  ]
);

# 2 - Googlematic::Search, conocida como 'google', se encarga del objeto
# SOAP::Lite
#      que hace las búsquedas en Google. Las peticiones a éste se envían
# desde los
#      Responders individuales.
POE::Session->create(
  package_states => [
    Googlematic::Search => [
      '_start', 'loop', 'search', 'reset'
    ]
  ]
);

# Se ejecuta la máquina POE.
$poe_kernel->run(  );

exit;
```

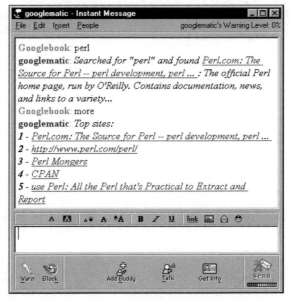

Figura 6.22. Búsqueda en googlematic a través de AOL Instant Messenger.

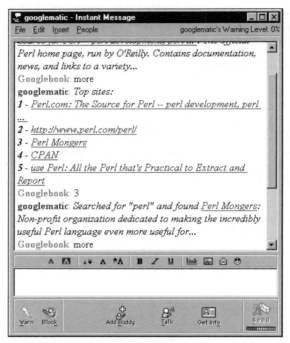

Figura 6.23. Petición de más detalles de un resultado procedente de googlematic.

Tara Calishain and Matt Webb.

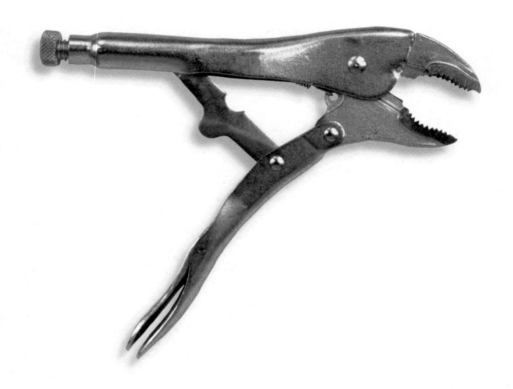

## CAPÍTULO 7

Bromas y juegos de Google

Trucos 86 a 92

La cultura de Internet tiene su propio sentido del humor, al estilo de los Monty Python. En consecuencia, no debería resultar sorprendente que tanto Google como su API hayan sido utilizados en una variedad de aplicaciones de búsqueda raras y claramente increíbles.

El hecho de divertirse con los motores de búsqueda no es algo nuevo. Diríjase a `http://www.cse.unsw.edu.au/~andrewm/misc/segames/`, una página entera de juegos con motores de búsqueda, entre los que se incluyen, lo crea o no, un juego para beber utilizando un motor de búsqueda. Los usuarios de los motores de búsqueda han descubierto asimismo que buscar determinadas frases en Google puede llevar a interesantes resultados. Y a principios del año pasado la idea del "bombardeo de Google" (grupos que tienen vínculos a sitios utilizando descripciones preacordadas para potenciar ese sitio en los resultados de búsqueda de Google) llegó a ser tan frecuente que hay rumores de que Google ha tomado medidas para evitar que esta práctica afecte a los listados de su índice.

Si tiene sentido del humor pero no tiene sentido de la programación, no se preocupe; puede llevar a cabo una serie de juegos decentes y divertirse un poco sin tener que escribir ni una sola línea de código. Por supuesto, si está utilizando el API de Google, contará con el poder de programación que le permitirá añadir fuerza y complejidad a sus bromas.

TRUCO 86

Búsqueda sin resultados (broma)

¿Quiere gastar una broma a sus amigos utilizando Google? Estas técnicas se asegurarán de que su búsqueda no tenga resultados.

¡Ah!, tomar el pelo utilizando un motor de búsqueda. No hay nada más divertido que aturdir a sus amigos con resultados de búsqueda totalmente extraños.

Una cosa divertida y sencilla es llevar a cabo una búsqueda que se consideraría extremadamente popular y configurarla para que no proporcione ningún resultado. Hay un par de formas de elaborar la broma. La primera es modificar el URL. La segunda consiste en crear una búsqueda que no devuelva resultados.

Modificar el URL

Se trata de modificar el URL para que la búsqueda no tenga resultados; sólo tiene que añadir el código que aparece a continuación al final del URL:

```
&num=-1
```

Incluso si existe un modificador num en el URL, al añadir otro al final se anula el primer valor. El cambio `&num=-1` informa a Google de que desea obtener -1 resultados. Como no es posible devolver -1 resultados, Google le proporcionará lo mejor opción siguiente: ninguno.

Modificar la búsqueda

Quizá no tenga la oportunidad de modificar el URL y tenga que proceder a modificar la búsqueda. Puede hacerlo creando una búsqueda con códigos de búsqueda especiales que no devuelvan resultados. Una forma sencilla de crear una búsqueda sin resultados es añadirle dos sintaxis `site::`

```
site:org site:com
```

Google funciona por defecto con AND; no puede encontrarse una página en el índice de Google que proceda de forma simultánea a los dominios `.org` y `.com`.

También puede buscar un sitio que sepa que no existe:

```
site:microsoft
```

`site:microsoft.com` es una búsqueda válida para la sintaxis del sitio, pero sólo `microsoft` (sin el sufijo `.com`) no lo es. En consecuencia, una búsqueda como `windows site:microsoft` le devolverá cero resultados.

Otra opción es engañar a Google especificando que algo debe y no debe incluirse al mismo tiempo. Esto funciona a la perfección con búsquedas realmente largas, de forma que la búsqueda que puede verse en el recuadro de búsqueda tenga un aspecto absolutamente normal. Pruebe ésta:

```
microsoft windows programming developer source -windows
```

El único problema es que Google hace eco de los términos de búsqueda en sus páginas de resultados así que, si hay alguien que presta atención, estos trucos no funcionarán. Un consejo: pruebe a realizarlos sólo con sus amigos menos observadores.

Finalmente, si la persona a la que le está gastando la broma no sabe mucho de la sintaxis de búsqueda por ámbito de fechas, también puede amañar una búsqueda con un ámbito de fechas falso. Utilice un número de cinco dígitos para el código, de forma que parezca medio auténtico pero que seguirá sin proporcionarle ningún resultado de búsqueda.

```
microsoft daterange:99991-99992
```

Comunicar la broma

Existen tres formas de comunicar la broma a sus víctimas. La primera es en persona. Si está trabajando en un ordenador con ellos, incluya un par de estas búsquedas y a continuación señale confundido la página de búsqueda de Google que no muestra resultados para Perl.

La segunda forma es enviar una búsqueda a la víctima. La mejor manera de hacer esto es utilizando una sintaxis especial que realmente no funcione, como `site:microsoft`.

Y la tercera forma es enviarle un URL a la víctima. Los URL de búsqueda de Google tienden a ser largos, por lo que quizá quiera utilizar uno de los servicios para acortar el URL antes de enviarlo. Si acorta el URL aproveche la oportunidad para colocarle un par de modificaciones de sintaxis especiales más elaboradas, como `site:com site:org`, o una búsqueda utilizando un ámbito de fecha falso.

TRUCO 87 Whacks de Google

Con más de dos mil millones de páginas en su índice, ¿es posible obtener sólo un resultado para una búsqueda?

Con un índice de más de dos mil millones de páginas, Google atrae una gran cantidad de interés por parte de las personas que realizan búsquedas. Se están probando nuevos métodos de búsqueda, se están explorando nuevas formas de clasificar la información y se están inventando nuevos juegos.

¿Que se están inventando nuevos juegos? Bueno, sí, en realidad sí. Esto es Internet, después de todo.

El término "*Google whacking*" fue acuñado por Gary Stock. La idea es encontrar una búsqueda de dos palabras que produzca sólo un resultado. Las dos palabras no deberían estar entre comillas (eso es demasiado sencillo) y deben encontrarse en el diccionario del propio Google (nada de nombres propios, palabras inventadas, etc.). Si el resultado procede de una lista de palabras, como un glosario o un diccionario, el *whack* se descalifica.

Si consigue dar con un *whack* de Google (y es más difícil de lo que parece), asegúrese de incluir su hallazgo en la lista del sitio oficial Whack Stack (`http://www.googlewhack.com/`). Es altamente recomendable leer los 2.000 *whacks* más recientes, si se le bloquea el cerebro y necesita un poco de inspiración en la búsqueda.

¿No consigue dar con una búsqueda que obtenga un único resultado (*whack*) en Google? Este truco puede ayudarle. Lo que hace es coger una palabra al azar de cada uno de los dos sitios "word of the day" (palabra del día) y busca en Google con la esperanza de encontrar un *whack* de Google (o, como dirían los jugadores con experiencia, "para ver si hacen un *whack*").

```perl
#!/usr/local/bin/perl
# google_whack.pl
# Una búsqueda de resultados únicos automatizada de Google.
# Uso: perl google_whack.pl

# Su clave de desarrollador del API de Google
my $google_key='insert key here';

# Ubicación del archivo WSDL GoogleSearch
my $google_wdsl = "./GoogleSearch.wsdl";

use strict;

# Se utilizan los módulos de Perl SOAP::Lite y LWP::Simple
use SOAP::Lite;
use LWP::Simple;

# Se generan números al azar que se utilizan como fechas para escoger
# la primera palabra al azar.
srand(  );
my $year  = int( rand(2) ) + 2000;
my $month = int( rand(12) ) + 1;
$month < 10 and $month = "0$month";
my $day = int( rand(28) ) +1;
$day < 10 and $day = "0$day";

# Se comprueba la primera palabra al azar en Dictionary.com
my $whackone =
    get("http://www.dictionary.com/wordoftheday/archive/$year/$month/
$day.html")
  or die "Couldn't get whack word 1: $!";
($whackone) =
  ($whackone =~ /<TITLE>Dictionary.com\/Word of the Day: (.*)<\/TITLE>/i);
```

```perl
# Se genera un año nuevo entre 1997 y 2000 para elegir
# la segunda palabra al azar
srand(  );
$year  = int( rand(5)  ) + 1997;

# Se comprueba la segunda palabra al azar en el ahora desaparecido Word
# of the Day
# de Maven's (menos mal que tenemos los archivos)
my $whacktwo =
  get("http://www.randomhouse.com/wotd/
index.pperl?date=$year$month$day")
  or die "Couldn't get whack word 2:: $!";
($whacktwo) = ($whacktwo =~ !m<h2><B>(.*)</b></h2>!i);

# Se elabora la búsqueda con las dos palabras al azar
my $query = "$whackone $whacktwo";

# Se crea una nueva instancia de SOAP::Lite, introduciendo
# GoogleSearch.wsdl
my $google_search = SOAP::Lite->service("file:$google_wdsl");

# Búsqueda Google
my $results = $google_search ->
    doGoogleSearch(
      $google_key, $query, 0, 10, "false", "",  "false",
      "", "latin1", "latin1"
    );

# Un único resultado significa un posible whack de Google
if ($results->{'estimatedTotalResultsCount'} == 1) {
  my $result = $results->{'resultElements'}->[0];
  print
    join "\n",
      "Probable Google whack for $query",
      "Title: " . $result->{title}||'no title',
      "URL: $result->{URL}",
      "Snippet: " . $result->{snippet}||'no title',
      "\n";
}

# Cualquier otra cosa no es un whack de Google
else {
  print "Google jack for $query, with " .
    $results->{'estimatedTotalResultsCount'}  . " results\n";
}
```

Ejecutar el truco

Simplemente llame al *script* en la línea de comandos, sin ningún otro argumento.

Los resultados

Aquí tiene un ejemplo de una sesión *whack* de Google. ¡Ya le advertí que era complicado!

```
% perl google_whack.pl Google jack for wan palooka, with 48 results
% perl google_whack.pl Google jack for hebetude Maisie, with 0 results
% perl google_whack.pl Google jack for lexicography doldrums,
   with 90 results
% perl google_whack.pl Google jack for foundling hokey,
   with 12 results
% perl google_whack.pl Google jack for cataract pettifogger,
   with 6 results
...
```

TRUCO 88

GooPoetry

Google tiene alma de poeta, o al menos sabe cómo mezclar una buena ensalada de palabras.

Quizá no se haya dado cuenta, pero con un poco de ayuda que le ofrece este truco, Google puede producir en masa poesía que le emocionará. Bueno, quizá no hasta ese punto, pero lo que sí es verdad es que Google puede ofrecer una combinación de palabras con sentido (en inglés).

Este truco coge una búsqueda y utiliza palabras al azar procedentes de los títulos devueltos por la búsqueda para escupir un poema con una longitud aleatoria. El usuario puede especificar un "sabor" de la poesía, añadiendo a la matriz palabras que deben utilizarse. Los estilos en esta versión del truco incluyen: *hippie*, *beatnik*, y *Swedish Chef.* Aquí tiene un panegírico al libro Camel Book, con sabor a Shakespeare:

```
-- 3rd alas! to the
O'Reilly thee |
2nd Camel Book
Catalog: | hither Book Welcome oreilly.com Edition --
2000 Programming The
-- Dictionary] Book sirrah alas!
-- Perl 2000 2nd
2000 node: Camel Dictionary] Better node: Jargon oreilly.com
thee thee -- oreilly.com Programming 2nd oreilly.com
```

El código

```
#!/usr/local/bin/perl
# goopoetry.cgi
# Genera una ensalada de palabras con sentido.
```

```
# se llama a goopoetry.cgi como un CGI con entrada de formulario

# Su clave de desarrollador del API de Google
my $google_key='insert key here';

# Ubicación del archivo WSDL GoogleSearch
my $google_wdsl = "./GoogleSearch.wsdl";

# Número de líneas por poema
my $numlines = 10;

# Número de palabras por línea
my $numwords = 6;

use strict;

use SOAP::Lite;
use CGI qw/:standard/;

my $flavors = {
  'Hippie' => ['wow', 'groovy man!', 'far out!', 'Right on!',
    'funky', 'outta sight', 'Like,','peace out!',
    'munchies'],
  'Beatnik' => ['daddy-o', 'long gone', 'hepcat', 'jazzy',
    'cool', 'hip','cool','jazzman','zoot'],
  'Shakespeare' => ['thee', 'hark!', 'forsooth,', 'alas!', 'sirrah',
    'hither', 'hence'],
  'Swedish Chef' => ['bork bork bork!', 'hmdordeborkbork', 'BORK!',
    'hrm de hr', 'bork?', 'hur chikee chikee'],
  'Default' => ['...', '!', '(?)', '---']
};

print
  header(  ),
  start_html("GooPoetry"),
  h1("GooPoetry"),
  start_form(-method=>'GET'),
  'Query: ', textfield(-name=>'query'),
  br(  ),
  'Flavor: ', popup_menu(
    -name=>'flavor', -values=>[keys %$flavors], -default=>'Default'
  ),
  br(  ),
  submit(-name=>'submit', -value=>'Toss that Word Salad'),
  end_form(), p(  );

if (param('flavor')) {
  my $google_search = SOAP::Lite->service("file:$google_wdsl");

  # Se crea una matriz para las palabras aleatorias
  my @words;
  # Se mezclan las palabras
```

```
push @words, @{$flavors->{param('flavor')}};

# Búsqueda Google
my $results = $google_search ->
  doGoogleSearch(
    $google_key, param('query'), 0, 10, "false", "", "false",
    "", "latin1", "latin1"
  );

# Se recogen y eliminan las palabras de los títulos de los resultados
foreach my $result (@{$results->{'resultElements'}}) {
  $result->{title} =~ s!\n!!g; # se eliminan las líneas falsas
  $result->{title} =~ s!!!g; # se eliminan todas las etiquetas HTML
  push @words, split /\s+/, $result->{title};
}

for (my $l = 0; $l <= $numlines; $l++) {
  # Se decide de forma aleatoria el número de palabras en esta oración
  for (my $w = 0; $w <= int(rand($numwords))+3; $w++) {
    print lc $words[rand(scalar @words)] . ' ';
  }
  print "";
}
}
```

Ejecutar el truco

Dirija su navegador al *script* CGI, rellene el formulario y haga clic en el botón **Toss that Word Salad**. Puede ver un ejemplo en la figura 7.1.

Truco dentro del truco

Puede que haya observado que este código no tiene un mensaje de error, en caso de que la búsqueda introducida no generara ningún resultado. Esto está hecho a propósito porque siempre hay una matriz "*flavor*" incluida en la matriz "*words*"; incluso una búsqueda que no genere resultados creará un poema. Por ejemplo, si estuviera con una búsqueda que no produjera resultados y estuviera utilizando el estilo *beatnik*, obtendría un poema con líneas como éstas:

```
cool jazzy
long gone jazzman long gone hepcat zoot
cool zoot zoot jazzman hepcat jazzman zoot long gone
```

Como puede ver, son sólo las palabras incluidas en el estilo *beatnik* que se repiten una y otra vez y no hay nada más en la matriz @words.

Puede añadir sabores/estilos a su propio contenido. Sólo tiene que añadir otra entrada en la estructura de datos $flavors. Digamos, por ejemplo, que desea añadir un estilo *confused*; tendría que agregar la línea que aparece en negrita justo después del my $flavors = {: de apertura.

```
my $flavors = {
  'Confused' => ['huh?', 'duh', 'what?', 'say again?',
    'do what now?', 'wubba?'],
  'Hippie' => ['wow', 'groovy man!', 'far out!', 'Right on!',
    'funky', 'outta sight', 'Like,','peace out!',
    'munchies'],
  'Beatnik' => ['daddy-o', 'long gone', 'hepcat', 'jazzy',
    'cool', 'hip','cool','jazzman','zoot'],
  'Shakespeare' => ['thee', 'hark!', 'forsooth,', 'alas!', 'sirrah',
    'hither', 'hence'],
  'Swedish Chef' => ['bork bork bork!', 'hmdordeborkbork', 'BORK!',
    'hrm de hr', 'bork?', 'hur chikee chikee'],
  'Default' => ['...', '!', '(?)', '---']
};
```

Esto es todo lo que hay que hacer. Acaba de añadir un nuevo estilo al truco.

También puede cambiar el número de líneas y el número máximo de palabras por línea del poema generado cambiando los valores de $numlines y $numwords, respectivamente. Sin embargo, he comprobado que los valores establecidos como predeterminados son bastante adecuados para crear "poesía" interesante; menos de 10 líneas no le permiten aplicar el estilo; más de 10, se repite con demasiada frecuencia.

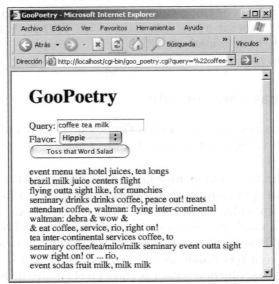

Figura 7.1. Poesía generada por Google.

TRUCO 89 Crear arte con Google

Guarde un mensaje de las noticias de Usenet para buscarlo y visualizarlo después en forma de obra de arte.

Google es poeta, chef, oráculo y un gran artista. ¿Quién sabe? Si le presta un poco de ayuda, Google puede ser el próximo Picasso.

Bueno, el próximo Whistler.

Está bien, Google puede ser Manolito, el de la clase de la señorita Josefina de tercero de la ESO.

Cuando busca algo en los Grupos de Google, las palabras aparecen destacadas en espléndidos colores primarios dentro de cualquier mensaje que examine. La búsqueda en la Web principal de Google también hace eso, pero sólo en la versión en caché. Esta idea fue llevada a cabo por personas con una mayor inclinación artística que la mía, y con mucho más tiempo; se trata de manipular los reflejos para crear obras de arte. Por ejemplo, puede ver un retrato de Lincoln en: `http://groups.google.com/groups?q=aa+ae+ao+ea+ee+eo+oa+oe&selm= 3e0d404c.0207241043.539ae9f7%40posting.google.com` y uno de Bart Simpson en `http://groups.google.com/groups?q=aa+ae+ao+ea+ee+eo& selm=3e0d404c.0207261202.a0246c1%40posting.google.com`.

Pero no se trata simplemente de poner una imagen en los Grupos de Google. Se trata de crear una imagen basada en texto en una cuadrícula, colocando en cada cuadro un código de dos letras, utilizando un color de la paleta de colores para destacar la sintaxis de Google. Hay que enviar esa "imagen" a un grupo de noticias de Usenet, esperar a que aparezca en los Grupos de Google y después buscarla utilizando la habilidad del URL.

Al menos, es así como se hizo…

Crear sus propias obras de arte

Crear su propias obras de arte de los Grupos de Google es tan sencillo como dibujar, gracias al Google Art Creator (`http://www.kryogenix.org/code/ browser/aqgoogle/`).

Si alguna vez ha utilizado incluso la más primitiva de las aplicaciones de dibujo por ordenador (por ejemplo, MacPaint en Macintosh o Paint en Windows), verá que esta herramienta es sencillísima. Haga clic en el color que desee utilizar y después haga clic en el recuadro que desee pintar. Utilice el blanco para borrar los errores que cometa. Puede ver mi obra maestra en la figura 7.2.

Una vez que haya terminado de dar los toques finales a su obra maestra, póngale un nombre escribiendo palabras clave en el cuadro de búsqueda que se le proporciona, y haga clic en el botón **Make post to Google**. En realidad no está enviando nada; lo que hace la herramienta es generar un mensaje que puede copiar y pegar en Google, como puede ver en la figura 7.3.

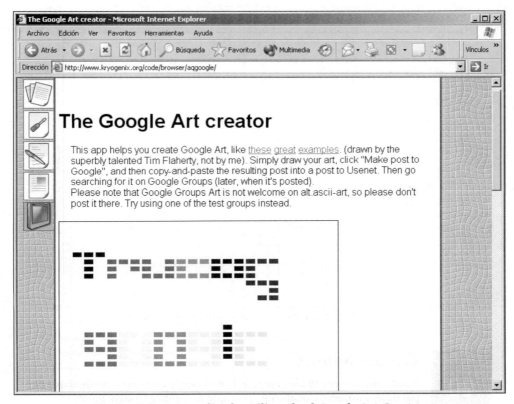

Figura 7.2. Arte realizado utilizando el Google Art Creator.

El mensaje es la parte del proceso que todavía tiene que hacerse de forma manual. Utilice su lector de noticias Usenet o utilice la funcionalidad de envío de los **Grupos** de Google. Haga lo que haga, no lo envíe a cualquier grupo; utilice uno de los grupos de prueba. Existe una enorme jerarquía en `alt.test` para que elija.

Espere.

Observe que el Google Art Creator no sólo proporciona el mensaje por sí mismo, sino que además le ofrece lo que tiene que buscar en los **Grupos** de Google. En mi caso, esto es `aa ae ai ao au ea ee ei eo "Trucos Google"`. Si todo va como está planeado, con un poco de paciencia y perseverancia, mi obra de arte debería mostrarse en los **Grupos** de Google en el plazo aproximado de un día.

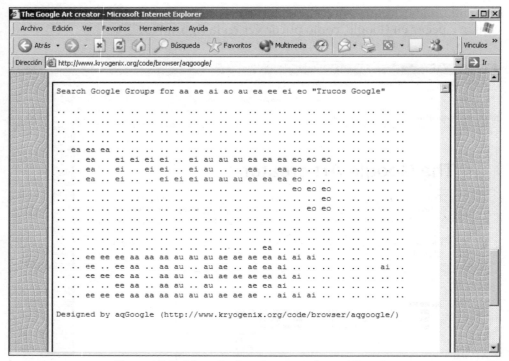

Figura 7.3. Mensaje de arte generado por Google.

 TRUCO
90

Google Bounce

Puede obtener resultados aleatorios de Google con una base de datos de palabras y números aleatorios. ¿Por qué no probar Google Bounce?

El Google Bounce acepta una palabra de búsqueda proporcionada por el usuario y lleva a cabo la búsqueda. Saca una palabra de título al azar de uno de los resultados de búsqueda y busca dicha palabra. Realiza esta búsqueda un número aleatorio de veces. Al final, ofrece una lista de los 10 resultados más importantes para la búsqueda final. Existe un filtro que trata de asegurar que las palabras comunes de Google (artículos, preposiciones, etc.) se eliminan de dicha búsqueda.

El código

```
#!/usr/local/bin/perl
# Versión 1.3, 7/29/2002
# googlebounce.cgi
```

```perl
# Salto de una búsqueda especificada por el usuario a un conjunto aleatorio
# de resultados.
# se llama a googlebounce.cgi como un CGI con entrada de formulario

use vars qw/$google_key $google_wsdl $max_bounces $current_bounce/;

# Su clave de desarrollador del API de Google
$google_key='insert key here';

# Ubicación del archivo WSDL GoogleSearch
$google_wdsl = "./GoogleSearch.wsdl";

use SOAP::Lite;

use LWP::Simple qw/get/;
use CGI qw/:standard/;

print
  header( ),
  start_html("GoogleBounce"),
  h1("GoogleBounce"),
  start_form(-method=>'GET'),
  'Query: ', textfield(-name=>'query'),
  '   ',
  submit(-name=>'submit', -value=>'Search'),
  end_form( ), p( );

print "\n"x4;

if (param('query')) {
  $|++; # turn off buffering

  print h3("Progress Report...");

  # Se selecciona un número aleatorio de saltos
  $max_bounces = int(rand(5))+2;

  # Se configura el contador para que salte en el número 1
  $current_bounce = 1;
  bounce(param('query'));
}

sub bounce {
  my($query) = @_;
  my $new_query;

  # Se filtra la búsqueda para encontrar palabras demasiado comunes
  my $stopwords_regex = join '|', qw/the and -- - 1 www com of is a/;

  #$query =~ s/$stopwords_regex//gi;

  # Se selecciona un número aleatorio de resultados
```

```perl
my $max_results = int(rand(9))+2;

my $google_search  = SOAP::Lite->service("file:$google_wdsl");

my $results = $google_search ->
  doGoogleSearch(
    $google_key, $query, 0, $max_results,
    "false", "",  "false", "", "latin1", "latin1"
  );

# Informe de progreso
print
  join br(  )."\n",
    "<p>Bounce $current_bounce of $max_bounces",
    "Searching for:$query",
    "Asking for $max_results results",
    "Got " . scalar @{$results->{resultElements}}  . " results</p>";

my $new_query;
for (my $ii = $#{$results->{resultElements}}; $ii >= 0; $ii--) {
  $new_query = $results->{resultElements}->[$ii]->{title};
  $new_query  =~ s!<.+?>!!g; # drop all HTML tags
  $new_query =~ /\w/ and last;
}

# Si hay una nueva búsqueda, y no estamos superados, se vuelve a
# realizar el salto  ++$current_bounce <= $max_bounces and
  $new_query =~ /\w/ and
    $new_result = bounce($new_query) and
      return $new_result;

# En caso contrario, se imprimen los 10 resultados más importantes
# para la búsqueda final
print h3("Final Results...");

my $google_search = SOAP::Lite->service("file:$google_wdsl");

my $results = $google_search ->
  doGoogleSearch(
    $google_key, $query, 0, 10,
    "false", "",  "false", "", "latin1", "latin1"
  );

@{$results->{'resultElements'}} or print "None";

foreach (@{$results->{'resultElements'}}) {
  print p(
    b($_->{title}||'no title'), br(  ),
    a({href=>$_->{URL}}, $_->{URL}), br(  ),
    i($_->{snippet}||'no snippet')
  );
}
```

```
  print end_html(  );
  exit;
}
```

Puede ver los resultados en la figura 7.4.

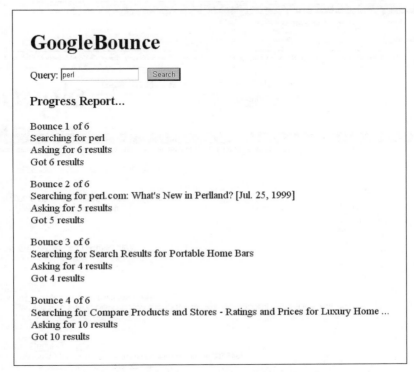

Figura 7.4. Resultados de Google Bounce para perl.

TRUCO
91

Google Mirror

Si quiere tener una perspectiva diferente de Google, pruebe el Google Mirror.

En Internet, un *"mirror"* (espejo) es un sitio que copia el contenido de otro sitio. Pero el de Google es un espejo en el sentido tradicional; es la imagen de Google al revés.

El Google Mirror de Antoni Chan (http://www.alltooflat.com/geeky/elgoog/), que puede ver en la figura 7.5, copia la página principal de Google mostrando toda la imagen como si se viera a través de un espejo, incluyendo el gráfico. Es también un motor de búsqueda activo, (aunque tendrá que introducir su búsqueda al revés ;-). Si quisiera encontrar, por ejemplo, la palabra "*fred*," tendría que buscar "*derf*". Naturalmente, los resultados de búsqueda aparecen también como si se reflejaran en el espejo.

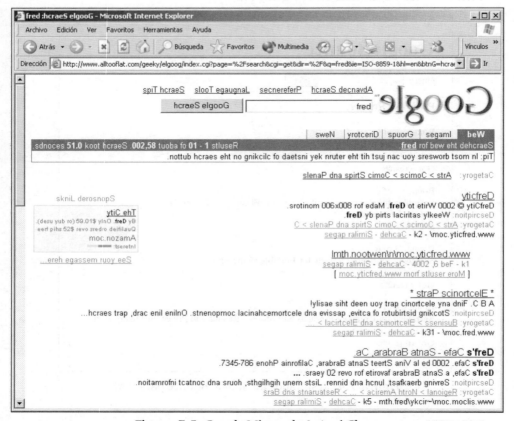

Figura 7.5. Google Mirror de Antoni Chan.

De hecho, prácticamente cualquier página que pueda visitar en un sitio normal de Google tiene su versión en espejo aquí. Puede leer copias en espejo de publicaciones de prensa de Google, ofertas de empleo (figura 7.6), e incluso copias invertidas de logos oficiales.

Lo único que no pude hacer en el sitio Google Mirror fue configurar las opciones de idioma a otra lengua que no fuera inglés. Parece que la interfaz Google Mirror no puede aceptar las *cookies* que Google necesita para configurar las preferencias de idioma. Me imagino que si leer inglés al revés resulta divertido, leer "Bork Bork Bork!" (la interfaz del chef suizo) hubiera sido para partirse.

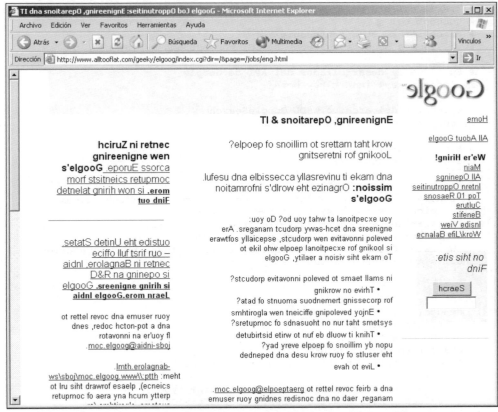

Figura 7.6. Página de empleo de Google vista a través del Google Mirror.

Encontrar recetas

TRUCO 92

Deje que el API de Google transforme esos ingredientes que guarda en su frigorífico en una cena maravillosa.

Google puede ayudarle a encontrar noticias, catálogos, debates, páginas Web y muchas más cosas, ¡incluso puede ayudarle a decidir qué hacer para cenar esta noche! Este truco utiliza el API de Google para transformar el conjunto de ingredientes aleatorios que tenga en su frigorífico en una estupenda cena. Bueno, tiene que ayudar un poco con cierto trabajo. Pero todo empieza con este truco.

Utilizar el truco

Este truco viene con un formulario incluido que llama a la búsqueda y al tipo de receta, por lo que no hay necesidad de configurar un formulario separado.

```perl
#!/usr/local/bin/perl
# goocook.cgi
# Encontrar recetas con google
# se llama a goocook.cgi como un CGI con entrada de formulario

# Su clave de desarrollador del API de Google
my $google_key='insert key here';

# Ubicación del archivo WSDL GoogleSearch
my $google_wdsl = "./GoogleSearch.wsdl";

use SOAP::Lite;
use CGI qw/:standard/;

my %recipe_types = (
  "General"            => "site:allrecipes.com | site:cooking.com |
site:epicurious.com | site:recipesource.com",
  "Vegetarian/Vegan"   => "site:fatfree.com | inurl:veganmania |
inurl:vegetarianrecipe | inurl:veggiefiles",
  "Wordwide Cuisine" => "site:Britannia.org | inurl:thegutsygourmet |
inurl:simpleinternet | inurl:soupsong"
);

print
  header( ),
  start_html("GooCook"),
  h1("GooCook"),
  start_form(-method=>'GET'),
  'Ingredients: ', textfield(-name=>'ingredients'),
  br( ),
  'Recipe Type: ', popup_menu(-name=>'recipe_type',
    -values=>[keys %recipe_types], -default=>'General'),
  br( ),
  submit(-name=>'submit', -value=>"Get Cookin'!"),
  submit(-name=>'reset', -value=>"Start Over"),
  end_form( ), p( );

if (param('ingredients')) {
  my $google_search  = SOAP::Lite->service("file:$google_wdsl");
  my $results = $google_search ->
    doGoogleSearch(
      $google_key,
      param('ingredients') . " " . $recipe_types{param('recipe_type')},
      0, 10, "false", "",  "false", "", "latin1", "latin1"
    );

  @{$results->{'resultElements'}} or print "None";
  foreach (@{$results->{'resultElements'}}) {
    print p(
      b($_->{title}||'no title'), br( ),
      a({href=>$_->{URL}}, $_->{URL}), br( ),
      i($_->{snippet}||'no snippet')
```

```
        );
    }
}

print end_html( );
```

Truco dentro del truco

Está claro que la forma más obvia de modificar este truco es añadiéndole nuevas opciones de receta. Esto implica encontrar primero nuevos sitios de recetas para poder añadirlos posteriormente al truco.

Encontrar nuevos dominios de recetas

El hecho de añadir nuevos sitios de recetas conlleva encontrar los dominios en los que desee buscar. Utilice la sección de cocina (Cooking) en el Directorio de Google para encontrar las recetas, en inglés; empiece por las colecciones de recetas que encontrará en http://directory.google.com/Top/Home/Cooking/ Recipe_Collections/.

A partir de ahí, encuentre lo que quiere y elabórelo en un suplemento de búsqueda, como el que aparece en el formulario, entre paréntesis, separando cada elemento por un signo |. Recuerde que si utiliza la sintaxis site: significará que está buscando un dominio completo. Así que si encuentra un fantástico sitio de recetas en http://www.geocities.com/reallygreat/food/recipes/, no utilice la sintaxis site: para buscar en él, utilice en su lugar la búsqueda inurl: (inurl:geocities.com/reallygreat/food/recipes). Sólo tiene que recordar que añadir algo así reduce en gran medida su límite de búsqueda de diez palabras.

Veamos un ejemplo. La sección Cookbook (libro de cocina) del Directorio de Google en su versión en inglés tiene una sección Seafood (marisco) con varios sitios. Saquemos cinco ejemplos de ahí y convirtámoslos en un suplemento de búsqueda. Éste es el aspecto que podría tener uno:

```
(site:simplyseafood.com | site:baycooking.com | site:coastangler.com |
site:welovefish.com | site:sea-ex.com)
```

A continuación, comprobamos en Google el suplemento de búsqueda, añadiéndole un término de búsqueda y ejecutándolo como búsqueda, por ejemplo:

```
salmon (site:simplyseafood.com | site:baycooking.com |
site:coastangler.com | site:welovefish.com | site:sea-ex.com)
```

Ejecute varias búsquedas diferentes con palabras de búsqueda distintas y asegúrese de que obtiene un número decente de resultados. Una vez que esté seguro de que está recibiendo una buena selección de recetas, tendrá que añadir esta nueva opción al truco. Tendrá que añadirlo a esta parte del código:

```
my %recipe_types = (
  "General"               => "site:allrecipes.com | site:cooking.com |
site:epicurious.com | site:recipesource.com",
  "Vegetarian/Vegan"  => "site:fatfree.com | inurl:veganmania |
inurl:vegetarianrecipe | inurl:veggiefiles",
  "Wordwide Cuisine" => "site:Britannia.org | inurl:thegutsygourmet |
inurl:simpleinternet | inurl:soupsong"
);
```

Simplemente añada el nombre con el que desea denominar la opción, el signo =>, y la cadena de búsqueda. Asegúrese de añadirlo antes del paréntesis de cierre y el punto y coma.

```
my %recipe_types = (
  "General"               => "site:allrecipes.com | site:cooking.com |
site:epicurious.com | site:recipesource.com",
  "Vegetarian/Vegan"  => "site:fatfree.com | inurl:veganmania |
inurl:vegetarianrecipe | inurl:veggiefiles",
  "Wordwide Cuisine" => "site:Britannia.org | inurl:thegutsygourmet |
inurl:simpleinternet | inurl:soupsong"

  "Seafood" =>  "site:simplyseafood.com | site:baycooking.com |
site:coastangler.com | site:welovefish.com | site:sea-ex.com"

);
```

Puede añadir tantos conjuntos de búsqueda como quiera al truco. Puede que desee añadir comida china, postres, sopas, ensaladas o el número de elementos que quiera de cualquier otra opción.

Tara Calishain and Judy Hourihan

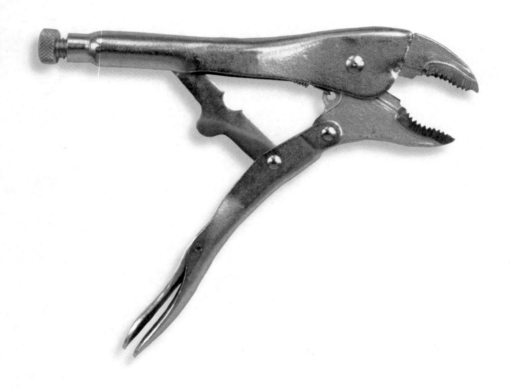

## CAPÍTULO 8

El lado del webmaster de Google

Trucos 93 a 100

Puede que se esté preguntando por qué hay una sección de Google para webmasters en este libro. Después de todo, se trata de aprender cómo sacar el máximo partido de Google, y no de cómo ser webmaster, ¿verdad? Incluso si no es propietario de un sitio Web comercial, e incluso si no pretende conseguir el máximo tráfico del mayor número de motores de búsqueda posibles, es fundamental que comprenda cómo trata Google a los motores de búsqueda.

Preeminencia de Google

Cuando la Web era más joven, el campo del motor de búsqueda era todo excepto abierto. Había una gran cantidad de motores de búsqueda principales, entre los que se incluían: AltaVista, Excite, HotBot y Webcrawler. Esta proliferación de motores de búsqueda tenía sus ventajas y sus desventajas. Una de las desventajas era que tenía que asegurarse de haber enviado la búsqueda a varios sitios diferentes. Una de las ventajas es que tenía varias entradas de tráfico producido por motores de búsqueda. A medida que el número de motores de búsqueda disminuye, el índice de Google (y su influencia) crecen. No tiene que preocuparse de enviar a distintos sitios, pero tiene que ser consciente de Google en todas las ocasiones.

La importancia de Google para los webmasters

Pero, ¿Google no es simplemente un sitio Web de motor de búsqueda como cualquier otro? De hecho, su alcance es mucho mayor que ése. Google se asocia con otros sitios para utilizar los resultados del índice de Google, entre los que se incluyen AOL y Yahoo!; por no mencionar la multitud de sitios que utilizan el API de Google. Así que cuando piense en visitantes potenciales procedentes de los resultados de búsqueda de Google, tiene que ir más allá de las fronteras de los sitios de búsqueda tradicionales. Cada vez es más importante lo que Google piensa sobre su sitio. Esto significa que tiene que asegurarse de que su sitio se atiene a las reglas de Google o correrá el riesgo de no ser seleccionado. Si está muy preocupado acerca del tráfico del motor de búsqueda, tendrá que asegurarse de que su sitio está optimizado para atraer la atención de Google, de forma que aparezca en su índice de una manera efectiva. Y si está preocupado porque Google no incluye en sus páginas determinadas partes de su sitio Web, tendrá que comprender los pormenores de la configuración de su archivo `robots.txt` para reflejar sus preferencias.

El misterioso ranking the página

Oirá que mucha gente habla del ranking de página (PageRank) de Google, alardeando de alcanzar los puestos siete u ocho del ranking y hablando en voz baja de los sitios que han conseguido llegar a nueve o diez. Los ranking de página van desde 0 (sitios que no han sido clasificados o que han sido penalizados) hasta 10 (reservado sólo a los sitios más populares, tales como Yahoo! y el propio Google). El único lugar en el que puede ver el ranking de página de un URL determinado es desde la barra de herramientas de Google, aunque puede hacerse una idea de la popularidad en el Directorio de Google. Los listados del Directorio de Google contienen una barra de color verde que le permite hacerse una idea de la popularidad de los elementos del listado sin tener un número exacto. Google nunca ha proporcionado la formula utilizada para calcular su PageRank, así que todo lo que encuentre en este libro es pura conjetura. Y no me sorprendería enterarme de que está cambiando continuamente; como hay millones de personas que prueban una enorme cantidad de cosas para tratar de asegurarse de que sus páginas tienen un mejor ranking, Google se ha visto obligado a tener en cuenta estos esfuerzos y (a veces), a reaccionar contra ellos. ¿Por qué es tan importante el ranking de página? Porque Google lo utiliza como uno de los aspectos que tiene en cuenta para determinar la clasificación de un URL particular entre millones de posibles resultados de búsqueda, pero éste es sólo un aspecto. El resto viene determinado por el algoritmo de ranking de Google.

El igualmente misterioso algoritmo

Si pensaba que Google era oscuro en lo que se refiere a la forma en la que determina su PageRank, verá que es absolutamente cerrado en lo que se refiere al algoritmo del ranking, la forma en la que Google determina el orden de los resultados de búsqueda. Los artículos incluidos en este libro pueden darle una serie de ideas pero, también en este caso, son sólo conjeturas y, además, están cambiando continuamente. Lo mejor que puede hacer es crear un sitio Web rico en contenidos y actualizarlo con frecuencia. Google aprecia los buenos contenidos.

Por supuesto, el hecho de aparecer en las listas proporcionadas por el índice de Google no es la única forma de dar a conocer su sitio. Tiene también la opción de anunciarse en Google.

Programas de anuncios de Google

Si la idea que le viene a la mente cuando piensa en la publicidad en Internet incluye gente en trajes de Armani que se ven obligados a meter enormes cantidades de dinero en cámaras acorazadas, reflexione. Los enormes presupuestos de anuncios son tales hasta 1999. Los programas AdWords de Google permiten incluso a un anunciante pequeño dar a conocer su publicidad basada en palabras clave en los resultados de búsqueda de Google (o incluso en los resultados por palabra clave de sitios asociados con Google, si lo desea). En esta sección, Andrew Goodman le proporcionará una serie de trucos de cómo sacar el máximo partido al programa Adwords de Google y le proporcionaremos un programa para importar HTML que le ayudará a guardar AdWords de páginas de resultados si está llevando a cabo una pequeña investigación.

Mantenerse al día con los cambios de Google

A causa de la posición destacada que tiene Google en el mundo de los motores de búsqueda y con tantos webmaster que buscan el tráfico de Google, puede suponer que hay una gran cantidad de debates sobre Google en distintos lugares de la red. ¡Está en lo cierto! Mi sitio favorito para enterarme de noticias y cotilleos sobre Google es Webmaster World. No es muy frecuente que se puedan poner juntas las palabras "civilizados" y "foros online", pero aquí puedo hacerlo. La conversación en este sitio es agradable, informativa y, en general, tranquila. He aprendido mucho en este sitio.

En una palabra: Relájese

Una de las cosas que he aprendido es que mucha gente pasa una gran cantidad de tiempo preocupándose de cómo funciona Google y, lo que es más, se preocupan de cómo pueden conseguir el puesto más alto en el ranking.

Puedo entender su preocupación, porque el tráfico en un motor de búsqueda significa mucho en un negocio online. Pero los demás deberíamos simplemente relajarnos. Mientras nos concentremos en un buen contenido que resulte interesante para los visitantes (y no sólo para los programas automatizados de navegación), los algoritmos del ranking de Google valorarán nuestros sitios.

TRUCO 93 Introducción del webmaster en Google

Pasos que hay que seguir para conseguir la forma óptima de incluir su sitio en el índice de Google.

La piedra angular de cualquier buen motor de búsqueda son los resultados altamente relevantes. El éxito sin precedentes de Google se debe a su asombrosa capacidad de hacer coincidir la información de calidad con los términos de búsqueda del usuario. El núcleo de los resultados de búsqueda de Google se basa en un algoritmo patentado que se denomina PageRank.

Hay toda una industria con el objetivo de hacer que los sitios Web se sitúen cerca de la cumbre de los motores de búsqueda. Google ha demostrado ser el motor de búsqueda más estricto para que un determinado sitio pueda hacerlo bien. Incluso así, no es tan difícil que un nuevo sitio Web aparezca en la lista y comience a recibir tráfico procedente de Google.

Aprender los pormenores de hacer que su sitio aparezca en los listados de cualquier motor de búsqueda puede resultar una tarea desalentadora. Existe una inmensa matriz de información sobre los motores de búsqueda en la Web, y no todo es útil o adecuado. Este debate sobre cómo hacer que su sitio se incluya en la base de datos de Google se centra en técnicas a largo plazo que harán que su sitio se promueva con éxito en Google. Se trata de alejarse de algunas de las ideas falsas y de los problemas más comunes a los que se enfrenta el propietario de un nuevo sitio Web.

Fundamentos del motor de búsqueda

Cuando se introduce un término en un motor de búsqueda, éste localiza las posibles coincidencias en su base de datos. A continuación, presenta la mejor página Web que coincida en primer lugar. Cómo entran esas páginas Web en la base de datos y, en consecuencia, cómo hacer que la suya se coloque ahí también, supone un proceso de tres pasos:

1. Un motor de búsqueda visita un sitio con un programa automatizado llamado *spider* (en ocasiones se denominan también robots). Son simplemente programas similares a un navegador Web que descargan las pági-

nas de su sitio. No muestran realmente la página en ningún sitio, simplemente descargan los datos de la página.

2. Una vez que este programa adquiere la página, el motor de búsqueda pasa la página a un programa denominado indexador. Un indexador es otro programa robótico que extrae la mayor parte de los fragmentos visibles de la página. También analiza la página en busca de palabras clave, el título, los enlaces y otra información importante incluida en el código.

3. El motor de búsqueda añade su sitio a la base de datos del motor y lo pone a disposición de las personas que realizan búsquedas. La mayor diferencia entre los motores de búsqueda está en este paso final, donde se determinan los rankings o las posiciones de los resultados a partir de una palabra clave concreta.

Enviar el sitio a Google

Para el propietario del sitio, el primer paso es hacer que sus páginas se incluyan en la base de datos. Hay dos formas de hacerlo. La primera es enviar directamente el URL de su sitio Web a Google a través de su página de agregar URL o de envío. Para contrarrestar a los robots automatizados, los motores de búsqueda normalmente varían la posición de las páginas de envío en sus sitios. Actualmente, puede encontrar la página de envío de Google a través de un vínculo en sus páginas de ayuda o en las páginas de información de webmaster (`http://www.google.es/addurl.html`).

Simplemente visite la página de agregar URL e introduzca la página del índice principal de su sitio en el formulario de la página de envío de Google; finalmente pulse Agregue su URL. El *spider* de Google (denominado GoogleBot) visitará normalmente su página en el plazo de cuatro semanas. Este programa atravesará todas las páginas de su sitio, y las añadirá a su índice. En el plazo de ocho semanas debería ser capaz de encontrar su sitio en los listados de Google.

La segunda forma de hacer que su sitio se incluya en Google es dejar que Google le encuentre. Esto se basa en vínculos que pueden llevar a su sitio. Una vez que GoogleBot encuentre un vínculo a su sitio desde una página que ya está incluida en su índice, visitará su sitio.

Google ha estado actualizando su base de datos mensualmente durante tres años. Envía su *spider* en modo buscador una vez al mes. El modo buscador es un modo especial para el *spider* cuando atraviesa o se arrastra por toda la Web. A medida que se encuentra con vínculos a páginas, añade esas páginas al índice en un intento interminable de descargar todas las páginas que pueda. Una vez que sus páginas se incluyen en Google, se vuelve a visitarlas y se actualizan mensualmente. Si usted actualiza con frecuencia su contenido, puede que Google añada a su índice sus términos de búsqueda más a menudo. Una vez que esté incluido en el índice y aparezca en el listado de Google, la pregunta natural que el propietario del sitio se hace a continuación es "¿cómo puedo conseguir un ranking mejor con mis términos de búsqueda aplicables?".

La plantilla de optimización del motor de búsqueda

Ésta es mi receta general para el omnipresente Google. Es lo suficientemente genérica para funcionar bien en cualquier sitio. Es tan rigurosa como que he descubierto una plantilla de optimización del motor de búsqueda válida para todo.

Utilice su frase con palabras clave:

- En palabras clave META. Esto no es necesario para Google, pero es una buena costumbre. Use palabras clave META cortas (un máximo de 128 caracteres o 10).

- En descripción META. Mantenga la palabra clave cerca de la izquierda, pero en una oración completa.

- En el título del extremo izquierdo, pero posiblemente no como primera palabra.

- En la parte superior de la página en la primera oración o en el primer párrafo con cuerpo completo (texto normal, no en negrita, en cursiva o con estilo).

- En un H3 o en un encabezado mayor.

- En negrita, en el segundo párrafo, si es posible, y en cualquier sitio que no sea la primera utilización en la página.

- En cursiva, en cualquier sitio excepto en la primera utilización.

- En subíndice/superíndice.

- En URL (nombre de directorio, nombre de archivo o nombre de dominio). No duplique la palabra clave en el URL.

- En un nombre de archivo de imagen utilizado en la página.

- En una etiqueta ALT de la imagen mencionada previamente.

- En el atributo de título de dicha imagen.

- En un texto de enlace a otro sitio.

- En un texto de vínculo interno.

- En el atributo de título de todos los enlaces objetivo dentro y fuera de la página.

- En el nombre de archivo de su CSS (hoja de estilo en cascada) externo o de su archivo JavaScript.

- En un enlace en el sitio (preferiblemente a partir de su página de inicio).

- En un enlace desde fuera del sitio (si es posible).

- En un enlace a un sitio que tenga un PageRank de 8 o mejor.

Otras cosas que hay que tener en cuenta en lo que respecta a la optimización del motor de búsqueda:

- Utilice los encabezados "última revisión"/"modificado por última vez" si puede.

- Valide ese HTML. Hay personas que creen que el analizador de Google se ha vuelto más estricto a la hora de analizar, en lugar de haberse suavizado. Perderá toda una página a causa sólo de algunos errores simples (esto lo hemos comprobado en profundidad).

- Utilice una plantilla de HTML en su sitio. Google puede descubrir la plantilla y analizarla. (Por supuesto, esto también significa que funciona bastante bien para descubrir contenidos duplicados.)

- Mantenga la página con extensión `.html` o `.htm`. Cualquier extensión dinámica es un riesgo.

- Mantenga el tamaño del HTML por debajo de 20K. 5-15K es el ámbito ideal.

- Mantenga el ratio del texto muy alto respecto al HTML. El texto debería ser mayor que el HTML en una cantidad significativa.

- Compruebe su página en Netscape, Opera e IE. Utilice Lynx si lo tiene.

- Utilice HREF simples para los enlaces. Mantenga muy alejado el JavaScript de los enlaces. Cuanto más simple sea el código de los vínculos, mejor.

- El tráfico se produce cuando se dé cuenta de que una referencia diaria a 10 páginas es mejor que 10 referencias diarias a una página.

- No suponga que las palabras clave de su plantilla de navegación del sitio merecen cualquier cosa. Google busca oraciones y párrafos completos. Las palabras clave que se colocan huérfanas en la página no son valiosas, al menos no tanto como cuando se utilizan en una oración.

Brett Tabke

TRUCO 94 Generar AdWords en Google

Ya ha escrito el texto y ha planeado el presupuesto. Ahora, ¿qué palabras clave va a utilizar para su anuncio?

Ya se ha informado, lo ha pensado y está preparado para comprar uno de los anuncios (AdWords) de Google. Tiene el texto y se siente bastante seguro de él. Ahora sólo tiene un problema: pensar en las palabras clave, las palabras de búsqueda que harán que aparezca su AdWord.

Probablemente va a proceder a comprar en el programa de AdWords en base a un presupuesto y quiere aprovechar absolutamente todo su dinero. La elección de las palabras clave adecuadas significa que su anuncio tendrá un número más alto de visitas. Afortunadamente, el programa de AdWords de Google le permite llevar a cabo una gran cantidad de cambios así que, si las primeras opciones no funcionan, experimente, compruebe y pruebe a utilizar palabras diferentes.

Seleccionar AdWords

Entonces, ¿de dónde se sacan las palabras clave para su anuncio? Hay cuatro lugares que pueden ayudarle a encontrarlas:

- Archivos Log: Examine los archivos log de su sitio. ¿Cómo encuentra la gente su sitio? ¿Qué palabras utilizan? ¿Qué motores de búsqueda están utilizando? ¿Son las palabras utilizadas demasiado generales para utilizarlas en su anuncio? Si observa los archivos log, puede hacerse una idea de cómo encuentran su sitio las personas que están interesadas en su contenido. (Si no estuvieran interesadas en su contenido, ¿por qué iban a visitar su página?).

- Examine su propio sitio: Si tiene un motor de búsqueda interno, compruebe sus archivos log. ¿Qué es lo que busca la gente una vez que están en su sitio? ¿Existen errores ortográficos comunes que podría utilizar como una de las palabras del anuncio? ¿Existen frases comunes que podría utilizar?

- Tormenta de ideas: ¿En qué piensa la gente cuando ve su sitio? ¿En qué palabras clave quiere usted que piensen? Haga una tormenta de ideas respecto al producto que esté más asociado con su sitio. ¿Qué palabras surgen? Imagine a una persona que entra en una tienda y pregunta por sus productos. ¿Cómo va a preguntar? ¿Qué palabras utilizaría? Considere todas las formas diferentes en las que alguien podría buscar o preguntar sobre su producto o servicio y, a continuación, considere si existe un conjunto de palabras o una determinada frase que aparece una y otra vez.

- Glosarios: Si ha llevado a cabo una tormenta de ideas hasta que le sale humo por las orejas, pero no se encuentra más cerca de descubrir palabras que resulten relevantes para su sitio o producto, visite algunos glosarios *online* para hacer que su cerebro funcione mejor. The Glossarist (http://www.glossarist.com) tiene enlaces a cientos de glosarios de cientos de temas diferentes. Compruebe si incluye un glosario relevante para su producto o servicio, y vea si puede sacar alguna palabra de ahí (en inglés).

Explore los AdWords de la competencia

Una vez que cuente con una lista razonable de palabras clave potenciales para su anuncio, ejecútelas en el motor de búsqueda Google. Google hace rotar los anuncios en base al capital invertido en cada campaña así que, si lleva a cabo una búsqueda tres o cuatro veces, puede que cada vez observe anuncios diferentes. Utilice el *scraper* de AdWords para guardar esos anuncios en un archivo y revisarlos más tarde.

Si encuentra una palabra clave potencial que aparentemente no contiene anuncios, apúntela. Cuando esté listo para comprar un AdWord, tendrá que comprobar su frecuencia; puede que no se busque con la suficiente frecuencia como para ser una palabra clave lucrativa. Pero si lo es, encontrará un lugar de anuncio potencial sin que haya otros anuncios que compitan por la atención de las personas que buscan.

 TRUCO 95 **El interior del algoritmo de PageRank**

Ahondaremos en el funcionamieno interno del algoritmo del ranking de página de Google y veremos cómo afecta a los resultados.

¿Qué es PageRank?

PageRank es el algoritmo que el motor de búsqueda utiliza, formulado originalmente por Sergey Brin y Larry Page en su artículo "The Anatomy of a Large-Scale Hypertextual Web Search Engine" (Anatomía de un motor de búsqueda Web hipertextual a gran escala).

Se basa en la premisa, comúnmente aceptada en el mundo académico, de que la importancia de un artículo de investigación puede juzgarse según el número de artículos de investigación diferentes que lo citan. Brin y Page simplemente han transferido esta premisa a su equivalente Web: la importancia de las páginas Web puede juzgarse por el número de hipervínculos que se dirigen a ellas desde otras páginas Web.

Entonces, ¿cuál es el algoritmo?

Puede que las personas no matemáticas lo consideren desalentador pero, en realidad, el algoritmo de PageRank es elegantemente sencillo y se calcula de la forma siguiente:

$$PR(A) = (1 \quad d) + d\left(\frac{PR(T1)}{C(T1)} + ... + \frac{PR(Tn)}{C(Tn)}\right)$$

Donde:

- PR(A) es el PageRank de una página A.

- PR(T1) es el PageRank de una página T1.

- C(T1) es el número de enlaces de salida desde la página T1.

- d es un factor de igualación en el rango 0 < d < 1, normalmente establecido en 0,85.

Así, el PageRank de una página Web se calcula como la suma de los ranking de página de todas las páginas que tienen enlaces a ella (sus enlaces de entrada) dividido por el número de enlaces que hay en cada una de esas páginas (enlaces de salida).

Y esto ¿qué significa?

Desde el punto de vista de un profesional de ventas en motores de búsqueda esto significa que hay dos formas en las que el PageRank puede afectar la posición de su página en Google:

- El número de enlaces de entrada. Obviamente, cuantos más haya, mejor. Pero hay otra cosa de la que nos informa el algoritmo: no hay ningún enlace de entrada que pueda tener un efecto negativo en el PageRank de la página que señala. En el peor de los casos, puede que simplemente no tenga efecto alguno.

- El número de enlaces de salida en la página que llevan a su página. Cuantos menos haya, mejor. Es interesante: significa que dadas dos páginas con un ranking de página idéntico que lleven a la suya, si una tiene 5 enlaces de salida y la otra 10, obtendrá el doble del aumento de PageRank de la página que tiene sólo 5 enlaces de salida.

En este punto, damos un pequeño paso atrás y nos preguntamos cómo es de importante el PageRank para la posición que ocupa su página en los resultados de búsqueda de Google.

Lo siguiente que podemos observar en el algoritmo de PageRank es que no tiene absolutamente nada que ver con la relevancia en relación a los términos de búsqueda que se utilizan. Es simplemente una parte (aunque hay que reconocer su importancia) de todo el algoritmo del ranking de relevancia de Google.

Quizá sea una buena idea considerar el PageRank como un factor de multiplicación, aplicado a los resultados de búsqueda de Google, una vez que se han completado todos los demás cómputos. El algoritmo de Google calcula primero la relevancia de las páginas en su índice en relación con los términos de búsqueda y a continuación multiplica esta relevancia por el PageRank para producir una lista final. En consecuencia, cuanto más alto sea su PageRank, más alta será la posición en la que se encuentre en los resultados, pero todavía hay muchos factores relacionados con la colocación de las palabras en la página que deben considerarse en primer lugar.

Entonces, ¿cuál es la utilidad del cálculo PageRank (PageRank Calculator)?

Si el hecho de no tener enlaces de entrada tiene un efecto negativo, entonces seguramente debería obtener tantos como sea posible, sin tener en cuenta el número de enlaces de salida en su página. Bueno, eso no es así exactamente. El algoritmo de PageRank está equilibrado de una forma muy inteligente. Igual que la conservación de la energía en física con todas las reacciones, también se conserva el PageRank con cada cálculo. Por ejemplo, si una página con un PageRank de inicio de 4 tiene dos enlaces de salida, sabemos que la cantidad de PageRank que se pasa es dividida de forma equitativa entre todos sus enlaces de salida. En este caso, 4 / 2 = 2 unidades de PageRank que se pasan a cada una de las dos páginas separadas, y 2 + 2 = 4, así que ¡se conserva el PageRank total!

 Hay escenarios en los que se encontrará con que no se conserva el PageRank después de un cálculo. Se supone que el propio PageRank representa una distribución de probabilidad, donde el PageRank individual de una página representa la posibilidad de que una persona que navega de forma aleatoria la encuentre al azar.

A una escala mucho mayor, suponiendo que el índice de Google contiene mil millones de páginas, cada una con un PageRank de 1, el PageRank total de todas las páginas es igual a mil millones. Lo que es más, cada vez que volvemos a calcular el PageRank, no importa qué cambios puedan darse en el PageRank entre páginas individuales, el PageRank de los mil millones de páginas continuará dando mil millones.

En primer lugar, esto significa que aunque puede que no seamos capaces de cambiar el PageRank de todas las páginas, podemos modificar la distribución del PageRank entre páginas, llevando a cabo estratégicos enlaces a páginas dentro de nuestro sitio. Por ejemplo, puede que queramos que la mayor parte de nuestros visitantes accedan a nuestro sitio a través de la página de inicio. En consecuencia, queremos que nuestra página de inicio tenga un PageRank más alto en relación a otras páginas que se encuentren en el sitio. Deberíamos recordar también que se pasa todo el PageRank de una página y que se divide de forma equitativa entre cada uno de los enlaces de salida que se encuentren en la página. Así, deberíamos mantener tanto PageRank combinado como nos sea posible dentro de nuestro propio sitio, sin pasarlo a sitios externos perdiendo así su beneficio. Esto significa que querríamos que todas las páginas que contengan una gran cantidad de vínculos externos (es decir, enlaces a sitios Web de otras personas) tengan un PageRank inferior en relación con el sitio para minimizar la cantidad de PageRank que se "pierde" en los sitios externos. Tenga en cuenta también nuestro argumento anterior, que PageRank es simplemente un factor de multiplicación aplicado una vez que se han calculado el resto de los factores de Google que tienen que ver con la relevancia. Por lo tanto, sería deseable que nuestras páginas más ricas en palabras clave tuvieran también un PageRank relativo más alto.

En segundo lugar, si asumimos que cada página que se añade al índice de Google comienza su vida con un PageRank de 1, hay una forma de incrementar el PageRank combinado de páginas dentro de nuestro sitio, ¡aumentando el número de páginas! Un sitio con 10 páginas empezará su vida con un PageRank combinado de 10, que se redistribuye a continuación a través de sus hipervínculos. Un sitio con 12 páginas, en consecuencia, empezará con un PageRank combinado de 12. Así, podemos mejorar el PageRank de nuestro sitio en general creando nuevos contenidos (es decir, más páginas), y controlando después la distribución de ese PageRank combinado a través de una intervinculación estratégica entre las páginas. Y éste es el propósito del PageRank Calculator, crear un modelo del sitio a pequeña escala (incluyendo los enlaces entre páginas), y observar el efecto que tiene el modelo en la distribución del PageRank.

¿Cómo funciona el PageRank Calculator?

Para hacerse una mejor idea de la realidad de PageRank, visite el PageRank Calculator (`http://www.markhorrell.com/seo/pagerank.asp`).

En realidad, es muy sencillo. Comience por escribir un número de páginas intervinculadas que desee analizar y pulse **Submit**. He limitado este número a sólo 20 páginas para facilitar los recursos del servidor. Incluso así, esto debería proporcionarle un indicativo razonable de cómo una vinculación estratégica puede afectar a la distribución de PageRank.

A continuación, para facilitar la referencia una vez que se lleve a cabo el cálculo, proporcione una etiqueta para cada página (por ejemplo, Home Page, Links Page, Contact Us Page, etc.) y vuelva a pulsar **Submit**. Finalmente, utilice los cuadros de la lista para seleccionar a qué páginas lleva cada página. Puede utilizar las teclas **Control** y **Mayús** para llevar a cabo selecciones múltiples.

También puede utilizar esta pantalla para cambiar los rankings de página iniciales para cada página. Por ejemplo, si una de sus páginas se supone que representa a Yahoo!, puede que quiera aumentar su PageRank inicial digamos a 3. Sin embargo, en realidad el PageRank inicial es irrelevante para su valor calculado final. En otras palabras, incluso si una página empieza con un PageRank de 100, después de muchas iteraciones de la ecuación, el cómputo final de PageRank convergerá en el mismo valor que si hubiera empezado con un PageRank de sólo 1. Puede experimentar con el factor d (de igualación), que aparece establecido en 0,85 como valor predeterminado, puesto que es el valor citado en el artículo de investigación de Brin y Page.

Mark Horrell

TRUCO 96

26 pasos de 15K al día

Un contenido sustancial preparado a conciencia puede tener más impacto que una década experimentando con etiquetas META y elaborando la página de título perfecta.

Con demasiada frecuencia, el hecho de conseguir visitantes procedentes de motores de búsqueda se ve reducido a una sucesión de cambios que pueden funcionar o no. Pero, como Brett Tabke muestra en esta sección, un contenido sustancial concienzudamente reunido puede tener más impacto que una década experimentando con etiquetas META y elaborando la página de título perfecta.

De la A a la Z, si sigue estos 26 pasos construirá un sitio con éxito y tendrá una enorme cantidad de visitantes procedentes de Google.

A. Trabajo previo

Prepare la tarea y comience a elaborar el contenido. Empiece a reunir notas para construir al menos un sitio de 100 páginas mucho antes de decidirse por un nombre de dominio. Esto es sólo para empezar. Se trata de 100 páginas de "contenido real", en oposición a páginas de enlace, páginas de recursos, páginas acerca de, de *copyright* (que son páginas necesarias, pero no páginas ricas en contenido).

¿No puede pensar en 100 páginas con contenido de valor? Considere artículos sobre su negocio o industria, páginas de preguntas y respuestas, o temas pasados que pueda encontrar en boletines de noticias online.

B. Elija un nombre de dominio fácil de asociar con una marca

Elija un nombre de dominio que sea fácil de asociar con una marca. Preferirá `Google.com` en lugar de `Mipalabraclave.com`.

Los dominios de palabra clave están pasados; el reconocimiento de nombre y de marca está de moda. Realmente de moda. El valor de las palabras clave en un nombre de dominio nunca ha tenido menos valor que ahora para los motores de búsqueda. Aprenda la lección de `Goto.com` que se ha convertido en `Overture.com` y de la razón por la que lo han hecho. Es una de las más poderosas llamadas de comprobación que he visto en Internet. Esto ha infundido determinación y coraje para liquidar varios años de marcas. (Sería tema para todo un artículo diferente, pero aprenda la lección porque se aplica a todos nosotros.)

C. Diseño del sitio

Cuanto más simple sea el diseño de su sitio, mejor. Como regla general, el contenido del texto debería ser mayor que el contenido HTML. Las páginas deberían validarse y ser utilizables en cualquier cosa, desde Lynx a los navegadores principales. En otras palabras, manténgalo cerca de HTML 3.2 si puede. A los *spiders* no les gusta mucho el HTML 4.0 y el desorden que conlleva. Manténgase alejado de los pesados Flash, Java, o JavaScript.

Recurra al exterior con lenguajes *scripting* si necesita tenerlos, aunque hay pocas razones por las que debería. Muy rara vez ayudan al sitio y pueden hacerle mucho daño, principalmente a causa de muchos factores que la mayor parte de la gente no aprecia (el desagrado de los motores de búsqueda hacia el JavaScript es sólo una de ellas). Organice su sitio de forma lógica, haciendo que los nombres de directorio lleven a las principales palabras clave que desee enfatizar. También puede ir por otro camino y simplemente colocar todo en el nivel superior del directorio (esto es bastante controvertido, pero ha producido buenos resultados a largo plazo en muchos motores). No abarrote su sitio con enlaces frívolos, como "se ve mejor con" u otras cosas como contadores. Manténgalo todo lo más organizado y profesional que pueda.

Aprenda la lección del propio Google: lo sencillo es lo que vuelve a estar de moda; la simpleza es lo que las personas que navegan buscan.

La velocidad no lo es todo, es casi lo único. Su sitio debería responder casi de forma instantánea a una petición. Si su sitio tiene un retraso de tres a cuatro segundos hasta que ocurre algo en el navegador, se verá involucrado en problemas a largo plazo. Los tres o cuatro segundos de tiempo de respuesta pueden variar en sitios destinados a ser visualizados en países que no sean el suyo. El sitio debería responder de forma local en tres o cuatro segundos (como máximo) a cualquier petición. Si tarda más de eso, perderá el 10 por 100 de su audiencia para cada segundo añadido. Ese 10 por 100 podría marcar la diferencia entre tener y no tener éxito.

D. Tamaño de página

Cuanto menor sea el tamaño de página, mejor. Manténgalo, si puede, por debajo de 15K, incluidas las imágenes. Si puede ser menos, todavía mejor. Si puede, manténgalo por debajo de 12K. O aún mejor, por debajo de 10K (se hace una idea, ¿verdad?). Mayor de 5K y menor de 10K. Es difícil de conseguir, pero el esfuerzo merecerá la pena. Recuerde, el 80 por 100 de sus visitantes navegarán a 56K o incluso menos.

E. Contenido

Elabore una página de contenido (entre 200 y 500 palabras) al día, y cuélguela en la red. Si no está seguro de lo que necesita como contenido, empiece con el programa de sugerencias de palabras clave Overture (`http://inventory.overture.com/d/searchinventory/suggestion/`) y encuentre el grupo principal de palabras clave para el área de su tema. Son el motor de arranque de su tema.

F. Densidad de palabras clave y su ubicación

Se trata radicalmente de la simple y anticuada SEO (optimización del motor de búsqueda). Utilice la palabra clave una vez en el título, una vez en la etiqueta de descripción, una vez en el encabezado, una vez en el URL, una vez en negrita, una vez en cursiva, una vez en la parte superior de la página, y asegúrese de que la densidad es de entre el 5 y el 20 por 100 (no se preocupe por eso). Utilice buenas oraciones y compruebe su ortografía.

La comprobación de la ortografía es cada vez más importante a medida que los motores de búsqueda van adquiriendo la autocorrección durante las búsquedas. ¡Ya no hay razón para hacer que parezca que no sabe escribir correctamente!

G. Vínculos de salida

Para cada página, coloque un enlace para uno o dos sitios con un ranking alto debajo de la palabra clave que esté tratando de enfatizar. Utilice la palabra clave en el texto del enlace (esto es realmente importante para el futuro).

H. Enlaces cruzados

Los enlaces cruzados son vínculos dentro del mismo sitio. Establezca en su sitio vínculos de calidad estrechamente relacionados con su tema. Si una página trata de comida, asegúrese de que tiene enlace a la página de manzanas y de vegetarianos. Con Google, el enlace cruzado sobre un determinado tema es realmente importante para compartir su valor de PageRank en su sitio. No quiere una página estrella que supere en rendimiento al resto de páginas de su sitio. Quiere 50 páginas que produzcan una referencia diaria; no quiere una única página que produzca esas 50 referencias. Si encuentra una página que supera drásticamente al resto del sitio en Google, tendrá que descargar parte de ese valor de PageRank y colocarlo en otras páginas, llevando a cabo una fuerte vinculación cruzada. Es la vieja historia de compartir la riqueza.

I. Póngalo online

No se decante por el hospedaje virtual; utilice una dirección de IP independiente. Asegúrese de que su sitio puede ser navegado con facilidad por un *spider*. Todas las páginas deberían estar vinculadas a más de una página diferente en su sitio y a no más de dos niveles de profundidad del directorio principal. Vincule el tema verticalmente tanto como sea posible hacia el directorio principal. Un menú que esté presente en cada página debería tener un enlace a las páginas de "índice de tema" principales de su sitio (las entradas y el sistema de navegación lógico en el contenido real). No lo coloque online hasta que no tenga un sitio de calidad. Es peor poner online un sitio que no aporte nada que no poner ningún sitio. Querrá actualizarlo desde el principio.

Intente añadirlo al listado de ODP (Open Directory Project, `http://dmoz.org/ add.html`). El hecho de verse aceptado en este proyecto hará probablemente que sus páginas aparezcan listadas en el Directorio de Google.

J. Envío

Envíe su URL principal a: Google, FAST, AltaVista, WiseNut, Teoma, DirectHit y Hotbot. Ahora viene la parte difícil: olvídese de envíos durante los próximos seis meses. Exactamente, envíe y olvídese.

K. Entradas y seguimiento

Obtenga un sistema de entrada y seguimiento que pueda hacer justicia a las referencias de entrada basadas en archivos log. No utilice un contador gráfico;

necesita un programa que vaya a proporcionar mucha más información que eso. Si su empresa de hospedaje no soporta referentes, vuelva atrás y cámbiela. No puede ejecutar un sitio moderno sin referencias completas disponibles 24/7/365 en tiempo real.

L. Acerca de los spiders

Cuente con los *spiders* de los motores de búsqueda, ¡una de las razones por las que necesita buenas entradas y seguimiento! Asegúrese de que aquellos que se desplazan por todo el sitio lo pueden hacer de forma sencilla. Si no es así, compruebe el sistema de vínculos para asegurarse de que el *spider* encuentra su camino por el sitio. No se preocupe si el *spider* de Google o FAST necesita hacer dos análisis para comprobar todo el sitio. Otros motores de búsqueda son más suyos; con ellos es dudoso que sea añadido si no lo han hecho en 6 meses.

M. Directorios de tema

Prácticamente cada sector de palabra clave tiene un centro de autoridad en su tema. Encuéntrelo (el Directorio por temas de Google puede ser de gran ayuda aquí, porque puede visualizar sitios basándose en lo populares que son) y envíelo según las directrices.

N. Enlaces

Eche un vistazo por su sección de palabra clave en el Directorio de Google; la mejor forma de hacer esto es después de haber logrado una introducción o dos al listado del Open Directory Project. Encuentre sitios que tengan páginas de enlace o enlaces de intercambio libre. Simplemente pida un cambio. Coloque una página de vínculos sobre el tema que esté tratando y en el mismo contexto en su sitio como un lugar de colección. No se preocupe si no puede hacer que la gente intercambie enlaces, siga adelante. Trate de intercambiar vínculos con un sitio actualizado cada día. Un simple correo electrónico personal es suficiente. Manténgase discreto al respecto y no se preocupe si el sitio Z no tiene un enlace con el suyo. Al final lo tendrá.

O. Contenido

Añada una página de contenido de calidad al día. Los artículos de actualidad son siempre los mejores. Intente mantenerse alejado de materiales de navegación personales y busque temas de artículos que le gusten al público en general. Ponga a punto sus capacidades de escritura y estudie el estilo correcto del "habla Web" que tiende a conectar con la gente que navega por la Web: muchas divisiones de texto-oraciones cortas-muchos guiones, algo que se lea rápidamente.

La mayoría de los usuarios Web no leen, escanean. Ésta es la razón por la que es tan importante mantener al mínimo las páginas clave. Si la gente ve una enorme página rimbombante, muchos pulsarán el botón **Atrás** antes de intentar descifrarla. Tienen mejores cosas que hacer que malgastar 15 segundos (máximo) en comprender su sistema de menú. El hecho de que algunos grandes sitios de soporte puedan ejecutar potentes páginas en Flash no significa que usted pueda hacerlo. No tiene por qué seguir las tendencias.

Utilice libremente encabezamientos y texto destacados en negrita en sus páginas como separadores lógicos. Yo los denomino detenciones de escaneo, puesto que se trata de los lugares en lo que el ojo se detendrá por lógica en la página.

P. Sea auténtico

Permanezca lejos de cualquier moda predominante o de todo aquello que tenga una apariencia multitudinaria, poco ética o complicada. Colóquese con firmeza en terreno elevado, en el medio de la carretera.

Q. Intercambios de vínculos

Cuando reciba peticiones de enlace, compruebe los sitios antes de crear un vínculo a ellos. Compruebe su valor de PageRank en Google. Busque listados de directorios. No establezca enlaces con páginas que no merecen la pena sólo porque se lo pidieron. Asegúrese de que el sitio es similar al suyo en tema. Si establece vínculos con "malos vecinos", como Google los llama, puede costarle puntos de PageRank.

R. Completar sus ofertas

Utilice opciones tales como "enviar a un amigo", foros y listas de correo para completar las ofertas de su sitio. Localice los foros más importantes en el mercado y lea, lea y lea hasta que le duelan los ojos. Manténgase alejado de aquellos que insertan contenido como *banners* y ventanas emergentes en su sitio.

S. Tenga cuidado con el síndrome de los folletos

Si tiene un sitio económico o una versión online de un negocio inmobiliario, tenga cuidado de no convertir su sitio en un folleto. Los folletos no funcionan en absoluto. Piense en qué es lo que quiere la gente. No se dirigen a su sitio para ver el contenido que usted propone, sino el contenido que ellos buscan. Hable tan poco como sea posible en sus artículos de sus productos y de usted mismo (suena inteligente para mejorar el número de visitas, ¿verdad?).

T. Siga elaborando una página de contenido al día

Diríjase a la herramienta de sugerencias Overture si necesita ideas para realizar páginas frescas.

U. Estudie esos logs

Después de uno o dos meses, empezará a ver referencias de lugares que tiene en la lista. Busque las palabras clave que utiliza la gente. ¿Observa alguna combinación extraña? ¿Por qué utiliza la gente esas palabras para encontrar su sitio? Si hay algo que haya pasado por alto, cree una página sobre ese tema. Frague su sitio de forma que se adecue a lo que el motor de búsqueda quiere. Si su sitio es sobre naranjas, pero sus referencias son todas sobre la fruta cítrica naranja, puede obtener artículos completos en relación a los cítricos y la fruta en lugar de las naranjas genéricas. Los motores de búsqueda le dirán exactamente lo que tiene que darles; ¡escuche con atención! Hay oro en los logs de referencia, es sólo cuestión de cribarlo.

V. Temas de actualidad

No hay nada que se reproduzca tanto como el éxito. Manténgase al día de los avances que se dan en el tema que le interesa. Si el gran sitio Z saca el producto A a finales de un año, elabore una página y téngala preparada en octubre, de forma que los motores de búsqueda la obtengan en diciembre.

W. Amigos y familia

La red de conexión es fundamental para el éxito de un sitio. Aquí es donde rendirá todo el tiempo que haya pasado en foros. Aquí tiene el callejón sin salida sobre los foros: merodear es prácticamente inútil. El valor de un foro está en la interacción con sus colegas y seguidores. Se aprende a largo plazo a través de la interacción y no sólo leyendo.

La red de conexión compensa a través de intercambios de vínculos, trucos, intercambios de correo electrónico y, en general, le colocará en el bucle de su sector de palabra clave.

X. Notas, notas, notas

Si crea una página al día, se encontrará con que una inspiración en forma de tormenta de ideas le golpea la cabeza en algún punto mágico. Ya sea en la ducha (séquese primero), conduciendo por la carretera (por favor, pare en el arcén) o simplemente sentado en su escritorio, ¡escriba! Si deja pasar diez minutos de trabajo, habrá olvidado esa estupenda idea que acababa de tener. Escríbala y describa con detalle lo que esté pensando. Cuando los jugos de la inspiración dejen de fluir, vuelva a esas ideas de contenido. Suena simple, pero le salvará la vida cuando las ideas dejen de surgir.

Y. Comprobación de envío a los seis meses

Vuelva a sus envíos y compruebe si ha sido introducido en las listas de todos los motores de búsqueda a los que realizó el envío después de seis meses. Si no es así, vuelva a realizar el envío y a olvidarse. Compruebe también de nuevo esos directorios gratuitos.

Z. Continúe elaborando esas páginas de contenido de calidad

¿Empieza a ver un tema aquí? A Google le encanta el contenido, grandes cantidades de contenido de calidad. El contenido que genere debería basarse en una variedad de palabras clave. Después de un año, debería tener 400 páginas de contenido. Esto le proporcionará una buena posición bajo un amplio ámbito de palabras clave, le generará enlaces recíprocos y colocará su sitio en una posición global para que se valga por sí mismo.

Haga estas 26 cosas, y le garantizo que en el plazo de un año su sitio será un éxito. Estará extrayendo entre 500 y 2.000 referencias al día de los motores de búsqueda. Si elabora un buen sitio y logra un término medio de 4 ó 5 visualizaciones de página por visitante, debería estar en el rango de 10 a 15 mil visitas de página al día en el plazo de un año. ¡Lo que haga con ese tráfico es ya cosa suya!

Brett Tabke

 TRUCO 97 ## Ser un buen ciudadano del motor de búsqueda

Cinco cosas que no debe hacer y una que debe hacer para que su sitio sea incluido en el índice de Google.

Un alto puesto en el ranking de Google puede significar una gran cantidad de tráfico. Por eso, hay numerosas personas que pasan mucho tiempo tratando de encontrar una forma infalible de obtener ese alto puesto del ranking en Google. Añada esto. Elimine esto. Obtenga un enlace de aquí. No envíe un enlace allí.

Enviar su sitio a Google para que lo añada a su índice es bastante simple. Google tiene un formulario de envío de sitio (`http://www.google.es/addurl.html`), aunque dicen que si su sitio tiene unos pocos enlaces de entrada (otros sitios que tiene enlaces al suyo), debería encontrarle de esa forma. De hecho, Google anima a las personas que envían URL a que formen parte del Open Directory Project (DMOZ, `http://www.dmoz.org/`) o de Yahoo! (`http://www.yahoo.com/`).

Nadie conoce el secreto del santo grial del ranking de página sin esfuerzo. Google utiliza una variedad de elementos, entre los que se incluye la popularidad de página, para determinar el ranking. El PageRank es uno de los factores que fijan la posición de una determinada página en los resultados de búsqueda. Pero hay varias cosas que no debería hacer en combinación con una que debe hacer obligatoriamente.

¿Significa que si rompe una de esas reglas va a ser eliminado automáticamente del índice de Google? No; en el momento de escribir este libro, había más de dos mil millones de páginas en el índice de Google y es improbable que descubran inmediatamente que ha faltado a una regla. Pero hay una buena posibilidad de que al final se enteren. ¿Merece la pena que su sitio se vea eliminado del motor de búsqueda más popular de Internet?

No debería:

- **Encubrir**: El "encubrimiento" se da cuando su sitio Web está configurado de tal forma que los *spiders* del motor de búsqueda obtienen páginas distintas de las que obtienen las personas que navegan. ¿Cómo sabe el sitio Web cuándo está tratando con *spiders* y cuándo con seres humanos? Identificando el agente usuario o la IP del *spider* (el ultimo método es el que ofrece una mayor confianza). Una dirección IP (Protocolo de Internet) es la dirección de ordenador de la que procede un *spider*. Todo lo que se conecta a Internet tiene una dirección IP. A veces, la dirección IP es siempre la misma, como ocurre con los sitios Web. Otras veces, la dirección IP cambia, a esto se le denomina dirección dinámica. (Si utiliza un módem, hay muchas opciones de que cada vez que se conecte a Internet su dirección IP sea diferente. Esto es una dirección IP dinámica.) Un agente de usuario es una forma en la que un programa que navega por la Web se identifica. Los navegadores de Internet tales como Mozilla los utilizan, lo mismo que los *spiders* de los motores de búsqueda. Existen literalmente docenas de tipos distintos de usuarios de agente; diríjase a la Web Robots Database (`http://www.robotstxt.org/wc/active.html`) si desea obtener una lista exhaustiva.

Los defensores del encubrimiento afirman que éste resulta útil para optimizar de forma absoluta el contenido para los *spiders*. Sus críticos afirman que el encubrimiento es una forma sencilla de presentar de manera errónea el contenido de un sitio (proporcionándole al *spider* una página que está diseñada para obtener los resultados para tazas de postre cuando en realidad se trata de bates de béisbol). Puede obtener más detalles sobre el encubrimiento y las distintas perspectivas al respecto en `http://pandecta.com/search_engines/cloaking.html`, `http://www.apromotionguide.com/cloaking.html`, y `http://www.webopedia.com/TERM/C/cloaking.html`.

- **Ocultar texto:** El texto se oculta colocando en una página Web palabras o vínculos que son del mismo color que el fondo de la página (por ejemplo, palabras blancas sobre fondo blanco). Esto se denomina también coincidencia de fuente. ¿Por qué querría hacer esto? Porque un *spider* de motor de búsqueda puede leer las palabras que haya ocultado en la página, mientras que un visitante humano no puede hacerlo. Una vez más, si hace esto y le pillan, se verá expulsado del índice de Google, así que no lo haga.

  Esto es también aplicable a otros trucos de contenido de página, como el apilamiento de títulos (colocar múltiples copias de una etiqueta de título en una página), colocar palabras clave en etiquetas de comentario, rellenar con palabras clave (colocar múltiples copias de palabras clave en la página, en un tipo de letra muy pequeño), poner palabras clave no relevantes para su sitio en sus etiquetas META, etc. Google no proporciona una lista exhaustiva de estos tipos de trucos en su sitio, pero es muy probable que cualquier intento de burlar o tratar de sortear su sistema de ranking esté mal visto. Su actitud es más del tipo: "Puede hacer lo que quiera con sus páginas, pero nosotros podemos hacer lo que queramos con nuestro índice, como excluir sus páginas".

- **Utilizar páginas de entrada:** En ocasiones, estas páginas se denominan páginas puerta. Son páginas que están dirigidas de forma muy específica a un tema, que no tienen mucho de su propio contenido original y que pueden llevar a la página principal de un sitio (de ahí el nombre de páginas de entrada). Por ejemplo, digamos que tiene una página dedicada a la cocina. Crea páginas de entrada para varios géneros gastronómicos (cocina francesa, cocina china, cocina vegetariana, etc.). La página contiene términos y etiquetas META relevantes para cada género, pero la mayor parte del texto es una copia de todas las demás puertas de entrada y todo esto apunta a su sitio principal. Esto es ilegal en Google y molesto para el usuario de Google; no lo haga. Puede aprender más sobre páginas de entrada en `http://searchenginewatch.com/webmasters/bridge.html`

o `http://www.searchengineguide.com/whalen/2002/0530_jw1 .html`.

- **Comprobar su ranking de página con búsquedas automatizadas:** La utilización de búsquedas automatizadas (excepto para el tolerado API de Google) va en contra de las condiciones de uso de Google. La utilización de una búsqueda automatizada para comprobar su PageRank cada 12 segundos es triplemente malo; no es para lo que se construyó el motor de búsqueda y probablemente Google lo considere una pérdida de tiempo y de recursos.

- **Tener enlaces con "malos vecinos":** Estos "malos vecinos" son aquellos sitios que existen sólo para propagar enlaces. Como la popularidad de un enlace es uno de los aspectos que utiliza Google para determinar el PageRank, algunos sitios han configurado "granjas de enlaces", sitios que existen sólo con el propósito de construir la popularidad de un sitio con grandes cantidades de enlaces. Los enlaces no son de interés actual, como un índice de temas de especialidad, y no están correctamente reseñados, como Yahoo!; son sólo una pila de vínculos. Otro ejemplo de "mal vecino" es una página FFA general. FFA significa "libre para todos"; es una página en la que cualquiera puede añadir su enlace. Los enlaces a páginas utilizando este método están sujetos a castigo por parte de Google.

  Ahora, ¿qué pasa si una página como ésta tiene un enlace a la suya? ¿Penalizará Google a su página? No. Google acepta que usted no tiene control sobre aquellos que establecen vínculos con su sitio.

Debería:

- **Crear un contenido fantástico:** Todas las contorsiones HTML del mundo le harán poco bien si su contenido es pésimo, anticuado o limitado. Si crea un buen contenido y lo promociona sin juguetear con los motores de búsqueda, obtendrá atención y enlaces. Recuerde la ley de Sturgeon ("El noventa por ciento de todo es estupidez"). ¿Por qué no hacer que su sitio Web sea una excepción?

¿Qué ocurre si hace una reforma?

Puede que tenga un sitio que no sea exactamente muy honesto para el motor de búsqueda. Puede que tenga 500 páginas de entrada, 10 etiquetas de título por página y una gran cantidad de texto oculto. Pero quizá ahora quiera llevar a cabo una reforma. Quiere tener un maravilloso y limpio sitio.¿Está condenado? ¿Prohibirá Google su sitio durante el resto de su vida? No. Lo primero que tiene que hacer es limpiar su sitio (esto es, eliminar todos los indicios de quebranta-miento de las reglas). A continuación, envíe una nota de los cambios llevados a cabo en su sitio y del URL a `help@google.com`. Observe que Google realmente no tiene recursos para responder a todos los correos explicando por qué sí o no se añade un sitio al índice (de lo contrario, se pasarían el día respondiendo correos electrónicos) y no hay garantías de que incluyan en el índice su nuevo sitio más amable y educado. Pero leerán su mensaje.

¿Qué ocurre si descubre personas que rompen la ley en el índice?

¿Qué pasa si se encuentra en una búsqueda en Google con un sitio que abusa del *spider* y del mecanismo de ranking de página de Google? Tiene dos opciones. Puede enviar un correo electrónico a `spamreport@google.com` o rellenar el formulario que se le ofrece en `http://www.google.com/contact/spamreport.html`. (Yo optaría por el formulario; informa del abuso en un formato estándar que Google está acostumbrado a ver).

TRUCO
98

Limpiar para una visita de Google

Antes de enviar su sitio a Google, asegúrese de que lo ha limpiado para tener las máximas opciones de ser aceptado.

Usted limpia su casa cuando va a tener invitados importantes, ¿verdad? El analizador de Google es uno de los invitados más importantes que tendrá su sitio si quiere visitantes. Un puesto alto en el ranking de Google puede llevar a un número increíble de referencias, desde el sitio principal de Google y desde los sitios cuya búsqueda está impulsada por Google. Para tener las máximas opciones, vuelva atrás y observe su sitio. Si lleva a cabo algunos ajustes puede hacer que su sitio sea más agradable para Google y para los visitantes.

- **Si tiene que utilizar una página de bienvenida, coloque un vínculo textual procedente de ella:** Si me dieran un euro por cada vez que voy a la página principal de un sitio y veo que no hay forma de navegar por él aparte de una película en Flash, podría retirarme. Google no añade a su índice archivos en Flash así que, a menos que tenga algún tipo de enlace textual a su página de bienvenida (por ejemplo, un vínculo de "Saltar presentación" que le lleve al centro del sitio) no le está dando nada con que trabajar al analizador de Google. También le está poniendo las cosas difíciles a aquellas personas que no tienen Flash o tiene problemas de visualización.

- **Asegúrese de que sus enlaces internos funcionan:** Suena descabellado, ¿verdad? Asegúrese de que sus enlaces a páginas internos funcionan, de forma que el analizador de Google pueda acceder a todas sus páginas. De esta forma se asegurará también de que sus visitantes pueden navegar.

- **Compruebe sus etiquetas de título:** Hay pocas cosas más tristes que obtener una página de resultados de búsqueda y encontrarse con la frase "*Insert Your Title Here*" (inserte aquí su título) como título de algunos de ellos. No tan malo como obtener resultados del mismo dominio y ver una y otra vez exactamente la misma etiqueta de título.

  Mire. Con Google es posible buscar sólo las etiquetas de título en el índice. Además, las etiquetas de título son muy sencillas de leer en los resultados de búsqueda de Google y son una forma sencilla de que una persona que navegue se haga una idea de lo que va la página. Si no le está sacando el máximo partido a su etiqueta de título, está perdiendo una gran cantidad de información sobre su sitio.

  En mi opinión, la etiqueta de título perfecta dice algo específico sobre la página que encabeza y es legible tanto para *spiders* como para personas que navegan. Esto significa que no debe llenarla con tantas palabras clave como pueda. Debe hacer que sea una oración legible o (he comprobado que esto es útil para algunas páginas) cree una pregunta.

- **Compruebe sus etiquetas META:** Google confía a veces en las etiquetas META para la descripción de un sitio, cuando existe una gran cantidad de código de navegación que no tendría sentido para un investigador humano. No es que me enloquezcan las etiquetas META, pero me aseguro de que al menos la página principal de mi sitio Web tiene una descripción y una configuración de etiqueta META de palabra clave, especialmente si el sitio confía en gran medida en la navegación basada en el código (como JavaScript).

- **Compruebe sus etiquetas ALT:** ¿Utiliza muchos gráficos en sus páginas? ¿Tiene etiquetas ALT para ellos de forma que las personas con problemas de visualización y el *spider* de Google puedan imaginar lo que son esos gráficos? Si tiene una página de bienvenida que sólo tenga gráficos, ¿tiene etiquetas ALT en todos esos gráficos de forma que un *spider* de Google pueda hacerse una idea de lo que trata su página? Las etiquetas ALT son quizá el aspecto más descuidado de un sitio Web. Asegúrese de que las suyas están configuradas.

  Por cierto, sólo porque las etiquetas ALT sean una buena idea, no se vuelva loco. No tiene que explicar en todas sus etiquetas ALT que una lista de viñetas es una lista de viñetas. Puede marcarlo simplemente con un *.

- **Compruebe sus marcos:** Si utiliza marcos, puede que esté perdiendo cierta inclusión en el índice. Google le recomienda que lea el artículo de Danny Sullivan, "Search Engines and Frames," que encontrará en `http://www.searchenginewatch.com/webmasters/frames.html`. Asegúrese de que Google puede manejar su configuración de marcos o de que ha creado una forma alternativa de que Google realice la visita como, por ejemplo, utilizando la etiqueta NOFRAMES.

- **Considere sus páginas dinámicas:** Google dice que "limite la cantidad de páginas dinámicas" que incluya en su índice. ¿Está utilizando páginas dinámicas? ¿Necesita hacerlo?

- **Considere la frecuencia con la que actualiza su contenido:** Existen pruebas de que Google incluye con más frecuencia en su índice páginas populares que actualizan a menudo su contenido. ¿Con qué frecuencia actualiza el contenido de su página principal?

- **Asegúrese de que tiene un archivo robots.txt si lo necesita:** Si quiere que Google incluya su sitio en su índice de una forma determinada, asegúrese de que tiene un archivo `robots.txt` al que puede referirse el *spider* de Google. Puede aprender más sobre `robots.txt` en general en `http://www.robotstxt.org/wc/norobots.html`.

- **Si no quiere que Google añada una versión en caché de sus páginas, puede agregar una línea a cada página que no desee que aparezca en caché:** Añada esta línea a la sección <HEAD> de su página:

```
<META NAME="ROBOTS" CONTENT="NOARCHIVE">
```

Esto le comunicará a todos los robots que archivan el contenido, incluyendo motores como Daypop y Gigablast, que no realicen una versión en caché de su página. Si desea excluir sólo el *spider* de Google, utilizaría la línea siguiente:

```
<META NAME="GOOGLEBOT" CONTENT="NOARCHIVE">
```

Sacar el máximo provecho de AdWords

Comentario de Andrew Goodman de Traffick sobre cómo escribir estupendos AdWords.

AdWords (`https://adwords.google.com/select/?hl=en`) es simplemente un tipo de programa de anuncios que puede que usted espere que le desentrañe el cerebro en Google. Los diseñadores del sistema de anuncios han innovado meticulosamente para proporcionar una consecución de objetivos más precisos a bajo coste, con menos trabajo; realmente es un buen trato. La otra cara es que se necesita un poco de ingenio para llevar una campaña al punto en el que deje de fallar y empiece a funcionar.

Para grandes anunciantes es realmente sencillo. En el plazo de un par de semanas, un anunciante de cierta importancia tendrá datos suficientes como para decidir si desea expandir significativamente su programa de anuncios en AdWords Select o quizá ascenderlo a una cuenta de patrocinador de primera categoría.

Voy a asumir que usted se encuentra familiarizado de forma básica con cómo funciona la publicidad de coste por clic. Los anuncios de AdWords Select aparecen actualmente al lado de los resultados de búsqueda en `Google.com` (y en algunas versiones internacionales del motor de búsqueda) y al lado de los resultados de búsqueda en AOL y algunos otros destinos de búsqueda principales. Existe una gran cantidad de peculiaridades y flaquezas en este tipo de publicidad. Me centraré aquí en algunas técnicas que pueden convertir una campaña mediocre que no funciona en una que realmente le dé dinero al anunciante a la vez que se adecue a las reglas y directrices de Google.

Una cosa que me gustaría que quedara completamente clara es que el hecho de anunciarse en Google no guarda ninguna relación con el hecho de tener sus páginas Web incluidas en el índice del motor de búsqueda Google. El motor de búsqueda permanece completamente independiente del programa de anuncios. Los anuncios nunca aparecen dentro de los resultados de búsqueda. Voy a ofrecerle cuatro trucos clave para maximizar el rendimiento de la campaña AdWords Select pero, antes de hacerlo, comenzaré con cuatro suposiciones básicas:

- Una gran cantidad de clics por tarifa (CTR) le ahorra dinero por lo que esto debería ser una de las metas principales para usted como anunciante en AdWords Select. Google ha configurado el sistema de pago de palabras clave para recompensar a los anunciantes de grandes cantidades de CTR. ¿Por qué? Es sencillo. Si dos anuncios se muestran 100 veces cada uno, el anuncio en el que se hace clic ocho veces genera ingresos para Google dos veces más que el anuncio en el que se hace clic cuatro veces en el mismo periodo de 100 búsquedas servidas. Así que si su CTR es del 4 por 100 y el de su competidor es de sólo el 2 por 100, Google determina esto como su cuota. Su cuota se calcula como si valiera dos veces lo que vale la de su competidor.

- Cantidades muy bajas de CTR son malas. Google deshabilita las palabras clave que caen por debajo de un umbral CTR mínimo ("0,5 por 100 normalizado para la posición del anuncio", es decir, 0,5 por 100 para la posición 1 y un umbral más indulgente para los anuncios que caen más en la página). Se deshabilitarán gradualmente campañas enteras si caen por debajo de 0,5 por 100 CTR en total.

- Las desaprobaciones editoriales son una cruda realidad en este territorio. El texto de su anuncio o las selecciones de palabra clave pueden violar las directrices editoriales de Google de vez en cuando. Una vez más, resulta muy difícil llevar a cabo una campaña exitosa cuando hay importantes partes de ella que se encuentran deshabilitadas. Necesita tratar esto como una parte normal del proceso en lugar de rendirse o ponerse nervioso.

- El sistema de AdWords Select está configurado como un laboratorio de publicidad; es decir, lleva a cabo experimentación con variaciones de palabras clave y pequeñas modificaciones en el texto del anuncio. Ningún gurú puede prejuzgar por usted cuáles serán sus "secretos mágicos del texto del anuncio", y sería irresponsable hacerlo, puesto que Google ofrece informes en tiempo real tan detallados que puede decirle muy rápidamente lo que atrae la atención de la gente y lo que no la atrae.

  Ahora empiece a trabajar sobre estos cuatro trucos que aparecen a continuación para hacer que esos CTR se mantengan elevados y evitar así que su campaña se salga de los límites.

La coincidencia puede hacer que las diferencias sean dramáticas

Probablemente querrá organizar las palabras clave y las oraciones de su campaña en distintos "grupos de anuncios" (lo que es sencillo utilizando la interfaz de Google). Esto le ayudará a hacer coincidir más estrechamente palabras clave con las palabras reales que aparecen en el título de su anuncio. El hecho de escribir anuncios ligeramente distintos para que se correspondan más estrechamente con las palabras que ha reunido en cada grupo de palabras clave es una forma fantástica de aumentar su índice de clics. Podría pensar que un anuncio y un título de anuncio (digamos, "Suelo de lujo en grandes cantidades") coincidiría igual de bien con un ámbito de palabras clave que significan esencialmente lo mismo. Es decir, podría pensar que el título de este anuncio crearía prácticamente los mismos CTR con la frase "Suelo cantidades" que lo haría con una frase similar ("mayorista de suelo de gran calidad"). No es así. Las coincidencias exactas tienden a obtener CTR significativamente más altos. Si es diligente en lo que se refiere a hacer coincidir sus palabras clave de forma razonablemente cercana a los títulos de sus anuncios le ayudará a sobrepasar en rendimiento a su competencia menos diligente.

Si tuviera varias líneas específicas de productos, debería considerar una mejor coincidencia con distintos grupos de palabras clave para un anuncio escrito expresamente para cada línea de producto. Si a sus clientes les gusta su tienda porque ofrece ciertas variedades especializadas de vino, por ejemplo, tenga un grupo de anuncios que incluyan "vino añejado" y palabras relacionadas, incluyendo la frase "vino añejado" en el título del anuncio. No espere que el mismo anuncio genérico cubra todas sus variedades. Alguien que busque un experto en "vino añejado" estará encantado de encontrar un minorista que se especialice en esta área. Probablemente esa persona no haría clic ni compraría a un minorista que hablara simplemente de vino en general. A los usuarios de los motores de búsqueda les apasiona una determinada cosa y sus búsquedas son altamente detalladas. Aprovéchese de esta pasión y de esta singularidad. El otro beneficio de obtener palabras clave más detalladas y coincidentes para añadir al texto del anuncio es que no paga por clics de compradores no cualificados, por lo que su ratio de conversión de ventas será probablemente mucho mayor.

Los cambios de redacción implican una mejora en claridad y en franqueza

Por lo general, no me encuentro con importantes secretos de redacción. Después de todo, los trucos psicológicos que atraen a la gente para que haga clic pueden animar a compradores no cualificados. Pero hay veces en las que el texto de un anuncio cae fuera de la zona de "lo que funciona razonablemente bien". En esos casos, CTR demasiado bajos acaban con la posibilidad que su sitio Web pudiera haber tenido de cerrar la venta.

Considere utilizar el método Goldilocks para diagnosticar los anuncios de pobre rendimiento. Muchos anuncios se inclinan demasiado lejos del lado "demasiado frío" de la ecuación. La jerga excesivamente técnica puede ser ininteligible y poco interesante incluso para especialistas, especialmente dado que Internet es todavía un medio emocional y que la gente busca resultados de búsqueda en primer lugar y echa un vistazo a los resultados de anuncios como segundo pensamiento. El siguiente ejemplo es "demasiado frío":

```
Aplicaciones de DWMGT más rápidas
Diseñe módulos GMUI 3X más seguros que KLT. V. 2.0 calificados como
"los mejores" por WRSS Mag.
```

Nadie hace clic. La campaña avanza con dificultad. El sitio Web sigue siendo el secreto mejor guardado del mundo.

Es entonces cuando un personaje (el sobrino del propietario) coge las riendas y trata de darle a esto algo de vida. Desgraciadamente, este nuevo genio creativo ha estado despierto la mejor parte de una semana, yendo de fiesta, quedando segundo en una competición de *snowboard* y ocupándose de sus diversos *piercings*. Su agencia trabaja para los anuncios de televisión de un cliente principal de Fortune 500, una vez recibidas las críticas favorables. Por supuesto, esas críticas favorables proceden de expertos en industria y de sus mejores amigos porque el rendimiento real de la inversión de la campaña de marca en televisión del gran cliente es inrastreable. El texto del personaje es:

```
¡Las aplicaciones de Reemar pegan fuerte!
Reemar ProblemSolver 2.0 es lo más. No confíe
la seguridad de su empresa a los zánganos de BigCorp.
```

Desgraciadamente, en un medio no visual con sólo unas pocas palabras con las que trabajar, el verdadero genio de este anuncio nunca se aprecia totalmente. Los espectadores no hacen clic, y pueden verse ofendidos por el anuncio y enfadados con Google. La solución simple es, a veces, poco glamurosa pero clara, como:

```
Un Firewall sencillo y poderoso
Reemar ProblemSolver 2.0 supera en rendimiento a BigCorp
Exacerbator 3 a 1 en los tests industriales.
```

No puede decirlo todo en un anuncio corto. Este tiene información suficientemente específica (y verdadera) como para que resulte del interés de la audiencia a la que va dirigido. Una vez que haga clic, habrá información más que suficiente en su sitio Web. Resumiendo, sus anuncios deberían ser claros. ¿Cómo suena esto para el último genio de la publicidad?

Lo bueno es que si se ve inclinado a descubrirlo por usted mismo, puede comprobar el rendimiento de los tres estilos de forma rápida y barata, por lo que no tendrá que pasar la semana entera tratando de decidir.

Sea inquisitivo y precavido con las políticas editoriales (pero no se queje)

La supervisión editorial es una gran tarea para las personas que trabajan en los AdWords de Google (una tarea que a menudo les hace meterse en líos con los anunciantes, a los que no les gusta que les detengan). En su mayoría, las reglas son de interés a largo plazo para este medio publicitario, pero tienen el objetivo de mantener la confidencialidad del consumidor en la calidad de lo que aparece en la página cuando el consumidor escribe algo en un motor de búsqueda. Sin embargo, puede que se dé un error humano que implique que su campaña se trate de forma injusta a causa de un malentendido. O quizá una de las reglas es ambigua y usted simplemente no la comprende.

Responda a los mensajes de desacuerdo editorial (generalmente proceden de adwords-support@google.com). Pregunte hasta que esté satisfecho y seguro de que la regla tiene sentido en lo que se aplica a su negocio. Cuanto más sepa Google de su negocio, más pueden trabajar con usted para ayudar a mejorar sus resultados, así que no dude en hablar brevemente de sus antecedentes en las notas que les envíe. Lo principal es no dejar que su campaña se quede quieta, deshabilitada, sólo porque usted está confuso o enfadado por no haber sido aprobado. Lleve a cabo los cambios necesarios, realice las averiguaciones apropiadas y siga adelante.

Evite la trampa del "pensamiento de información privilegiada" y persiga la ventaja del pensamiento detallado

Probablemente, la utilización de listas de palabras clave especializadas le ayudará a llegar a consumidores interesados a un menor coste por clic y transformar más ventas que utilizando palabras clave de la industria más generales. El hecho de ejecutar su anuncio utilizando palabras clave de vocabularios especializados es una estrategia sólida.

Una estrategia menos exitosa es perderse en su propio estrato social altamente especializado cuando considere cómo lanzar su negocio. Recuerde que este medio gira alrededor del comportamiento del consumidor en relación con los motores de búsqueda. No ganará nuevos clientes generando una lista de distintas formas de terminología que sólo la dirección, los competidores o sus compañeros podrían utilizar realmente, a menos que su campaña publicitaria se esté llevando a cabo sólo por vanidad.

Divida las cosas en distintas piezas, utilice la jerga de la industria donde pueda atraer a un consumidor meta, pero cuando se encuentre realizando listas de frases que sólo sus competidores pueden entender o palabras de moda que aparecieron en la última e interminable reunión de dirección, ¡deténgase! ¡Acaba de iniciar el sendero del pensamiento de información privilegiada! Haciendo esto puede olvidarse del cliente y del papel que debe tener la investigación de mercado en este tipo de campaña.

Puede que suene simple al decirlo pero en la selección de palabras clave para AdWords Select no está describiendo su negocio. Está tratando de utilizar frases que los consumidores utilizarían cuando traten de describir un problema que estén teniendo, un elemento específico que estén buscando o un tema en el que estén interesados. Las declaraciones de misión procedentes de lo anterior frente a lo que los consumidores y las prospectores escriben realmente en los motores de búsqueda. Una gran diferencia. (En este punto, si no lo ha hecho todavía, sería mejor que diera marcha atrás y leyera The Cluetrain Manifesto para salir de este modo verticalista de pensar.)

Una forma de descubrir lo que los consumidores están buscando es utilizar el Wordtracker (`http://www.wordtracker.com`) u otras herramientas de búsqueda de palabras clave (como la que Google ofrece como parte de la interfaz AdWords Select, una herramienta de búsqueda de palabras clave que Google promete que funciona). Sin embargo, estas herramientas no son suficientes por sí mismas para todos los negocios; como cada vez más negocios están utilizando estos "informes de frecuencia de búsqueda de una frase clave", los términos que se buscan frecuentemente finalmente son cogidos por la competencia, justo lo que quiere evitar si está tratando de obtener a hurtadillas buenos ratios de respuesta a un bajo coste por clic.

Necesitará también una tormenta de ideas. En el futuro, habrá una investigación de mercado más sofisticada llevada a cabo mediante un software. Las empresas de tecnología de búsqueda como Ask Jeeves Enterprise Solutions ya están recogiendo datos sobre los cientos de miles de cuestiones que los consumidores escriben en los cuadros de búsqueda de, por ejemplo, los sitios corporativos más importantes. Este tipo de investigación de mercado está infrautilizada hoy en día por la mayor parte de las empresas.

Actualmente existe una gran cantidad de oportunidades para anunciarse a un bajo coste por clic. A medida que más y más grandes anunciantes se introduzcan en este espacio, subirán los precios pero, con un poco de creatividad, un pensamiento detallado y una concienzuda comprobación, el anunciante más pequeño tendrá siempre una opción de luchar en AdWords Select. ¡Buena suerte!

Andrew Goodman

TRUCO 100 · Sacar su material de Google

Cómo eliminar su contenido de las diversas propiedades Web de Google.

Hay personas que están más que encantadas de que las propiedades de Google incluyan sus sitios en su índice. Otros no quieren que Google ejecute su *bot* cerca de ellos. Si pertenece usted a esta última categoría y el *bot* ya ha hecho lo que usted no quería, hay varias cosas que puede hacer para sacar su material del índice de Google. Cada una de las propiedades de Google (la búsqueda Web, las Imágenes y los Grupos de Google) tiene su propio conjunto de metodologías.

Búsqueda Web de Google

Aquí tiene varios trucos para evitar que lo incluyan en la lista.

- **Para empezar, asegúrese de que sus páginas nunca llegan allí**. Aunque puede llevar a cabo acciones para eliminar su contenido del índice de Google una vez que haya sido incluido, es siempre mucho más sencillo asegurarse de que su contenido no es localizado ni incluido en el índice. El analizador de Google obedece al "protocolo de exclusión de robots", un conjunto de instrucciones que se ponen en el sitio Web y que le dicen al analizador cómo debe comportarse cuando llega a su contenido. Puede implementar estas instrucciones de dos formas: mediante la etiqueta META que se pone en cada página (práctico cuando quiera restringir el acceso sólo a ciertas páginas o a un determinado tipo de contenido) o mediante el archivo `robots.txt` que se inserta en su directorio raíz (práctico cuando quiera bloquear por completo ciertos *spiders* o quiera restringir el acceso a tipos o directorios de contenido). Encontrará más información sobre el protocolo de exclusión de robots y cómo implementarlo en `http://www.robotstxt.org/`.

- **Eliminar sus páginas una vez que han sido incluidas en el índice.** Hay varias cosas que puede eliminar de los resultados de Google.

 Estas instrucciones son para mantener su sitio fuera sólo del índice de Google. Si quiere obtener información para mantener su sitio fuera de todos los motores de búsqueda más importantes, tendrá que trabajar con el protocolo de exclusión de robots.

- **Eliminar todo el sitio:** Utilice el protocolo de exclusión de robots, probablemente con `robots.txt`.

- **Eliminar páginas individuales:** Utilice la siguiente etiqueta META en la sección HEAD de cada página que desee eliminar:

```
<META NAME="GOOGLEBOT" CONTENT="NOINDEX, NOFOLLOW">
```

- **Eliminar snippets:** Un *snippet* es el pequeño pasaje de una página que Google muestra en su resultado de búsqueda. Para eliminar los *snippets*, utilice la siguiente etiqueta META en la sección HEAD de cada página en la que quiera impedir los *snippets*:

```
<META NAME="GOOGLEBOT" CONTENT="NOSNIPPET">
```

- **Eliminar páginas en caché:** Para evitar que Google guarde en su índice versiones en caché de sus páginas, utilice la siguiente etiqueta META en la sección HEAD de cada página en la que quiera evitar esta versión en caché:

```
<META NAME="GOOGLEBOT" CONTENT="NOARCHIVE">
```

- **Eliminar ese contenido ahora.** Una vez que haya implementado estos cambios, Google eliminará o limitará su contenido según sus etiquetas META y su archivo `robots.txt` la próxima vez que se analice su sitio Web, normalmente en el plazo de algunas semanas. Si quiere que su material se elimine inmediatamente, puede utilizar el eliminador automático que encontrará en `http://services.google.com:8882/urlconsole/controller`. Tendrá que registrarse con una cuenta (todo lo que necesita para obtener una cuenta es una dirección de correo electrónico y una contraseña). Si utiliza este eliminador puede pedir que Google analice su archivo `robots.txt` que acaba de crear o puede introducir el URL de una página que contenga las etiquetas META de exclusión.

> Asegúrese de que tiene configuradas sus etiquetas de exclusión antes de utilizar este servicio. Si hace que Google preste atención a un archivo `robots.txt` o a reglas de exclusión que todavía no han sido configuradas será simplemente una pérdida de tiempo.

- **Informar de páginas con contenido inapropiado.** Puede que le guste su contenido, pero puede que descubra que incluso teniendo el sistema de filtrado activado está obteniendo resultados de búsqueda con contenido explícito. O puede que descubra un sitio con una etiqueta de título engañosa y un contenido que no tenga nada que ver con su búsqueda. Tiene dos opciones para informar a Google de la existencia de estos sitios. Recuerde que no hay garantía de que Google elimine estos sitios del índice, pero los investigará. En la parte inferior de cada lista de resultados puede observar un enlace Help Us Improve (ayúdenos a mejorar); haga clic sobre él y se verá desplazado a un formulario para informar de sitios no apropiados. También puede enviar el URL de sitios explícitos que aparecen en una búsqueda SafeSearch, pero que probablemente no deberían hacerlo, a `safesearch@google.com`. Si tiene quejas más generales sobre un resultado de búsqueda, puede enviar un correo electrónico a `search-quality@google.com`.

Imágenes de Google

La base de datos de materiales de las Imágenes de Google se encuentra separada de la del índice principal de búsqueda. Para eliminar elementos de las Imágenes de Google, debería utilizar `robots.txt` para especificar que el analizador de imágenes del *bot* de Google debería permanecer alejado de su sitio. Añada estas líneas a su archivo `robots.txt`:

```
User-agent: Googlebot-Image
Disallow: /
```

Puede utilizar el eliminador automático mencionado en la sección de búsqueda Web para hacer que Google elimine las imágenes de la base de datos de su índice de forma rápida. Puede que haya casos en los que alguien haya puesto imágenes en su servidor para las que usted tenga el *copyright*. En otras palabras, no tiene acceso al servidor de aquella persona para añadir un archivo `robots.txt`, pero necesita que Google deje de indexar su contenido. En este caso, tiene que contactar directamente con Google. Google tiene instrucciones para situaciones como ésta en `http://www.google.com/remove.html`; mire la segunda opción, "*If you do not have any access to the server that hosts your image*" (cuando no tiene acceso al servidor que ofrece su imagen).

Eliminar material de los Grupos de Google

Como ocurre con el índice Web de Google, tiene la opción tanto de evitar que el material se archive en Google como de eliminarlo una vez que se haya añadido.

- **Evitar que se archive su material**. Para evitar que su material se archive en Google, añada la línea siguiente a los encabezados de sus mensajes de Usenet:

  `X-No-Archive: yes`

  Si no tiene la opción de editar los encabezados de su mensaje, convierta esa línea en la primera línea de su propio mensaje.

- **Eliminar materiales una vez que han sido añadidos**. Si quiere que los materiales se eliminen una vez que han sido añadidos, puede decantarse por una de estas opciones:

  - Si los materiales que desea eliminar se enviaron bajo una dirección a la que todavía tiene acceso, puede utilizar la herramienta de eliminación automática mencionada previamente en este truco.

  - Si los materiales que desea eliminar se enviaron bajo una dirección a la que ya no tiene acceso, tendrá que enviar un correo electrónico a `groups-support@google.com` con la siguiente información:

    - Su nombre completo e información de contacto, incluyendo una dirección de correo electrónico verificable.

    - El URL completo de los Grupos de Google o el ID del mensaje para cada mensaje que desee eliminar.

    - Una declaración que diga "Juro so pena de verme castigado por las leyes civiles y criminales, que soy la persona que envió cada uno de los mensajes precedentes, o estoy autorizado a pedir la eliminación por la persona que envió estos mensajes".

    - Su firma electrónica.

Eliminar sus listados de directorio telefónico de Google

Puede que no desee que su información de contacto esté disponible a través de las búsquedas de directorio telefónico en Google. Tendrá que seguir uno de estos dos procedimientos, dependiendo de si el listado que desea eliminar es para un negocio o para un número personal.

Si desea eliminar un número de teléfono de un negocio tendrá que enviar una petición con el papel de cartas de su negocio a:

```
Google PhoneBook Removal
2400 Bayshore Parkway
Mountain View, CA 94043
```

Tendrá que incluir también un número de teléfono en el que Google pueda localizarle para verificar su petición.

Si desea eliminar un número de teléfono particular, el proceso es mucho más simple. Tendrá que rellenar un formulario en `http://www.google.com/help/pbremoval.html`. En este formulario se le pide su nombre, su ciudad y estado, su número de teléfono y su dirección de correo electrónico, además de una razón por la que desea ser eliminado, a elegir entre: número incorrecto, cuestión de privacidad u otra.

Índice alfabético

V

W

X

Y